U0560110

浙江省社会主义学院（浙江中华文化学院）学术成果经费资助出版

1902

遥远的帝国

英国有关晚清变革的认知

胡 刚 著

1912

团结出版社
UNITY PRESS

图书在版编目（CIP）数据

遥远的帝国 / 胡刚著 . — 北京：团结出版社，
2024.2

ISBN 978-7-5234-0772-1

Ⅰ.①遥… Ⅱ.①胡… Ⅲ.①中国历史－研究－清后
期 Ⅳ.①K237.09

中国国家版本馆 CIP 数据核字 (2024) 第 022674 号

出　版：团结出版社
　　　　（北京市东城区东皇城根南街 84 号　邮编：100006）
电　话：（010）65228880　65244790
网　址：http://www.tjpress.com
E-mail：zb65244790@vip.163.com
经　销：全国新华书店
印　装：天津盛辉印刷有限公司

开　本：170mm×240mm　16 开
印　张：15
字　数：247 千字
版　次：2024 年 2 月　第 1 版
印　次：2024 年 2 月　第 1 次印刷

书　号：978-7-5234-0772-1
定　价：70.00 元
　　　（版权所属，盗版必究）

序

　　20 世纪初，无论对中国还是英国，都是至关重要的时期。一方是改革与革命并存、衰落与新生交织，另一方是竞争与衰弱纷陈、结盟与战争迭起。

　　本书从早期中英关系的历史出发，回顾了 15 世纪前后到 20 世纪初期英国有关中国认知的历史流变，主要涉及的时段分别是 15—17 世纪、18 世纪和 19 世纪。从总体上看，英国有关中国的认知在 15—17 世纪是比较正面的，到 18 世纪之时，中国观感开始褪色，而到 19 世纪，则整体上出现每况愈下的局面。进入 20 世纪初期，随着清王朝的内政外交变革，在英国有关中国的认知中，积极的因素日益明显。

　　20 世纪初期，清政府在面临严重的边疆危机及民族危机的情况下，开始迈出了改革步伐。1902 年后，科举考试改以策论试士，各省、州、府兴建学堂等都被看作中国进步的显著标志。英美主流报刊保持了它一贯的新闻敏锐性，关注到了当时中国国内的新变化和新气象，并进行了连续性地跟踪报道。

　　通过对 20 世纪初期中英关系的梳理，不难看出英国有关中国的认知，总是试图契合英国政策制定者的相关政策，并为英国的对外扩张和侵略提供舆论和文化心理上的支持。20 世纪初期英国有关中国的认知，一方面，会影响到英国人对自身的认识以及对英国世界地位的认知；另一方面，有关中国的认知又会影响到英国相关政策的议程和辩论过程，并影响到政策制定者的判断和相关决策。

目　录

图版目录

表目录

导　言

一、选题背景

20 世纪初期，清政府在面临严重的边疆危机及民族危机的情况下，开始迈出了改革步伐。1902 年后，科举考试改以策论试士，各省、州、府兴建学堂等都被看作是中国进步的显著标志。英美主流报刊保持了它一贯的新闻敏锐性，关注到了中国国内的新变化和新气象，并进行了跟踪报道。英美主流报刊《泰晤士报》《曼彻斯特卫报》《纽约时报》《华盛顿邮报》等以"他者"之眼来观察和审视中国，为英美等西方世界公众建构了一个"停滞、落后、守旧"的中国正在"觉醒"的形象。在这之中，《泰晤士报》驻华首席记者乔治·莫理循（G. E. Morrison）的表现尤其突出，他敏锐地捕捉到了当时中国社会的点滴新变化，为"中国觉醒"形象在西方社会的传播起到了推波助澜的作用。

当时的在华传教士也渴望清政府的改革，并明显感受到中国所发生的变化。传教士梅子明 (W.S. Ament)、明恩溥（Arthur H. Smith）、蒲鲁士（W.N. Brewster）、丁韪良 (W.A.P. Martin) 等人都先后出版了有关中国正在改变、中国人正在觉醒的作品，其中尤以丁韪良的"中国觉醒"观点最具代表性。总体上看，20 世纪初期，"中国觉醒"话语一定程度上反映了中国近代艰难变革的现实；同时也表明到 20 世纪初期，西方的主流报刊媒体、传教士群体等对华认知和观念的某种重大变化。

1902—1912 年前后的清末新政改革曾经引起世界性的关注，在当时的英语世界出现一股"中国觉醒"的论调。"中国觉醒"作为英语世界有关清末政治变革的政治性、世界性解释框架，考察这一论调出现的话语意义、形成机理、深层结构，将有助于我们在百年未有之大变局的背景下准确地认识中国所处的国际环境，梳理中国的文化软实力资源，更合理地制定中国的对外文化交流、发展的战略，为中华民族伟大复兴营造一个与之相匹配的文化氛围和国际环境。

（一）对近代英国报刊进行研究的意义

报刊文本通常被认为属于新闻传播学的研究对象，在历史学研究领域往往容易被忽视，但报纸实际上也是历史研究领域的重要材料，"历史所记述的，往往就是当时报纸上的新闻。报纸上的新闻，过了一段时期以后，又会衍变为被后人记述的历史"[1]。

第一，英国报刊的文本被大量引入英国的历史文献之中。在 D.C. 道格拉斯（D. C. Douglas）主编的 10 卷本《英国历史文献》（*English historical documents*）[2]中，就大量使用《泰晤士报》和《曼彻斯特卫报》等报纸以及《威斯敏斯特杂志》等期刊的文本作为档案材料。

第二，一些重要历史人物的作品及其思想都曾见诸报端。马克思和恩格斯相当数量的作品都是发表在报纸上的。19 世纪后半期，马克思和恩格斯在英、法、美、德等国家的数十家报纸上发表了大量评论以及专栏文章，涉及的报纸主要有《纽约每日论坛报》《新莱茵报》《观察家报》《"北极星"报》《新闻报》《纪事晨报》《人民报》[3]等。

第三，报纸的文本被英国政府以及立法机构直接当作第一手资料进行使用。英国外交档案中经常出现《泰晤士报》《每日电讯报》《每日邮报》的剪报，为政治决策提供了直接参考。英国议会中的某些辩论也时常以当时报纸的相关报道为争论焦点，在论辩过程中逐步确定对重大事务的决策。

此外，报刊文本中含有大量的历史事件介绍、历史人物特写、重大历史事件的多角度记叙，还有对社会敏感事件的精准捕捉和追踪报道，这些都是其他历史资料所不具备的。

在获取知识和传播资讯方面，报刊文本也起到了其他文本材料无法比拟的作用。与相关的小说、游记和其他文学作品相比，报纸和期刊对中国形象的建构更容易赢得公众认可。报刊文本的读者群对其的接受程度要高于文学作品和游记，加上报纸和期刊持续、反复和层层递进地报道，所以英国报刊文本对中国形象的建构以及对其国民是具有较大影响力的。

19 世纪末 20 世纪初，报刊是发行广泛和覆盖面最广的大众媒体，这一时期

---

1 方汉奇：《方汉奇自选集》，北京：中国人民大学出版社，2009 年，第 558 页。

2 David Charles Douglas and William Day Handcock, eds., *English historical documents,* VolumeI-X, London: Routledge, 2010.

3《人民报》是一份创刊于 1852 年的英国工人宪章派报纸，卡尔·马克思对该报的创立和发展，起到了重要推动作用。如今，马克思和恩格斯曾发表在英、法、美、德等国家的报纸上的文章大都被收入《马克思恩格斯全集》。

的广播事业刚刚开始出现，还未进入公共生活，而电视等现代媒体还未登上历史舞台。"报纸是近代以来一种重要的知识媒介，在传播新知和发展学术方面，起着特别重要的作用。"[1] 随着工业革命的不断深入发展，20 世纪初期，报纸和杂志成为英国最重要的社会大众媒体，也是公众重要的信息来源。

本书并不仅仅从形象的好与坏、正面或负面视角来考察，也不是要研究英国报刊中所反映的中国形象是否符合中国历史的真实，而是从报刊等媒体的历史文本出发，结合当时的历史和政治背景，来讨论英国报刊中有关中国形象的存在、发展过程与历史意义，相对全面地解读历史现象背后的逻辑。地缘政治、外交和国家关系等研究取向通常是从一个较短的时期来思考问题，而从长期来看，人们的所持有的价值观和偏见（values and prejudices）等文化因素所起到的作用也非同小可。[2] 英国关于中国的形象、观感和倾向，会影响到决策者的政策并制约着两国关系的发展路径。英国与中国相关政策的形成和发展虽然和中国形象之间并不存在简单的一一对应关系，却有着某种呼应关系。

（二）1902—1912 年：英国盛极而衰的十年

1902—1912 年，是英国盛极而衰的十年。对中国而言，也是革新与守旧并存、断裂与传承交织的十年。布尔战争使英国付出了巨大的代价，还损害了帝国的声誉。20 世纪初期，英国的工业生产效率和工业产值在西方世界中的位置不断下滑，军事上则面临着德国的挑战。1902 年以后，英国实际上已经放弃了其长期坚持的"光辉孤立"，开始参与大国结盟，先后与亚洲的日本结成同盟关系，与欧洲的法俄签订战略上的协约，以应对来自帝国内外的挑战。到 1912 年前后，英国自身面临的严重困境，爱尔兰危机已经威胁到帝国的存亡，英国的君主立宪体制也受到挑战。对于已经加入联合王国一百余年（自 1801 年起）的爱尔兰走向自治甚至是分离，许多英国民众难以接受。爱尔兰自治运动除了在心理上极大地损害了英国人的自信和自尊外，也在实际上揭开了英帝国土崩瓦解的序幕。

自文艺复兴直到第一次世界大战之前，西方[3] 一直自视为各种新的观念和创

---

1 王东：《再现二十世纪中国史学的整体进程》，《读书》，2017 年第 10 期。

2 ［英］马丁·雅克：《当中国统治世界：中国的崛起和西方世界的衰落》，张莉，刘曲译，北京：中信出版社，2010 年，第 190 页。英文版可见 Martin Jacques, *When China Rules the World: The Rise of the Middle Kingdom and the End of the Western World*, London: Penguin Books, 2009, pp.234-235.

3 根据笔者所阅读的近代英美报刊档案资料来看，20 世纪初期，英美主流报刊所指的"西方"（the west 或 western world）主要包括西欧、东欧、北美地区（不包括墨西哥），英帝国所属澳大利亚自治领、新西兰自治领等；至于南非和拉美地区算不算"西方"，英美报刊语焉不详。日本被纳入西方世界要到 20 世纪 60 年代中期以后。

造的发源地，西方是进步的和勇往直前的。西方人不仅在政治、经济、军事和文化方面，甚至还在种族方面，都宣扬自身的独特性与优越感。然而，19 世纪末 20 世纪初，西欧在经历了鼎盛时期之后，其在世界格局中的绝对优势地位也逐渐降低。

1905 年的日俄战争击碎了西方人的种族神话，某种程度上也改变了东西方的力量对比。日俄战争的影响很快传递到世界各地，此时正在波斯地区的一名英国人明显感觉到被西方列强剥削、压迫的地区的人民之中潜藏着一种即将爆发的情感。他在 1906 年 8 月的一封信中写道："日俄战争带来的影响将会冲击整个东方世界，波斯也将不能幸免。……东方世界正在从沉睡中醒来。中国爆发了一场声势浩大的反对帝国主义的运动（可能指 1905 年'抵制美货'运动），这是中国民族意识（China for the Chinese）觉醒的直接体现。……或许东方将从长久的沉睡中（secular slumber）醒来，而我们即将亲眼目睹千千万万遭受压迫的人们，正起来反对西方肆无忌惮（unscrupulous West）的剥削。"[1]

君主立宪的日本打败了公认强大的君主专制的俄国，以比较具体直观的事例告诉中国人，只要实行宪政就可以自立自强。日俄战争后，原本影响不大、参与人数较少的立宪活动影响力大增，"今者立宪之声洋洋遍全国矣。上至勋戚大臣，下逮校舍学子，靡不曰立宪立宪，一唱百和，异口同声"[2]。此时中国还兴起了"少年中国"（Young China）运动，他们的口号是"中国是中国人自己的中国"，"中国的事情中国人自己说了算"，他们还举行集会活动反对外国列强对中国主权的侵犯。在欧洲人眼中，中国这个沉睡的巨人被唤醒了吗？中国是否又将发生排外运动？英国在华的政治、经济和商业等权益会因此受到冲击吗？这些话题很容易在英国国内引起讨论，并且具有较大的争论空间，报刊正是引导这一话题的最佳角色。对此，钱德里卡·考尔（Chandrika Kaul）认为："在 20 世纪初期，如果不能理解报刊的重要贡献，那么公众对有关帝国政治事务的理解将显得十分片面。"[3]

在中英关系研究问题上，政治、经济因素以及国家战略等常常是研究重心，特别是在研究英国对华政策方面，主要依据的是英国外交关系档案、外交部档

---

1 EdwardG. Browne,*The Persian Revolution of 1905-1909*, London: Cambridge University Press, 1910, pp.122-123.

2 闵暗:《中国未立宪以前当以法律遍教国民论》,《东方杂志》, 1905 年第 02 卷第 11 期, 221 页。

3 Chandrika Kaul, *Reporting the Raj: The British Press and India, c.1880-1922*, Manchester and New York: Manchester University Press, 2004, p.6.

案和英国议会档案等。诚然，政治和经济因素在两个国家之间的关系中扮演着十分重要的角色。从相关研究来看，关于报刊媒体和公众舆论的重要影响的确引起了重视，但在跨文化的国家形象研究中，国家特性和文化背景的认同作用，也显得尤为重要。进入工业革命时代，报纸和期刊杂志的大量发行势必导致公众参与到国内和国外事务的热烈讨论，大众媒体等也将极大地影响英国对中国的看法，暂且将其称之为"形象"，导言中的重要概念部分会对"形象"做出解释。对于英国的政策制定者来说，对外政策不仅需要现实利益来诱导，用国家认同来整合社会公众所共享的普遍价值，还要因势利导，利用报纸和期刊等大众媒体，让政策具有说服力和公信力。

报刊在建构异域形象的过程中发挥了不可替代的作用。"报刊等媒体持续性地建构关于他国的形象，许多关于其他国家的偏见一直代代相传，主要是因为，很久以前发生的历史事件也会长久地主导着人们关于他国的形象。"[1] 当然报刊等传媒不是塑造他国形象的唯一因素，但报刊等传播媒体的广泛性、持久性使它有资格成为近代最为重要的他国形象塑造者。由此，在 20 世纪初期的英国，报纸和期刊主导了关于中国事务的话语权和发言权，英国报刊成为建构关于中国的观念和知识的最为有力的途径。

（三）19 世纪后半期到 20 世纪初期：英国在华地位的兴盛与衰落

从第一次鸦片战争开始，直到 20 世纪初期，英国强烈影响着中国的对外关系，对于清政府的内外政策，英国经常指指点点，有时还直接干预。英国自视为一个全球性帝国，而中国为其"非正式帝国"[2] 的一部分。正是英国在中国"非正式帝国"的存在，在中国发生的任何政治和社会运动，都受到英国的强烈关注，英国的报刊也就有了持续关注和报道中国的源动力。

---

1 Michael Kunczik, *Images of nations and international public relations*, New York, NY: Routledge, 2016, p.3.

2 最早提出"非正式帝国"这一概念的是 Dr. C. R. Fay. 详见 John Holland Rose Ed, *Cambridge History of the British Empire: Volume 2, The Growth of the New Empire 1783-1870*, Cambridge: Cambridge University Press, 1940, p.399。剑桥大学三一学院的 John Gallagher、Ronald Robinson 和剑桥大学彭布罗克学院 David Mclean 分别从经济史、财政史的角度论述"非正式帝国"的发展变迁情况。参见：John Gallagher and Ronald Robinson, "The Imperialism of Free Trade", *The Economic History Review*, New Series, Vol. 6, No. 1 (1953), pp.1-2; David Mclean, "Finance and 'Informal Empire' before the First World War", *The Economic History Review*, Vol. 29, No. 2(May, 1976), pp.291-292. 英美学界对"非正式帝国"（Informal Empire）的研究是比较多的，目前国内学界对"非正式帝国"这一概念的讨论和介绍很少，本书也就不做标新立异之举，之后的章节皆以传统的"势力范围"一词替代；尽管"势力范围"与"非正式帝国"的含义差别较大，但是除了"势力范围"之外，实在是再没有更加合适的词语了。

关于"非正式帝国"这一概念，学者们众说纷纭。英国学者马歇尔认为，对于"非正式帝国"这一概念，只有将其与英国正式统治的地区进行比较，才能清晰地看出它的边界。英帝国的"正式"海外领地，最终权力来自英国君主和议会，被任命的总督行使着较为广泛的权力，如印度和海峡殖民地等。英国有强大的海军，领先的工业生产能力，在世界贸易上占据主导，它能通过贸易、外交、投资等对相关国家施加重大影响。[1]19 世纪后半期，清政府被迫向英帝国的权势做出巨大的让步，但此时的中国并没有沦为西方列强的殖民地，"清政府虽然整体上虚弱，但是对于自己的国民，在政治上、思想文化上仍然享有根深蒂固的权威"[2]。

英国在中国的"非正式帝国"的存在有赖于几个基本条件：首先，是英国等外国列强在经济、工业和商业贸易上的优势地位；其次，是外国人凭借武力所攫取的一系列特权（依赖于数量繁多、以武力为后盾强加给中国的不平等条约）；最后，是遍及通商口岸城市以及重要内陆城市的英国领事机构和英国的海上军事力量。[3]尽管中国整体上避免了公然的外国直接统治，但是仍有一些例外。在香港，英国殖民部派遣官员出任总督；在威海卫，则按照枢密院的法令，由英国派驻的威海卫大臣统管行政事务。[4]

英国人对中国海关[5]的控制，尤为引人关注，英国对中国的影响力通过主导中国的海关而得到极大地强化。中国海关成立于 1854 年，被誉为中国最为近代

1　［英］P.J. 马歇尔（P.J.Marshall）主编：《剑桥插图大英帝国史》，樊新志译，北京：世界知识出版社，2004 年，第 5—6 页。

2　Mary H. Wilgus, *Sir Claude Macdonald, The Open Door, And British Informal Empire in China, 1895-1900*, Vanderbilt University, ProQuest Dissertations Publishing, 1985, 8522451, p.2; David Mclean, "Finance and 'Informal Empire' before the First World War", *The Economic History Review*, Vol. 29, No. 2(May, 1976), pp.291-305.

3　英国学者杨国伦认为，英国在远东海域保有的海上军事力量，能够威慑海盗，有利于增强英国商人的自信心。参见［英］杨国伦：《英国对华政策 1895—1902》，刘存宽、张俊义译，北京：中国社会科学出版社，1991 年，第 5—6 页。杨国伦在书中所提到的英国海军在中国沿海地区巡逻的部队，很可能是指名为"British China Squadron"的英国海军力量。可参见 The Times (London, England), October 7, 1905, Issue 37832, p.9.

4　1898 年 3 月，英国驻华公使窦纳乐以俄国已占领旅大为由，同中国总理衙门交涉，声称英国"非租界山东之威海不足以资抵制"。7 月 1 日，英国迫使清政府签订了《订租威海卫专条》。1901 年，英国政府颁布《1901 年枢密院威海卫法令》，开始对威海卫进行治理。英国殖民统治威海卫的治理方式不仅体现为直辖统治和专制统治，还包含着直接统治与间接统治的结合（可参见：王娆：《〈1901 年枢密院威海卫法令〉与英国在威海卫的殖民统治》，《华东政法大学学报》，2008 年第 2 期）。《1901 年枢密院威海卫法令》参见：NO.146. ORDER IN COUNCIL respecting British Jurisdiction at Wei-hai-Wei. London, 24th July, 1901. 补充条款见：NO.152. ORDER IN COUNCIL amending the Wei-hai-wei Order in Council of 1901. London 12th March, 1903.

5　近代中国海关尽管形式上是一个比较国际化的机构，实际上却处在英国人的控制之下。近代中国海关从成立开始，英国人就在管理机构上占尽优势。每个地方海关都分别由两个人领导，一个中国人主管，一个外国特派员。中国官员被称为海关道，帮办税务的外籍官员被称为税务司。

化的管理机构，但行政首脑长期被英国人占据。1900年中国海关的700名高级雇员里大部分也都是英国人。近代中国海关不仅监督管理通商口岸的贸易，征收关税，还绘制中国沿海地图，创立了近代邮政系统，甚至还开办了专科学校。[1] 此外，在中国的部分通商口岸城市，英国人通过不平等条约，还拥有少量的行政权和司法权。1843年，英国根据《五口通商章程》规定在上海等地取得领事裁判权，随之设立领事法庭（Consular Courts）以审理和外国人相关的各项案件。1865年，英国先后在上海公共租界设置英国高等法院（British Supreme Court for China）和上诉法院（Appeal Court）以代替原有的领事法庭。[2] 在通商口岸城市以及被英国人霸占的所谓租借区域，英国人通过不平等条约和少量的行政权力，塑造出一个不同于中国本土的社会和生活风貌。

有关英国对近代中国的重要影响，孙中山先生在《革命原起》中有一句话做了概括："是故吾之外交关键，可以举足轻重，为我成败存亡所系者，厥为英国。"[3]

表1　外国在华贸易公司数量表[4]

时间	英国	美国	德国	法国	小计
1830—1839	2	0	0	0	2
1840—1849	6	0	1	0	7
1850—1859	2	0	0	0	2
1860—1869	8	0	1	0	9
1870—1879	6	1	4	1	12
1880—1889	6	0	4	1	11

1　Robert Bickers, "Revisiting the Chinese Maritime Customs Service, 1854-1950", *The Journal of Imperial and Commonwealth History*, 36/2 (2008), pp.221-226; Robert Bickers, "Shanghailanders: The Formation and Identity of the British Settler Community in Shanghai 1843-1937", *Past & Present*, No. 159 (May, 1998), pp.161-211.

2　*The London Gazette,* Publication date: 28 April,1865, Issue: 22963, Page: 2247; "Supreme Court of China and Japan, establishment", *The North China Herald,* 29 July, 1865; 滕一龙等编：《上海审判志》，上海：上海社会科学院出版社，2003年，第59—61页。

3　孙中山：《革命原起》，中国近代史资料丛刊之《辛亥革命》（一），上海：上海人民出版社，1957年，第19页。

4　Chi-ming Hou, *Foreign Investment and Economic Development in China, 1840-1937*, Cambridge, MA: Harvard University Press, 1965, p.51.

表2　近代中国的海外航运业务量表[1]

年份	总吨位（百万单位）	英国占比	日本占比	美国占比	德国占比	其他
1868	6.4	52.2	0.1	35.0	7.3	5.4
1872	8.5	46.8	0.1	41.1	7.2	4.9
1877	8.0	81.1	1.4	6.9	6.2	4.3
1882	12.6	85.7	1.5	1.3	7.0	4.4
1887	16.5	85.7	1.9	0.4	9.0	3.0
1892	22.9	84.4	2.8	0.3	6.4	6.1
1897	25.9	84.4	2.5	1.0	6.4	5.6
1902	44.6	60.4	16.5	1.1	16.2	5.9

表3　中国进出口贸易总额中英国所占百分比（包括中国香港）[2]

年份	进口	出口
1871—1873	67.2	67.6
1881—1883	60	58.7
1891—1893	71.6	50.6
1901—1903	57.5	45.6
1909—1911	50.4	33.3

表4　中国对外贸易总额中各国所占比例（1865—1900年）[3]

国家/地区	进口（百分比）	出口（百分比）
英国	24.82	31.65
英属印度	18.23	（不详）
中国香港	41.36	26.94
日本	5.80	4.93
美国	2.65	11.07
欧洲大陆	2.31	11.86
其他国家或地区	4.84	7.73

1　Chi-ming Hou, *Foreign Investment and Economic Development in China*, 1840-1937, Cambridge, MA: Harvard University Press, 1965, p.61.

2　严中平：《中国近代经济史统计资料选辑》，北京：科学出版社，1955年，第65-66页（数据来源为历年海关报告）。

3　Wolfgang Keller, Ben Li and Carol H. Shiue, *China's Foreign Trade: Perspectives from the Past 150 Years*, p.14 (Unpublished Paper).

由表 2 到表 4 可以看出，从第二次鸦片战争结束到 20 世纪初期，英国在中国的进出口贸易、近代中国海外航运业务以及贸易公司数量上都占据绝对优势，在东亚地区的贸易和航运上处于支配地位。这一时期英国对华政策的目标是维持中国的稳定与开放，使中国成为英帝国一个持续且有利可图的重要市场，那么英国在华势力范围的维持和巩固也就契合英国政府的政策目标。

二、研究综述

探讨英国的中国形象，不可避免地会受到"西方的中国形象"这一宏大课题的影响，因此本节在探讨有关英国的中国形象之前，先简述有关西方的中国形象研究的基本情况。

在马可·波罗时代，西方将对东方世界"最卓越、最灿烂"的描述留给了中国。16 世纪至 18 世纪是中西方接触和交流的一个高潮时期，在华天主教传教士不仅接触到上层社会，还对民间社会也有所了解，他们的官方报告、书信、日记等材料是这一时期欧洲人了解中国的主要来源。从 18 世纪后半期开始，主要是从英国开始，以游记、航海探险作品等文本的广泛流传开始对原有的中国形象造成冲击，并影响到欧洲大陆，进入 19 世纪，欧洲人对中国的观感整体上呈现为轻视和批评，"停滞""落后"的形象甚至延伸到 20 世纪早期。

（一）关于西方的中国形象研究简述

关于西方的中国形象的研究，相当数量的作品都以西方眼中的中国甚至是全球视野中的中国来命名，这些作品通常都将西方看成是一个整体，从西方的视角来看中国，不少作品带有"西方中心论"的色彩。[1]

"东方—西方"的两分法固然具有其方便、直观的特点，但是也忽视了不同国家的国家利益、文化定位和自我形象。美国学者何伟亚（JamesL. Hevia）在《英国的课业》中也提到："费正清及其批评者们的一个共同点，就是使用'中

---

1 这方面的专著主要有：David martin jones, *The image of China in western social and political thought*, New York: Palgrave, 2001; Jonathan D. Spence, *The Chan's Great Continent: China in Western Minds*, New York and London: W. W. Norton & Company, 1999; Colin Mackerras, *Western Images of China*, New York: Oxford University Press, 1989; Henry A. Myers, *Western Views of China and the Far East (Volume 2): Early Modern Times to the Present (since 1800)*, Hong Kong: Asian Research Service, 1984; John S. Gregory, *The West and China since 1500*, Basingstoke and New York: Palgrave Macmillan, 2002; D.E. Mungello, *The Great Encounter of China and the West, 1500-1800*, Lanham and Oxford: Rowman & Littlefield Publishers, 2005; Rupert Hodder, *In China's image: Chinese self-perception in Western thought*, New York: St. Martin's Press, 2000.

国'（China）和'西方'（the West）[1] 这对对称词语来立论。……在这样的历史叙述所制造出的历史中，西方变成了一个处在历史探究范围之外的越来越被自然化了的实体。这是一个让人感到十分难以理解的趋向。"[2] 实际上，就算进入 21 世纪之后，在不少国外关于中国形象的研究作品中，仍然将西方看作是一个均质的、无差别的政治和文化实体，这些作品主要有大卫·马丁·琼斯的《西方社会与政治视野下的中国》（2001）、哈里·盖尔伯《中国龙与洋鬼子》（2007）[3]、马丁·雅克的《当中国统治世界：中国的崛起和西方世界的衰落》（2009）等。

英国著名汉学家雷蒙·道森（Raymond Dawson）的《中国变色龙》用一个字来总结西方人对中国文明的态度，那就是一个"变"字。也就是说在不同时期西方人对中国文明的看法是不同的，甚至截然相反，于是中国成了一条"变色龙"，时而繁荣强盛，时而贫穷落后，时而辉煌灿烂，时而衰弱腐朽。道森在分析西方视野里的中国如何呈现出"变色龙"形象之时，相当大的篇幅是用在考察欧洲历史文化社会的背景与结构上，或者说，用不少笔墨来描述观察者本身的状况。道森认为："欧洲与中国关系史极为仰赖欧洲人对这一中央王国观念的本性，而这些观念的改变不仅与中国自身的变化有关，也与欧洲历史的发展密不可分。因为这些发展既向欧洲人提供了一个不断变化的比较基点，又造成了特定时期中国观念有助于满足其自身不断变更的需求和愿望。"[4] 道森最后总结

1 关于西方，斯图尔特·霍尔指出，西方更多的是一种历史文化概念，而非地理概念。首先，它是将社会进行分类的概念，如西方和非西方。其次，西方世界包含着许多差异较大的形象（image），但是被压缩到一个共同的文化图景之中，并被简称为西方。再次，它提供一个比较（comparison）的标准或模型，以便于考察差异性（或相异性）。最后，它提供一套评价标准（criteria of evaluation），并按照正反对立或者"肯定—否定"的标准对其他社会进行评判，简而言之，这就是一种意识形态。斯图尔特·霍尔从这四个方面来判断西方文化身份，并概括认为西方就是发达的工业化、城市化、世俗化和资本主义化，以及现代性的西方世界。诺曼·大卫（Norman Davies）在《欧洲史》中提出西方文明具有多个变体（variant），主要有罗马帝国、基督教文明、新教变体、西方文明的帝国变体，西方文明的美国变体等，都被看成是西方的一部分。西方世界历史的时空界限，大致从罗马帝国延伸至现在的北约组织（NATO）。参见：Stuart Hall, "The West and The Rest: Discourse and Power", in Bram Gieben, Stuart Hall, eds., *Formations of Modernity (Understanding Modern Societies: An Introduction)*, Cambridge: Polity Press, 1993, p.277；Norman Davies, *Europe: A History*, New York: Oxford University Press, 1996, pp.22-25. 本书的主要研究内容都在 20 世纪初，所以，此时的西方（无论是狭义的，还是广义的）都不包括日本。

2 ［美］何伟亚：《英国的课业：19 世纪中国的帝国主义教程》，刘天路、邓红风译，北京：社会科学文献出版社，2007 年，第 18 页。英文可参见 James L. Hevia, *English Lessons: The Pedagogy of Imperialism in Nineteenth-Century China*, Durham and London: Duke University Press, 2003, pp.17-18.

3 Harry G. Gelber, *The Dragon and the Foreign Devils: China and the World, 1100 B.C. to the Present*, New York: Walker & Company, 2007.

4 ［英］雷蒙·道森：《中国变色龙：对于欧洲中国文明观的分析》，常绍民、明毅译，北京：中华书局，2006 年，第 2 页。

认为，中国在西方的形象如钟摆一样，由正面到负面，由积极到消极，再由负面到正面，由消极到积极，不断循环和往复。在这种循环往复中，西方人的国家利益扮演了关键角色。道森从西方人的视角观察中国文明，材料丰富，观点独到，可以说是集西方各国关于中国文明观之大成的经典作品。

澳大利亚学者科林·马克林（Colin Mackerras）在《西方的中国形象》这本书中，将马可·波罗时代一直到 20 世纪 90 年代的西方文献中的中国形象以时间为顺序做了一个大致的梳理，并提供了大量的文献资料出处。对于 17—18 世纪中国在欧洲的正面形象以及中国风的流行，马克林提出了一个有趣的观点，即他认为耶稣会士赞美中国，有助于中国人皈依基督教信仰，也有利于他们在欧洲获得上层社会人士及一般基督徒的支持，耶稣会士在介绍有关中国的知识和基本信息的时候，尽量避开那些存在负面观感的材料。因此，耶稣会传教士为了宣教需要，在两个多世纪的时间里都不遗余力地营造有关中国的良好形象。[1] 此外，马克林还比较注意形象塑造者的主体作用。所以他在书中指出："18 世纪中叶以后，英国、法国的中国观的变化完全是由这两国的国内因素导致的，与中国本身毫无关系。"[2] 马克林还认为，尽管西方的中国形象充满多样性，但是在一个特定的时期，总会有一种流行的、占据主导地位的中国观。[3] 此外，他还对雷蒙·道森的"钟摆理论"进行深化，认为几乎每隔一个世纪，西方关于中国的形象都会变化一次。该书的资料运用比较全面，但是在使用福柯的话语（知识）理论、爱德华·萨义德的"东方主义"理论的时候略显牵强，只是简单罗列了两个理论，并没有比较具体的阐释。

英国学者大卫·马丁·琼斯的《西方社会与政治视野下的中国》是一部描述西方对中国认识的历史著作。整个文本涵盖的时间超过两百年，马丁·琼斯通过研读数量繁多的西方哲学家和学者的文本，进行提炼和总结。这些哲学家和学者主要有韦伯（Weber）、涂尔干（Durkheim）、黑格尔（Hegel）、卡尔·马克思（Marx）、弗洛伊德（Freud）、汤因比（Toynbee）、罗素（Russell）和约翰·斯图尔特·密尔（John Stuart Mill）等人。作者选取了大量哲学、社会学和政治学等方面的作品，试图为读者描绘出一幅中国历史上哲学发展和文明兴衰的全景图。书中所涉及的思想涵盖了社会学、哲学、心理学、历史学、经济学、政治

---

1 Colin Mackerras, *Western Images of China*, New York: Oxford University Press, 1999, p.178.

2 Colin Mackerras, *Western Images of China*, New York: Oxford University Press, 1999, p.39.

3 Colin Mackerras, *Western Images of China*, New York: Oxford University Press, 1999, p.177.

学以及其他诸多学科的精华，全书似是一部凝聚了上百部西方著作的"读书笔记"，也是一部借鉴了近百位西方名家的"思维精华"。[1] 由于欧洲是汉学发祥的摇篮，大部分作品都逃脱不了欧洲中心论视角的桎梏，作者试图跳出这个怪圈，将中国作为一个"非西方"（Non-Western）国家去研究。大卫的研究起于欧洲视角，却止于美国视角，演绎出了国际社会权力分配和历史变迁的经典图景。

来自第三世界国家尼日利亚的知名学者鲁伯特·霍德（Rupert Hodder）对西方人建构的中国形象进行了毫不留情的批判。他在《西方视野下的中国人自我形象》中质疑了长期以来存在于西方的中国形象。他认为西方人通常理解的中国形象，是一个由各式各样的东西拼接起来的"大杂烩"（collage of images）。制造和操控这些形象的个人或组织不过是为了满足自身的社会经济利益需要以及实现政治野心。欧洲和美国的一些学术机构以及部分媒体评论者，精心策划和操控，使它们制造的中国形象最终被公众所接受。[2] 作者也提出警告，如果长期在这种形象的影响和制约下，西方人制定出来的对华政策将是危险的且不合时宜的。

从文学和比较文学角度来探究西方中国形象的是法国著名学者艾田蒲（RéneEtiemble）的《中国之欧洲》，这是一部饮誉世界数十年的比较文化大作。艾田蒲研读了数量庞大的原始资料，以多元的视野和坚实的文化素养指出，中国传统文化特别是哲学思想对西方社会的重要影响以及中国的思想文化在人类文明发展历程中的独特作用，从而对"欧洲中心论"的观点进行批驳。[3] 艾田蒲的《中国之欧洲》是一部跨学科、跨文化研究的经典文本，也成为比较文学和文化研究方面的经典。此外，法国知名学者佩雷菲特从世界历史的角度，认为马戛尔尼使团出访中国的遭遇，乃是世界上最文明的两个社会的相遇。佩雷菲特在书中将西方文明与中华文明进行对比，将马戛尔尼使团访华的过程看作是两个不同文明之间的交流与碰撞。[4] 尽管佩雷菲特在书中小心翼翼，尽量不以先进与落后、文明与野蛮等标准来进行评判，但还是比较直接地指出，骄傲自满、自我封闭仍然是清朝时期中国落后的重要原因。

1 David martin jones, *the image of China in western social and political thought*, New York: Palgrave, 2001.

2 Rupert Hodder, *In China's image: Chinese self-perception in Western thought*, New York: St. Martin's Press, 2000.

3 ［法］艾田蒲：《中国之欧洲：从罗马帝国到莱布尼茨》，许钧、钱林森译，桂林：广西师大出版社，2008年。

4 ［法］佩雷菲特：《停滞的帝国：两个世界的撞击》，王国卿等译，北京：生活·读书·新知三联书店，2007年。

从 20 世纪初期开始，美国就逐步确立了一种在世界格局中相对强势的地位，并成为新的力量中心和权力源泉，西方世界有关中国形象的话语权力和诠释权力进入以美国为主导的新格局之中。纵观美国与中国的关系史，既有温情脉脉的合作，也有剑拔弩张的分歧。美国对中国的持续关注，不断塑造出形形色色的中国形象，其影响力不仅超越其本土，还强势扩散到欧洲等广大地区。以美国和美国人的视角出发，来研究中国的形象相关的作品，数量较多。¹ 这里就其中具有代表性的作品做一个简要评述。

美国著名历史学者克里斯托弗·杰斯普森（Christopher T. Jespersen）在《美国的中国形象》中认为，20 世纪 30—40 年代，美国的中国形象是由亨利·卢斯（Henry R. Luce，1898—1967）的传媒帝国和美国的传教士们联手打造的中国幻象，而这一幻象很大程度上还是美国对华政策的基石。亨利·卢斯本人所掌控的媒体以及联合援华会对蒋介石夫妇的美化，以及对当时国民政府的期待，导致美国政府逐步走上支持援助蒋介石政府的道路。但是二战后，当中国真实的情形呈现在美国人面前时，美国人又有了情绪上的反弹，这是导致麦卡锡主义出现的一个重要原因。作者在书中认为，这一时期美国人的中国形象主要源自美国人自己的设想，而不是基于他们对中国的语言、文化、社会和历史状况的考察。² 当然，美国人长期以来习惯于以美国的政治文化甚至是宗教道德，而不是以对中国国情的实际了解来评价中国问题。直到今天，这仍然是他们看待中国的思维方式之一。

美国著名历史学家费正清（John King Fairbank，1907—1991）认为美国的政策制定者对亚洲的历史，特别是对东亚历史的了解是远远不够的，这导致他们在那些显而易见的事情上也会犯下大错。美国有着与中国不同的文化，这种文化上

---

1 这里仅列出重要的文集和专著，论文数量较多，这里不一一列举。Oliver Turner, *American Images of China: Identity, Power, Policy*, London & New York: Routledge, 2014; Jespersen, Christopher T., *American images of China, 1931-1949*, Redwood City: Stanford University Press, 1996; Jonathan Goldstein and Jerry Israel, *America Views China: American Images of China Then and Now*, Bethlehem: Lehigh University Press, 1991; J. K. Fairbank, *China Perceived: Images and Policies in Chinese-American Relations*, New York: Random House, 1976; Thomas Laszlo Dorogi, *Tainted Perceptions: Liberal-Democracy and American Popular Images of China*, Lanham, MD: University Press of America, 2001; Jianwei Wang, *Limited Adversaries: Post-Cold War Sino-American Mutual Images*, Oxford and New York: Oxford University Press, 2000; Harold R. Isaacs, *Scratches on Our Minds American Images of China and India*, New York: The John Day Company, 1958; Steven W. Mosher, *China misperceived: American illusions and Chinese reality*, New York: Basic Books, 1990.

2 ［美］克里斯托弗·杰斯普森：《美国的中国形象 1931—1949》，姜智芹译，南京：江苏人民出版社，2010 年，前言部分。

的哪怕十分细小的隔膜，都会对中美之间的接触和合作产生重大的影响。语言上的障碍，以及中国的正常举动被符号化和标签化，这些都会让美国的中国形象充满了神秘感和异国情调。[1] 从总体上讲，费正清对中美关系的未来是乐观的，他认为美国不仅要审慎地打量美国自身，理智地观察中国，更加重要的是还要了解中国是如何观察美国的，这样的中美关系才会有一个充满希望的未来。

英国曼彻斯特大学霍尔斯沃思研究员（Hallsworth fellow）奥列弗·特纳（Oliver Turner）[2] 认为美国的中国形象是一种对中国和中国人情况的主观建构，华盛顿制定的政策最终也不能逃脱这种形象的束缚。特纳认为，政策制定者们不断生产和复制这些形象，其目的是保护美国的利益。但是只有搞清楚美国的中国形象的发展历史，才能更好地理解今天依然存在于美国人心目中的中国观念。作者还概括指出美国的中国形象的四个特征：理想化的、充满机遇的、未开化的和有威胁感的。[3] 作者回顾了中美之间两百多年的历史，将其分为四个历史阶段，还对每一个阶段分别做出总结和评价，因此就目前来看，特纳的《美国的中国形象》大概算得上是论述美国的中国形象作品中内容最为全面的作品。以上这些作品都是在总体上谈论中国形象，有些方面可能是泛泛而谈，但他们所进行的相关研究，有意或无意地都在一个无差别、同质化的西方背景之下开展的。

（二）有关英国的中国形象研究现状简述

中国形象在中英关系研究中具有十分重要的意义。但是对于中国在英国的形象研究，如果把它与中国关系密切的另外一个大国——美国相比较，我们就会发现无论是中国关于美国的形象[4]，还是美国的中国形象研究（前文已经提及），

---

1 J. K. Fairbank, *China perceived: images and policies in Chinese-American relations*, New York: Random House, 1976, pp.xiv-xx.

2 关于奥列弗·特纳（Oliver Turner）的国别，笔者查遍了他本人的专著、论文以及社交媒体（推特，脸书等），都没有说明，诸如此类情况，笔者将以作者目前的就职单位来代替国别。

3 Oliver Turner, *American Images of China: Identity, Power, Policy*, London & New York: Routledge, 2014.

4 考察中国的美国形象的专著主要有：Michel Oksenberg and Robert B. Oxnam, *Dragon and Eagle: United States-China Relations: Past and Future*, New York: Basic Books, 1973; L. Fu, P.S. Lao, *Jean Bryson Strohl and Lorand B. Szalay,eds., American and Chinese Perceptions and Belief Systems: A People's Republic of China-Taiwanese Comparison*, New York: Plenum Press, 1994; Biwu Zhang, Chinese Perceptions of the U.S.: An Exploration of China's Foreign Policy Motivations, Lanham, Maryland: Lexington Books, 2012; Jing Li, *China's America: The Chinese View of the United States, 1900-2000*, Albany, NY:SUNY Press, 2012; Hong Zhang, *America Perceived: The Making of Chinese Images of the United States, 1945-1953*, Westport, CT: Greenwood Publishing Group, Inc. 2002; David L. Shambaugh, *Beautiful Imperialist: China Perceives America, 1972-1990*, Princeton, NJ: Princeton University Press, 1993; David Arkush and Leo O. Lee eds., *Land Without Ghosts: Chinese Impression of America from the Mid-Nineteenth Century to the Present*, Berkeley, CA.: University of California Press, 1989.

都要远远多于有关英国的中国形象研究。这种研究现状也可能与美国在当前世界格局中的强势地位有关。

杨国伦（L. K. Young）的《英国对华政策 1895—1902》一书主要还是以传统的政治、外交关系为研究对象。何伟亚（James L. Hevia）的《英国的课业：19 世纪中国的帝国主义教程》则以后殖民主义理论为研究视角，来探讨第二次鸦片战争以及义和团运动中的中外互动关系。毕可思（Robert Bickers）的《英国人在中国：社区、文化与殖民主义》以在华英国人为视角来探究英国和英国人的中国知识的生产以及复制过程。乌尔里克·希尔曼（Ulrike Hillemann）的《亚洲帝国与英国知识：中国与英帝国的扩张网络》从中国知识与中国形象相互关系的角度来论述近代中英关系。其他作品则主要以文学文本和游历文本为研究对象。[1]

在中英关系方面，英国著名学者杨国伦（L. K. Young）的《英国对华政策 1895—1902》是这方面作品中的代表，该书论述的是中英关系的一个十分重要的历史时期，即大英帝国的鼎盛时期，也是英国盛极而衰的转折期。19—20 世纪之交，清王朝国力衰退，人们困苦，社会动荡不安。此时的英国也处于"维多利亚时代"的终点之上，还陷入一场劳民伤财的"布尔战争"之中，曾经辉煌灿烂的"日不落"帝国面临来自各方面的挑战，逐渐放弃原有的"均势"战略，1895 年的三国"干涉还辽"暴露了英国在华的孤立地位。由此英国开始重新评估它的对华政策，并权衡其在华利益以确定其介入中国事务的程度。这一时期英国政府的目标是明确的，即试图在帝国主义列强激烈竞争的年代捍卫它在垄断时代的收益。[2]这一时期，中国虚弱且自顾不暇的形象也让英国明白，要维护其远东地区的既得利益，只能另寻一个牢固的盟友，由此，"英日同盟"的构想终于浮出水面并最终得以实施。

美国知名学者何伟亚（James L. Hevia）的《英国的课业：19 世纪中国的帝国主义教程》尝试将中国嵌入到 19 世纪殖民扩张主义的历史之中。作者认为，

---

1 除了书中的做过评述的作品外，其他主要有：Karen Fang, *Romantic Writing and the Empire of Signs: Periodical Culture and Post-Napoleonic Authorship*, Charlottesville, VA: University of Virginia Press, 2010; Elizabeth Hope Chang, *Britain's Chinese Eye: Literature, Empire, and Aesthetics in Nineteenth-Century Britain*, Stanford, Calif.: Stanford University Press, 2010; Shih-Wen Chen, *Representations of China in British Children's Fiction, 1851-1911*, Farnham and Burlington: Ashgate, 2013；Nicholas R. Clifford, "*A Truthful Impression of the Country*"：*British and American Travel Writing in China, 1880-1949*, Ann Arbor, MI: University of Michigan Press 2001.

2 ［英］杨国伦：《英国对华政策 1895—1902》，刘存宽、张俊义译，北京：中国社会科学出版社，1991 年，第 5 页、第 8 页、第 20 页。

英国在中国的帝国主义政策不是像费正清和其他人所建议的那样，以近代化思想和技术来教化中国；相反，何伟亚认为，很多时候这种"教化"是破坏性的，因为统治是帝国的一项重要任务。英国在中国的势力扩张过程主要包含"去疆界化"（deterritorialization）和"再疆界化"（reterritorialization）。"去疆界化"包含一种强烈的殖民主义味道，意指当列强入侵、掠夺和接管时，中国人失去了维护和稳固其外交传统、政治艺术和语言文化的权利。而欧洲列强通过重新建构有关中国社会的现实（reordering Chinese realities），塑造一套关于中国的形象，来强化西方对中国进行支配的权力关系。[1]作者使用后殖民主义的研究路数，重新梳理了自第一次鸦片战争到20世纪初期的中英关系，是英国有关近代中英关系研究方面的开创性作品。

英国学者毕可思（Robert Bickers）在《英国人在中国：社区、文化与殖民主义》中认为，如果要了解在华英国人是如何看待这个世界的，以及如何学习并建构他们与中国人的关系的，首先必须了解中国和中国人在英国社会以及文化中的形象。中国作为一个英国思想与意识中的新来者，最早是在口口相传的情况下进入英国人的想象空间来的。毕可思选取了十多本英国人关于中国的代表作品，如吉尔伯特的《中国的困惑》（*What's Wrong with China*）（1926）、濮兰德的《慈禧太后》、萨克斯·罗默的《傅满洲博士之迷》等，他认为这些作品代表在华英国人对中国的典型观感。毕可思认为英国关于中国的知识和想象，并不存在英国政府系统化的组织管理，也没有专家或专门机构的精心投入，同时也不是传教士以及对中国文化和社会感兴趣的学者们努力的结果，而主要是在华英国人和英国人社区主导的结果。[2]这种观点颇具挑战性。

毕可思独辟蹊径，以海外英国人社区为中心来探究中英关系的真相。他认为海外的英国殖民者并不是在一个单一的目的推动下的同质化群体，恰恰相反，英帝国在中国的事业是由相互冲突，并且各自有其自身利益的英国人群体来推动的。移居海外的英国人是一个十分有趣的群体，他们蛰居于沿海的通商口岸以及内地的通商城市，相对独立于当地的中国人群，也和母国英国维持着半心半意的联系。传统上的研究通常将研究重心放在英国在华商人、传教士和政府

---

1 ［美］何伟亚：《英国的课业：19世纪中国的帝国主义教程》，刘天路、邓红风译，北京：社会科学文献出版社，2007年，第131—133页、第139页、第157页。英文版本可参见 James L. Hevia, *English Lessons: The Pedagogy of Imperialism in Nineteenth Century China*, Durham and London: Duke University Press, 2003, pp.120-121, p.123, p.144.

2 Robert Bickers, *Britain in China: Community, Culture and Colonialism, 1900-1949*, Manchester and New York: Manchester University Press, 1999, pp.22-60.

官员身上，但毕可思更加关注在中国沿海通商口岸工作的英国工人、小业主和小型作坊的所有者，这些人原来都属于英国的工人阶层或者中产阶级的下层。他们来到中国之后，逐渐认清自己的社会和政治地位，并形成了自己独特的认同。他们没有融入中国人的文化生活中，反而刻意强调他们的英式做派，并且明确保持着和中国人的距离感。毕可思还认为，英国人社区对中国人的这种态度，让他们在中国的政治运动中常常处于危险的境地。[1] 不过，在华英国人的优越感和各项特权，也随着治外法权的终结而烟消云散。保罗·柯文对毕可思的研究思路十分赞赏，认为这种研究范式打破了外国人研究或者中外关系研究中的两分法模式。[2] 关于这个问题还有较大的探索空间。

现为柏林工业大学国际事务中心主任的乌尔里克·希尔曼（Ulrike Hillemann）的《英国知识与亚洲帝国》将研究重点放在鸦片战争之前。18 世纪末 19 世纪初，英国在印度和东南亚的扩张，中国也成为英国商业利益和传教活动的关注重心。英国商人整天挂念的是潜在的商品市场和庞大的消费者群体，传教士则在心里盘算着有多少等待被救赎的灵魂。因此，他们有迫切的需求去获得关于中国的一切知识和信息，但是现有的情况显然无法满足他们。在他们获取新信息、学习新知识的过程中，有关中国的形象也每况愈下。作者提出"连接区域"（contact zone）的概念，这个概念并非地理意义上的，而是指英国在鸦片战争之前，英国的情报和信息网络如何形成系统的中国知识、如何塑造关于中国的形象。作者认为，关于中国的语言、法律和种族文化等方面的信息和知识可能是英国统治东南亚地区的关键因素。[3] 作者跳出了传统的欧洲中心视角来研究这段历史，描述出了一幅中国、印度和东南亚地区在英国知识体系的背景之下，多方互动的图景。希尔曼的研究是将全球化思维运用到区域研究的典范。

密苏里大学张博士（Elizabeth Hope Chang）[4] 从视觉艺术和文化的角度来观察 19 世纪英国对中国的看法。她认为，在英国人的视线里，拱形桥和杨柳树代表了一种典型的中国文化特征，即静态的、古旧的和衰落的原生文明形态。与

---

1 Robert Bickers, *Britain in China: Community, Culture and Colonialism, 1900-1949*, Manchester and New York: Manchester University Press, 1999, pp.14-15.

2 Paul A. Cohen, Reviewed Work: Britain in China: Community, Culture and Colonialism 1900-1949 by Robert Bickers, *The Journal of Asian Studies*, Vol. 59, No. 2 (May, 2000), pp.401-403.

3 Ulrike Hillemann, Asian Empire and British Knowledge: China and the Networks of British Imperial Expansion, Palgrave Macmillan, 2009. pp. 2-3.

4 笔者多方查找 Dr. Elizabeth Hope Chang 的个人专著、所在工作单位的个人主页和领英（LinkedIn）主页，都未发现中文名字，直译为伊丽莎白·张又觉得生硬，因此，就称呼为张博士。

之相对应的则是成熟的西方文明。从艺术史研究角度来看，对于中国经典文化符号的艺术观感也触发了英国对现代性的思考。作者还试图探讨英国人的"东方主义"与众不同的特性。[1] 从艺术史、符号学的角度来推进形象研究，《英国的中国之眼》为这一方面研究提供了一个全新的研究视角。

文学作品方面，英国著名小说家毛姆（William Somerset Maugham，1874—1965）的《在中国的屏风上》是一部比较典型的游历类文学作品。该书主要是58篇联系松散的日记形式的文本速写，缀成一组中国之行的"叙事"。[2] 首先，从书的英文标题上看，*On a Chinese screen*，中国屏风含有呈现、点缀、遮蔽的功能，进而反映出毛姆认为他自己也并不能十分彻底地了解中国。其次，中国屏风（*Chinese Screen*）代表的是一种异域的、东方的情调，这表明想象或联想等因素常常在英国人的中国观念中扮演着重要角色。最后，作者通过对中国人和西方人之间交往的考察，刻画出颇具特色的人物形象，如作威作福的官员、装腔作势的传教士、自鸣得意的底层欧洲人、故作"文明姿态"的英国大班等，特征鲜明的人物形象是毛姆这部作品的一大亮点。

英国华威大学罗斯·福尔曼（Ross G. Forman）的《维多利亚时代的中国形象：纷扰的帝国》[3] 将英国文学上的中国形象做了一个总结，阐述了自鸦片战争以来直到20世纪初期的英国小说、戏剧舞台以及英国"莱姆豪斯"[4] 文学作品中的中国和中国人形象。福尔曼在书中重点提出三个主要命题：第一，是维多利亚时代英帝国的亚洲利益方，不能只强调印度，中国也是非常重要的一环。第二，是他将文学和其他文化相关的材料，以跨学科的方式进行了比较完美的整合。第三，是从英国的前帝国时期过渡到大英帝国时期，探讨英国的文学文化在其中扮演何种角色？[5] 福尔曼的观察点不仅仅包括中国的中国通商口岸地区，还包

1 Elizabeth Hope Chang, *Britain's Chinese Eye: Literature, Empire, and Aesthetics in Nineteenth-Century Britain,* Stanford, CA: Stanford University Press, 2010.

2 William Somerset Maugham, On a Chinese screen, London: William Heineman, 1922.

3 所谓维多利亚时代，一般指的是1837—1901年，即英国维多利亚女王统治时期。前接英国乔治时代，后启爱德华时代，是大英帝国走向巅峰的历史时期。

4 莱姆豪斯（Limehouse）被认为是伦敦比较早期的华人聚居点。19世纪初期，一些来自中国华南地区的劳工和水手因为各种原因流落到伦敦，许多人就在伦敦莱姆豪斯的船厂区域落脚。20世纪初，莱姆豪斯船厂区域聚居的华人日益增多，合法鸦片烟馆和贫民窟逐渐成为这一区域的"特色"。英国作家托马斯·柏克创作了以伦敦莱姆豪斯的"中国城"为背景的系列作品，并引起广泛关注。在英国报刊的大肆渲染下，莱姆豪斯逐渐成为"中国城"的代名词。总结自：[英]潘琳著：《炎黄子孙：华人移民史》，陈定平、陈广鳌译，上海：三联书店上海分店，1992年，第92—95页。

5 Ross G. Forman, *China and the Victorian imagination: empires entwined*, New York: Cambridge University Press, 2013.

括中国香港以及英国伦敦东区的中国移民，他将对中国形象的描述放置于全球性的英帝国范围内来考察，视野极为广阔。在福尔曼的视野里，中国并非总是那个消极的"异域"形象，中国是一个巨大的、具有无限潜力的市场，在这里一切皆有可能，在他的笔下，中国形象是独特的和新颖的。

关于英国的中国形象研究方面，首先，从文本使用上看，主要以政治外交文件、文学作品和游历作品为主，对其他文本如报刊的使用相对较少。其次，在有关近代中英关系的研究中，一些学者自觉不自觉地就带有帝国研究的视角，杨国伦、毕可思、福尔曼的研究都将对中国的研究或者是对中国形象的考察，放在英国作为一个帝国的背景中进行的。最后，从研究涉及的对象来看，除了传统的研究对象外，视觉艺术、符号学等也被引入形象研究之中，显示出形象研究领域所具有的开阔视野。

（三）国内的相关研究

早期的中国形象研究，主要是由陈受颐、方重、钱钟书、范存忠等比较文学家们进行的。到 20 世纪 70—80 年代，随着对外交流的不断扩大，国内研究的视野也更加广阔，黄兴涛和杨念群主编的《西方视野里的中国形象》系列丛书将这方面研究带入一个新的阶段。进入 90 年代，跨文化形象学研究不断深入，成果不断出现，有的还形成了系列作品，如周宁主编的八卷本《中国形象：西方的学说与传说》。进入 21 世纪，西方的中国形象研究在不断深入的情况下也拓宽了研究范围，从文学和文化研究等领域向传播学和国际关系学等领域扩展。

民国时期，对前往欧美求学的陈受颐、方重、钱钟书、范存忠等人而言，欧美文学中的中国形象，中国的古代哲学、艺术、文化等对欧美世界的影响是他们研究的主要方向。陈受颐的《18 世纪英国文化中的中国影响》、方重的《十八世纪的英国与中国》、钱钟书的《17、18 世纪英国文学中的中国形象》都是对17—18 世纪中西方文化接触与交流进行的专门研究。钱钟书在《17、18 世纪英国文学中的中国形象》一文中，重点探讨了 17—18 世纪期间，"英国有关中国的文献中对'中国'所进行的解读与建构，它还包括英国早期文献中有关中国的风貌、英国的'中国风（chinoiserie）'、中国故事在英国文学作品中的重塑等"[1]，文章还包括了许多近代早期西方人有关中国研究的作品，为这一方面研究提供了重要资料和研究方向。

---

1 Ch'ien Chung-shu, *China in the English Literature of the Seventeenth and Eighteenth Centuries*, 见钱钟书：《钱钟书英文文集》，北京：外语教学与研究出版社，2005 年，第 82—280 页。

范存忠进入比较文学研究领域之时，正值西学东渐、部分国人盲目崇洋的年代，然而他并没有人云亦云，而是独辟蹊径，去探讨西方在多大程度上受到古老中华文明影响这一课题。范存忠回国之后，他发表了《约翰逊、高尔斯密与中国文化》（1931）、《孔子与西洋文化》（1932）、《17、18世纪英国流行的中国戏》（1940）、《17、18世纪英国流行的中国思想》（1941）等论文。范存忠逝世后出版的《中国文化在启蒙时期的英国》（1991）一书中，从英文文本出发，进行资料上的梳理和论证，涵盖了文学、哲学、语言学、戏剧、中国器物、园林布置等多个方面。[1]范存忠特别重视研究对象的文本特征和历史特性，并试图以中国自身的经验来理解17—18世纪欧洲的文化经验，在研究方法上颇有创新。由此可见，中国学者对中西交往中的形象问题早已进行了相关研究，之后由于多种原因并没有持续进行下去。

20世纪90年代开始，中外交往中形象相关的研究开始受到重视。黄兴涛和杨念群主编的"西方视野里的中国形象"译丛就是一个明显的例子，该译丛收录了十部曾在西方广泛流传的经典作品，主要是西方汉学家、传教士和学者有关中国语言和文学、哲学和宗教、商业和经济等方面以及对中华文明总体方面观感的经典作品。[2]进入21世纪，中华书局又将原有的"西方视野里的中国形象"进行重新修订和扩充，推出"西方的中国形象"系列丛书，选取的范围更加扩大，不仅包括西方的汉学家和学者以及传教士，还包括来华考察或游历的探险家、作家和经商者的相关作品。这些文本在西方世界曾经广为流传，对西方人的中国观感有着重大影响。

张顺洪的《一个特殊时期的英人评华：1790—1820》考察了1790年至1820年间英国人对中国的评价。这一段时期也是中英关系的一个特殊时期，英国先后派遣了乔治·马戛尔尼使团和威廉·皮特·阿美士德使团前往中国。也是英国人观察、思考和评价中国发生转变的一个时期。总体上看，这一时期的英国的中国形象是处于一个不断下降的阶段。作者认为，英国人在评价中国的时候，有意识或者无意识地总是站在英国自身的标准。所以他在书中提出一个概念，叫作"自我标准"（self-criterion）。认为英国人评论中国的时候运用的是

1　范存忠：《中国文化在启蒙时期的英国》，上海：上海外语教育出版社，1991年。

2　这些作品包括明恩溥的《中国乡村生活》和《中国人的特性》、立德夫人的《穿蓝色长袍的国度》、麦家温的《中国生活的明与暗》、罗斯的《变化中的中国人》、何天爵的《真正的中国佬》、雷蒙·道森的《中国变色龙》、伊萨克斯的《美国的中国想象》、罗伯茨的《十九世纪西方人眼中的中国》、马森的《西方的中华帝国观》等，这些作品先后由光明日报出版社和时事出版社陆续出版。

"自我标准"。当然作者也不认为每位看待中国的英国人一定具有"欧洲中心论"的观念或者倾向。他认为不管英国是赞扬还是贬抑中国,都可能运用"自我标准"。[1]

张顺洪还提出了英国评价中国的差异和矛盾,认为这是一种文明冲突的体现,还称之为"间接文明冲突"。[2] 当英国通过外交手段不能达到打开中国国门的目的时,武力解决就成为他们的选项。这一点从英国对华观感的发展变化中是可以看出来的,作者还指出,一个国家对另外一个国家的评价会影响其对另一个国家的政策。

进入 21 世纪,国内有关中国形象的研究多集中于比较文学专业领域,从文化形象研究视角出发,借鉴和吸收西方形象学理论、后殖民主义理论等来开展进一步研究。

黄时鉴先生以图像、形象和历史记忆为出发点,认为一个民族、一个国家对其他民族、其他国家形成他者的图像、历史和历史记忆,对于自我认知的形成、深化和定位,都是不可或缺的。此外,他还认为为了了解他者和研究他者,有助于自我认知的更加清晰、清醒和深化。[3] 黄时鉴先生以近代《伦敦新闻画报》中的中国图像为研究主题,从艺术形象的角度来考察西方中国图像的形成史,为历史学研究开辟了一个新的领域。

周宁是国内比较早的从历史角度透析西方中国形象的学者,2004 年学苑出版社出版了周宁所编著的"中国形象:西方的学说与传说"八卷本丛书[4],全部书名为《契丹传说》、《大中华帝国》、《世纪中国潮》、《鸦片帝国》、《历史的沉船》、《孔教乌托邦》、《第二人类》、《龙的幻象》(上、下两册)。这是周宁继 2000 年出版《永远的乌托邦:西方的中国形象》之后,有关西方"中国形象"研究的重要作品,他以马可·波罗时代作为西方中国形象的起点,将中国形象作为西方文化借以表现"他者"的话语,来探讨最近七个世纪以来,西方有关中国形象的发展、演变历程。

---

1 Shunhong Zhang, *British Views on China: At the Dawn of the 19th Century*, Beijing: China Social Science Publishing House, 2011.(该书原为张顺洪在伦敦大学的博士论文。Shunhong Zhang(1989), *"British Views on China During the Time of the Embassies of Lord Macartney and Lord Amherst (1790-1820)"*, PhD thesis, Birkbeck College, University of London. 修订后 2011 年由中国社会科学出版社出版。)

2 张顺洪:《我对文明冲突的初步理解:兼评亨廷顿的文明冲突观》,《史学理论研究》1994 年第 04 期,第 97—99 页。张顺洪:《乾嘉之际英人评华分歧的原因 (1790—1820)》,《世界历史》1991 年第 04 期,第 90—91 页。

3 黄时鉴:《维多利亚时代的中国图像》,上海:上海辞书出版社,2008 年,导言部分第 16 页。

4 周宁:《中国形象:西方的学说与传说》八卷本,北京:学苑出版社,2004 年。

关于中国形象在西方世界中的价值或意义，周宁认为，"西方的中国形象，是西方文化投射的一种关于文化他者的幻象，它并不一定再现中国的现实，但却一定表现西方文化的真实，是西方现代文化自我审视、自我反思、自我想象与自我书写的方式"[1]。即西方文化中关于中国的形象作为西方文化言说"他者"的一种社会话语，与西方社会的现实情形并没有多少关联，主要是以这种形式，来表现西方社会文化自身的观念、价值和取向。

孟华的《试论汉学建构形象之功能：从19世纪法国作家笔下的中国形象看汉学研究的形象建构功能》以法国汉学研究为例，在19世纪中法关系发生变化的背景下，通过对雨果、戈蒂耶等名家作品的个案分析，厘清它们与生发于18世纪、形成于19世纪的法国汉学之间的关系，并由此进一步探讨汉学建构形象的功能。[2]

姜智芹的《文学想象与文化利用：英国文学中的中国形象》一书运用比较文学、后殖民主义理论和美学等理论，梳理和分析了中国形象在英国文学中呈现出的乌托邦和"异域"之美，来探讨英国作家对有关中国的形象所进行的或正面、或负面的利用。[3]葛桂录的《他者的眼光：中英文学关系论稿》做了全新的尝试，从中国、英国双向来探讨相互关系的专著，先是讨论英国文化视野里的中国，之后是讨论在中国文化语境中，英国作家、作品的传播和接受等问题。[4]作者选取中、英两国各自文学作品中形象进行比较研究，是这方面研究的创新之作。

曹青（Qing Cao）的《西方视野下的中国》从英国现代传媒——纪录片的角度来考察中国形象的建构以及形象与中英关系。[5]作者采用话语分析和叙事分析的方法，来考察1980—2000年间在英国播出的以中国为主题的电视纪录片。作者主要通过两个方面进行考察：一是分析这些电视纪录片文本，探讨其叙事结构、话语结构以及背后隐藏的权力关系；二是探讨西方的自我认知（self-perception）、其先入之见与中国形象构建之间的关系；[6]三是探讨英国电视纪录

---

1 周宁编：《世界之中国：域外中国形象研究》，南京：南京大学出版社，2007年，前言第7页。

2 孟华：《试论汉学建构形象之功能：以19世纪法国文学中的"文化中国"形象为例》，《北京大学学报》（哲学社会科学版），2007年第4期。

3 姜智芹：《文学想象与文化利用：英国文学中的中国形象》，北京：中国社会科学出版社，2005年。

4 葛桂录：《他者的眼光：中英文学关系论稿》，银川：宁夏人民出版社，2003年。

5 Qing Cao, *China under Western Gaze: Representing China in the British Television Documentaries 1980-2000*, New Jersey and London: World Scientific, 2014.

6 Qing Cao, *China under Western Gaze: Representing China in the British Television Documentaries 1980-2000*, New Jersey and London: World Scientific, 2014, p. Ⅷ.

片这种现代媒体形式建构的"中国形象",研究其在西方文化语境、价值观念、历史传统、权力关系和利益格局中产生意义的过程,并与形象的接受者建立起共识,确认身份和强化其价值观。

国内学界也有不少从传播学的角度研究中国形象的专著,特别是对外国报刊上的中国形象的研究。这些研究主要关注美国、日本和西欧等发达国家和地区的主要报纸和重要期刊,包括《纽约时报》《华盛顿邮报》《华尔街日报》《泰晤士报》《金融时报》《时代周刊》《经济学人》等。研究涉及时间多为最近一段时期,一般的研究方案是以新闻传播学的内容分析、文本分析、模型研究、建构主义以及东西方的权力结构和话语权力为理论基础,分析和论证中国形象的正面和负面形象、形象发展面临的问题,最后提出如何提升中国形象,如何解决当前中国形象面临的困境,并且提出自己的解决方案。[1]

关于中英关系史上十分重要的鸦片贸易问题,龚缨晏在《鸦片的传播与对华鸦片贸易》提出英国—中国—印度之间的三角贸易这一建设性视角。从1575年的普拉西战役起,印度逐渐被英国征服,英国在亚洲有了一个广大的殖民地,英国、中国和印度之间的三角贸易结构也随之稳定地建立起来了。在英—中—印三角贸易中,印度是起点,而在这样一种三角贸易结构中,每一边的贸易都是不平衡的。[2]中国输出茶叶等大宗商品,但又被英国从印度输入鸦片。对华鸦片贸易不仅为英国购买中国商品提供了资金,还使中国的财富外流到印度。鸦片为英印殖民政府提供了税收,英国东印度公司以及在印度的英国人通过鸦片贸易顺利地将印度的财富转移回英国。在这个三角贸易中,财富最终都流向英国,而中国却承受最严重的损害。[3]龚缨晏提出的英、中、印三角贸易视角,有助于深入理解近代国际关系史上的鸦片贸易,也有助于我们比较全面地理解鸦片战争这一重大历史事件和中英关系史上的其他相关事件。

王岳川认为,"中国形象绝不是孤立的,而是与世界普遍联系的"[4],中国形象并非一般性的文化阐释问题,而是一个在跨国和跨文化的语境中对中国形

---

1 这方面的专著主要有孙有中:《解码中国形象:〈纽约时报〉和〈泰晤士报〉中国报道比较1993—2002》,北京:世界知识出版社,2009年;刘继南,何辉等著:《镜像中国:世界主流媒体中的中国形象》,北京:中国传媒大学出版社,2006年;李智:《中国国家形象:全球传播时代建构主义的解读》,北京:新华出版社,2011年。相关论文比较多,不一一列举。

2 龚缨晏:《鸦片的传播与对华鸦片贸易》,北京:东方出版社,1999年,第159页。

3 龚缨晏:《鸦片的传播与对华鸦片贸易》,北京:东方出版社,1999年,第161—162页。

4 王岳川:《发现东方》,北京:北京大学出版社,2011年,第230页。

象进行定位和呈现的问题。此外，邹雅艳的博士论文《13—18世纪西方中国形象演变》，以西方社会中的历史类、文学类文本为主要研究材料，勾勒出13—18世纪西方中国形象的历史流变，并探讨了对西方的中国形象进行研究的价值所在。该文从一个较大的时间跨度（约六百年）来叙述和勾勒西方的中国形象，认为西方的中国形象"并不都是对中国真实、完整、客观的反映，它是西方不同时期、特定的历史文化语境中形成的、掺杂着知识与想象的对中国的'再现'"[1]。这些研究主要探讨了西方的中国形象"是什么"的问题，也部分涉及"为什么"的问题，但是对于"怎么样"的问题，即西方的中国形象有何影响，与周围世界的关系等问题涉及较少。

总体而言，国内学界对他国有关中国形象的研究，从研究对象上看，较多地集中在文学以及文化范围。从研究对象的时间划分上看，研究重点是当代甚至是当前时期的中国形象，这在传播学学科方面表现得十分明显。无论是从比较文学、传播学，还是从历史学等领域来看，探讨国家间文化的影响，以及异国形象的形成及其影响，似乎还有较大的研究空间。比较文学、形象学对英国的中国形象研究具有理论深度，但某种程度上忽视了对中国形象的现实关照，新闻传播学者研究重点在于当前英国的中国形象，注重实证研究及现实对策，却往往浮于表面，脱离中英关系的历史变迁和中英文化冲突而又交融的大背景。因此，将历史和理论结合起来，稳步推进，有利于这一领域研究的纵深发展。

三、重要概念

（一）英国报刊[2]

1. 英国近代报刊发展的基本情况

英国是世界上最先出现报纸的地方之一，在进入工业革命时代，英国报刊行业的发展水平也是首屈一指的。英国近代报刊的产生与发展，是同英国资本主义经济、政治、文化的发展紧密联系，相互作用的。近代早期，英国逐步确立君主立宪的政治制度，工业发展迅猛，海外贸易持续增长，由此对各种贸易、航运、政治、商业等资讯的需求日益强烈，这种发展状况为英国报纸的发展提

---

1 邹雅艳：《13—18世纪西方中国形象演变》，南开大学文学院博士论文，2012年5月。

2 关于"报刊"的英文翻译问题，如果翻译成"newspapers and periodicals"显得比较冗长；由于本书涉及的时间为20世纪初期，这一时期的大众传播媒体的主要载体是平面媒体，其形式远比当今时代单一，内容上也要单薄得多；因此，本书将"报刊"译为英文press。在牛津高阶英语词典中，英文press一词含有"报章杂志、报刊"（newspapers and magazines）等意思。

供了非常良好的条件，其传播载体也从手抄型的小报逐步过渡到大型商业报纸，这些都十分有利于英国近代经济和贸易活动的开展，同时英国报刊的发展也见证了英国近代政治发展和社会进步的历程。

20世纪初期，报纸和杂志是最为重要的社会大众媒体，也是社会公众最重要的信息来源。这一时期的媒体的主要形式是报纸和期刊，也可以称之为平面媒体。现代传播工具如广播进入公众生活要到一战之后，电视开始普及还要到二战结束之后。[1]

因为报刊和媒体的概念紧密相关，所以通常报刊被认为是包含在媒体之中的。但20世纪初期，由于技术和传播条件的制约，报纸和杂志是最为重要的社会大众媒体。对于主流媒体，诺姆·乔姆斯基的《主流媒体何以为主流媒体》认为，"主流媒体"又可以称之为"精英媒体（elite media）"或者"议程设定媒体（agenda-setting media）"，此类媒体通常拥有规模较大或者层次较高的读者群，其次它们影响着新闻报道框架，并主导着社会舆论的形成，一定程度上，它们还是其他二三流媒体和区域性媒体的信息来源。[2] 因此，所谓主流媒体就是具有较高公信力和具备较强社会责任感并以传播社会主流价值观念为己任的高品质媒体。

20世纪初，最能代表当时"主流媒体"的应该是比较主流的报纸和期刊（本书拟以"主流报刊"来代替）。对20世纪初的英国而言，主流报纸主要有极具政治影响力且持保守立场的《泰晤士报》、左翼报纸的旗手《曼彻斯特卫报》、主要目标群体为中产阶级的《每日电讯报》和发行量名列前茅且面向社会中下层的《每日邮报》。主流期刊主要有学术性较强的《爱丁堡评论》《每季评论》《当代评论》，以插图见长的《伦敦新闻画报》和《图像杂志》，以政治讽刺和夸张的漫画著称的《笨拙》周刊。"报纸的悠久历史表明它有一些重要的优点。能够在一系列不同的社会和经济环境中生存下来；能够适应各种情况；能够反映它所服务的社会所发生的变化；最重要的是具有历史观点和与历史相称的观念。"[3] 历史悠久的报纸和期刊都具有一定的传统，很多主编担任编辑的时间较长，且具有良好的社会责任感，因此这些报纸和期刊能在英国社会中发挥出重要影响。

---

1 1920年11月20日，美国匹茨堡西屋电气公司创办的 kdka 广播电台被公认为世界上第一个真正的无线广播电台。它第一个报道了拳击比赛以及舞台戏剧的实况，这些突破性进展使得该电台被载入史册。

2 Noam Chomsky, "What Makes Mainstream Media Mainstream", *Z Magazine*, October, 1997.

3 ［英］马丁·沃克著：《报纸的力量：世界十二家大报》，苏童均等译，北京：新华出版社，1987年，第10页。

2. 20 世纪初期英国的主要报刊

表 5 英国主要报纸 [1]

报纸名称	创立年份	政治倾向	发行量（1910 年）
Manchester Guardian	1821	自由	40000 份
The Times	1785	保守	45000 份
The Observer	1791	保守	60000 份
Daily Mail	1896	独立或保守	900000 份
The Daily Telegraph	1855	保守	230000 份
The Financial Times	1888	偏向自由	不详
The Scotsman	1817	自由	40000 份

表 6 英国主要期刊 [2]

杂志名称	创立年份	风格	发行周期
Illustrated London News	1842	插图	周刊
The Graphic	1869	插图	周刊
Punch	1841	保守 / 插图	周刊
Spectator	1828	保守	周刊
Nineteenth Century and After	1877	综合	月刊
Quarterly Review	1809	保守	季刊
Edinburgh Review	1802	自由	季刊
The Contemporary Review	1866	独立	月刊

　　在英国的主要报纸中，《泰晤士报》是创刊较早的老牌报纸，但是在 20 世纪初却出现经营困难。《曼彻斯特卫报》起家于英国工业重镇曼彻斯特，一开始就与英国的工人运动有着紧密联系。《每日邮报》创刊时间较晚，但是却一跃而起，成为 20 世纪初英国发行量最大的日报。20 世纪初期，老牌报纸《泰晤士报》面临经营困难，举步维艰，但《每日邮报》却一飞冲天，这从一个侧面反映出英国报业内部的竞争何其激烈。

---

1 图表为笔者个人绘制，数据主要参考 David Butler and Anne Sloman, eds., *British Political Facts, 1900-1975(4th)*, London and Basingstoke: Palgrave Macmillan, 1975, pp.377-392; Chandrika Kaul, *Reporting the Raj: The British Press and India, c.1880-1922*, Manchester and New York: Manchester University Press, 2004, pp.55-56.

2 图表为笔者个人绘制，数据主要参考 Chandrika Kaul, *Reporting the Raj: The British Press and India, c.1880-1922*, Manchester and New York: Manchester University Press, 2004, pp.56-57; David Butler and Anne Sloman, eds., *British Political Facts, 1900-1975(4th)*, pp.391-392.

在英国的主要期刊中，《爱丁堡评论》《每季评论》《当代评论》属于学术性较强的专业刊物，其面向人群相对较少，但是这些刊物的读者通常具有相对较高的社会层次，以政界、学术界的精英人士居多。《伦敦新闻画报》《图像杂志》《笨拙》周刊等刊物的内容相对通俗，图文并茂，还经常创意迭出，深受社会不同阶层的喜爱。与报纸相比，期刊的出版周期略长，有周刊、月刊和旬刊等，因此期刊既能对某一问题做深入的探讨，也可以进行较大篇幅的解读，还能在一个比较宽阔的视野下思考问题。

表 7　近代在华主要英文报纸

报纸名称	创办人	创立年份	终刊年份	发行量
North China Daily News（字林西报）	奚安门	1864	1951	8000（峰值）
The North China Herald and Supreme Court & Consular Gazette（北华捷报）[1]	奚安门	1850	1941	不详
Peking and Tientsin Times（京津泰晤士报）	裴令汉	1894	1941	1000[2]
The Chinese Repository（中国丛报）	裨治文	1832	1851	月均 800

鸦片战争之前在中国的英文报纸因为发行量小，读者群体有限等因素，影响相对较小。第一次鸦片战争前后，影响比较大的在华英文报刊主要有《中国丛报》和《广州纪事报》等。[3] 第二次鸦片战争之后，沿海和内地的通商口岸不断增多，外国人也大量涌入这些地区，在华外文报纸也日益增多。随着列强的侵略权益不断扩大，在华外文报刊逐渐成为列强在华利益的代言人，并不断地为本国的殖民扩张政策制造舆论。英人经营的《字林西报》报馆也被近代报刊史专家戈公振认为"骎骎然为英人在东方之唯一言论机关矣"[4]。

（二）形象的内涵与要素

有关他国或他文化形象的研究，长期以来都是比较文学和新闻传播学的重要研究领域。自李普曼提出的"我们头脑中的图像"与外部世界的关系（the world outside and the pictures in our heads）这一概念之时，一个跨学科的研究趋

1 《北华捷报》（The North-China Herald）是上海开埠后出现的第一份近代外文报纸，也是在中国近代史上存在时间较长、影响较大的英文报纸。

2 Paul French, *Through the Looking Glass: China's Foreign Journalists from Opium Wars to Mao*, Hong Kong: Hong Kong University Press, 2009, p.111.

3 吴义雄：《在华英文报刊与近代早期的中西关系》，北京：社会科学文献出版社，2012 年，第 37—51 页。

4 戈公振：《中国报学史》，北京：中国新闻出版社，1985 年，第 72 页。

势也逐渐形成。[1]他在《公共舆论》一开始就提出"外部世界与大脑中的图像",也就是说大众传播媒体创造了我们对于这个世界的印象。尽管这一研究术语一开始并没有被广泛的接受和应用。但到现在,许多社会学、社会心理学、政治学和历史学研究者常常使用一些术语,如"形象"(image)、"信念"(belief)、"观念"(perceptions)、"态度"(attitudes)、"表征"(representations)、"刻板印象"(stereotypes)等,用以描述同一个现象或者某一现象的不同方面。"信念"(belief)、"观念"(perceptions)狭义上被用来描述一个国家整体形象的某些特定方面,有时候它们也被看成是一种典型的认知模式。"态度"(attitudes)则常常和某项具体的行动相关。"刻板形象"(stereotypes)又称刻板效应或定型效应,指的是对某人或某一群体产生的一种比较固定的、类别化的看法,常常和负面印象相关。本书倾向于使用"形象"这一术语,在历史学和政治学等学科中,"形象"常用来描述个人和群体成员共享的对其他国家的整体图景和心理观感。二战后学术发展的积累也为此提供了基础,人类学、社会学、经济学等领域都进行了大量的有关形象或者认知的研究。[2]

本节从以下四个方面对形象的特征进行分析和探讨。

第一,形象总是在某一特定基础之上形成的认识。也就是说,注视者或施动者自身存在和发展的环境会影响形象的生成。英国学者斯图尔特·霍尔认为,"再现"是借助"概念和心理表象"建构社会文化的一种模式,所谓"概念和心理表象"即某文化所特有的知识背景、社会文化传统等。对于西方来说,认识和理解中国被放置于一个跨文化背景之下,不但存在着不同的概念体系,而且组织、分类及整合知识体系的方式也有所不同。最终西方社会通常只能以自身"概念图谱"来解读中国。[3]同样,西方报刊媒体信息的主要接受者也只能通过西方自身的概念图谱来理解有关中国的叙事和中国"故事"。

第二,形象可以被认为是一种客观的存在物,因为它的存在并非转瞬即逝,而是具有一定的持续性,即形象会在"一段时间内保持相对的稳定性和持续性"[4]。刻板印象的形成及其延续,与形象的这一特征有着密切联系。

---

1 Walter Lippmann, *Public Opinion,* New York: Harcourt, Brace and Company, Inc., 1922, p.3.

2 Steve Smith, "Belief Systems and the Study of International Relations", in Richard Little and Steve Smith, eds., *Belief Systems and International Relations,* Oxford: Blackwell in association with BISA, 1988, p.14.

3 Stuart Hall, *Representation: Cultural Representations and Signifying Practices,* London: SAGE Publications, 1997, pp.15-17.

4 丁磊:《国家形象及其对国家间行为的影响》,北京:知识产权出版社,2010年,第27—28页。

第三,形象是对某一特定国家整体性认知的结果。法国学者达尼埃尔·亨利·巴柔(Daniel-Henri Pageaux)以文化和社会的关系为基础来研究国家形象,他认为国家形象是"在文化中,同时也是社会化的过程中得到的关于一国认识的总和,是一个集体想象物"[1]。因此,探讨国家形象就是对一个国家的整体实力和实际情况进行评估,包括对该国的政治、经济、历史和文化多种因素的认知。

第四,国家形象的建构也是一个互动的过程,并掺杂情感因素。美国学者鲁宾斯坦(Murry Rubinstein)从传播学的角度进行解读,认为形象就是一个人或者群体传达给另一个人或群体的信息,形象不可能从真空里产生,而大众媒体是传播形象的强有力载体(carriers or transmitters of the image)。他还认为形象是一个互相交流的过程(communications system),这个交流系统具有一定的封闭性,它通过发起者、信息、频道、接受者和反馈者这一过程来完成。[2]法国学者布彼埃尔·布吕奈尔(Pierre Brunel)指出:"形象是加入了文化的和情感的、客观的和主观的因素的个人的或集体的表现。任何一个外国人对一个国家永远也看不到像当地人希望他看到的那样。这就是说情感因素胜过客观因素。"[3]这两位学者都认为异国形象不是社会个体的产物,也不是某一文化单向生产的结果,而是两种或多种文化进行互动的产物。

本节所探讨的国家形象不仅包含国家的自我形象,更多的是还涉及"国际形象",或者说是形象的施动者对特定国家的认知,其间也涉及形象的施动者与这一特定国家之间的相互关系。

(三)报刊研究中的客观论和建构论

对报刊等媒体的文本进行考察的一个研究起点,就是厘清报刊等媒体的文本与社会真实之间的关系。它所包含的主要问题有:英国报刊中是否存在"纯粹""客观"的对华报道?英国报刊的报道是对"客观世界"的真实反映,还是一种对社会现实的建构?

新闻客观主义或新闻专业主义是西方新闻学的一个重要概念,其基本要求是新闻报道应秉持客观、公正和中立的原则,新闻内容应反映事实,符合社会

---

1 [法]达尼埃尔·亨利·巴柔:《从文化形象到集体想象物》,载于孟华等编译:《比较文学形象学》,北京:北京大学出版社,2001年,第123—124页。

2 Murry Rubinstein, "American Board Missionaries and the Formation of American Opinion toward China, 1830-1860", in Jonathan Goldstein, Jerry Israel and Hilary Conroy, eds., *America Views China: American Images of China Then and Now,* Bethlehen, PA.: Lehigh University Press, 1991, p.68.

3 [法]布吕奈尔等著:《什么是比较文学?》,葛雷、张连奎译,北京:北京大学出版社,1989年,第89页。

真实面貌。但是也有许多学者从媒体建构论的角度出发，认为大众传播媒体并非是要报道真实世界，而只是对社会真实的一种建构。

1938 年，美联社负责人奥利弗·格拉姆林（Oliver S. Gramling）在其著作《美联社：新闻的历史》中引用的南北战争时期美联社作者劳伦斯对于新闻客观性的看法，形象地阐释了"新闻客观性"的内容："我的任务就是传播事实，我的机构不允许我就我传播的事实作任何评论。我的电讯稿发往各种政治报刊，那里的编辑说，他们能够为送来的电讯稿里的事实配上自家的评论，因此我考虑的是以正统的新闻为界限，我不充当属于任何派别的政治家，但我试图做到真实和公平，我的电讯稿仅仅是一些不加渲染的事实和细节材料。"[1]

但是随着时代的发展，媒体从业人员日趋复杂化，媒体机构日趋庞大并形成自身的诉求，新闻客观主义也受到挑战和质疑，并在以下两个方面饱受诟病：第一种观点认为新闻客观性必然要受到新闻价值的影响。新闻客观主义一方面强调新闻的客观性原则，另一方面也不得不承认"新闻须符合如时宜性、接近性、显著性、影响性及人情趣味等新闻价值，多半认为这些新闻价值原本就附着在这些新闻事件上的特质，记者只是根据这些特质来选择新闻罢了"[2]。第二种看法认为新闻客观主义常常夸大媒体机构和媒体记者在新闻生产过程中的作用，同时英美媒体所谓的"专业性"（professionalism）常常受到多种社会因素的干扰和约束。英国学者施莱辛格（Philip Schlesinger）指出新闻系统过去常夸大其专业能力，如过分强调新闻选择的专业技术、编辑影响等因素。他认为英美媒体自我标榜的媒体"专业性、客观性（professional claims to objectivity）"常常会受到政治因素、经济因素和意识形态因素的制约。[3]

关于历史文化研究中的主观、客观问题，保罗·利科认为，历史研究是一种包含主观性和客观性的研究活动，主客观之间始终存在着一种张力，这些都有利于推动史学研究的推进。[4] 法国学者达尼埃尔·亨利·巴柔认为形象就是对一个文化现实的描述，形象学研究也并非要研究形象的真伪，主要是研究"形象色色的形象如何构成了某一历史时期对异国的特定描述，研究那些支配了一

1 ［美］赫伯特·阿特休尔：《权力的媒介》，黄煜、裘志康译，北京：华夏出版社，1989 年，第 152 页。

2 翁秀琪等：《新闻与社会真实建构：大众媒体、官方消息来源与社会运动的三角关系》，台北：三民书局，1997 年，第 5—6 页。

3 Philip Schlesinger, "From production to propaganda?", *Media, Culture, and Society*, Vol. 11 (1989), pp.283-306.

4 吕一民：《保罗·利科的研究取向与科学的历史阐释学的建构》，《历史研究》，2018 年第 1 期。

个社会及其文学体系、社会总体想象的动力线"[1]。国内有学者认为，"跨文化的中国形象研究有两种基本立场，一是现代的、经验的立场，另外一种是后现代的、批判的立场"[2]，站在前一种立场，就是假设西方的中国形象是对中国现实的反映，但是很容易受到所处立场和价值观的影响；站在后现代的、批判的立场，就不必困扰与中国形象是否反映中国社会的"实际"，而是要思考和探究中国形象体现了西方的思维方式、意象传统以及话语机制的内核。[3]

曹青以纪录片作为研究素材，认为英国对华报道研究中存在两种不同分析视角，即"客观论"和"建构论"。他认为"媒体研究的'客观性'在现实中常常囿于个人的主观判断，建构论者认为形象不能等同于现实，从而绕过了困扰研究者的一大难题，而将重点转向将中国形象作为特定历史条件下的一种话语建构"[4]。采用不同的研究视角，其研究结论也会大不相同。英国主流报刊关于中国的报道反映的是特定历史时期，英国对中国的主流认知和评价。英国主流报刊作为当时英国社会价值观念的重要承载者，从意识形态角度来看，主要起着维护和整合英国社会的功能。[5]英国报刊等媒体的报道"在很大程度上取决于媒体叙事的'劝服'（persuasiveness）功能，以及对媒体所传达的共享的价值观念的认同，英国等西方媒体所建构的话语意义的生成依赖于西方社会的共享价值（shared conceptual map），而非客观现实"[6]。

由此可见，在如今的研究中，我们需要谨慎对待报刊和新闻的客观性问题。总体上讲，媒体事件的价值也是由其制作者所赋予的，媒体事件并不是各种社会事实的直接投射，而是在一定的新闻价值理念和报道框架基础之上，在各种信息来源、技术手段和多种力量的博弈之后，才最终形成的。

四、研究对象

本书选择英国报刊的历史文本作为主要研究对象。首先，在报刊的选择上，

1 ［法］达尼埃尔·亨利·巴柔：《从文化形象到集体想像物》，载于孟华编译：《比较文学形象学》，北京大学出版社，2001年，第156页。

2 周宁：《跨文化研究：以中国形象为方法》，北京：商务印书馆，2011年，第20页。

3 周宁：《跨文化形象学的观念与方法：以西方的中国形象研究为例》，《东南学术》，2011年第5期。

4 Qing Cao, *China Under Western Gaze: Representing China in the British Television Documentaries 1980–2000*, Hackensack, NJ: World Scientific, 2014, pp.13-14.

5 胡刚：《19世纪末20世纪初英国媒体中的中国西藏形象——以〈泰晤士报〉为中心的视角》，《西藏大学学报》2018年第2期。

6 Qing Cao, *China Under Western Gaze: Representing China in the British Television Documentaries 1980–2000*, Hackensack, NJ: World Scientific, 2014, p.30.

按照报纸和期刊所在国家的影响力以及政治倾向进行选择。其次，兼顾报刊文本的可得性和完整性。最后，是考虑到所选报刊的历史文化背景和公众号召力。综合起来，笔者主要选取了《泰晤士报》《曼彻斯特卫报》《每日邮报》《每日电讯报》。前两份是历史悠久、政治倾向明显的英国大报，《泰晤士报》是保守主义的旗手，在 19 世纪中后期，该报还被卡尔·马克思称之为"国家报"和"帝国报"[1]。《曼彻斯特卫报》则是英国左翼报纸中最具影响力的，属于当时人们眼中的"激进"报纸。《每日邮报》则是 19 世纪末至 20 世纪初在英国迅速崛起的发行量最大（周末版报纸除外，1910 年数据）且面向社会中下层的全国性日报，其读者群兼顾社会中间阶层和社会下层人士。《每日电讯报》则是偏保守的报纸里面发行量较大的中产阶级精英媒体。总体上来看，这些报纸的选择既包括政治倾向上的保守派，也包括激进的自由派；既有精英型报纸，也有面向社会中间阶层和社会中下层的报纸；既有发行量相对较小的品质型报纸，也有发行量超大的大众型报纸（《每日邮报》的发行量约为《泰晤士报》的 20 倍，1910 年数据）。

《泰晤士报》（The Times）[2]是英国的一份老牌且发行十分广泛的大报，在国际上也具有较高的知名度。昔译《太晤士报》[3]，又译《伦敦时报》。《泰晤士报》创立于 1785 年，创始人为约翰·沃尔特（John Walter）。创刊之初以《世界纪事日报》（The Daily Universal Register）为报名，该报的自我介绍是："时代的《纪事报》是各种情报的忠实记录者，它不应被某一题目大量占据版面，而应像一桌丰富的酒菜，有适合每个人口味的菜肴。"[4]《泰晤士报》也号称"现代新闻事业鼻祖"，创刊后不久就以精英报纸的面貌登上历史舞台，直到今天依然如此。

1819 年，英国发生了"彼得卢惨案"[5]，政府暴力镇压民众的和平示威活动，

1 马克思：《伦敦〈泰晤士报〉和帕麦斯顿勋爵》，《马克思恩格斯全集》第一版第 15 卷，北京：人民出版社，1963 年，第 342 页。由于《马克思恩格斯全集》的第二版目前尚未出齐，笔者多次在第二版《马克思恩格斯全集》已出书目中寻找《伦敦〈泰晤士报〉和帕麦斯顿勋爵》一文，均未找到（也可能是由于笔者本人的疏漏），故仍参考第一版的相关内容。马克思的这篇文章还可以参见，中国社会科学院新闻研究所编：《马克思恩格斯论新闻》，北京：新华出版社，1985 年，第 367—372 页。

2 "The Times"的中文旧译是音译的"太晤士报"，逐渐被中文同音的"泰晤士"替代；后者来自与"The Times"读音相近但并无直接关系的泰晤士河（River Thames）的名称。由于约定俗成的关系，"泰晤士报"的译法一直沿用至今。19 世纪末至 20 世纪初还有《京津太晤士报》（Peking and Tientsin Times）、《日本太晤士报》等报纸。

3 清末时期，准确一点就是 1906 年以前，《申报》《大公报》都将 The Times (London, England) 译为《太晤士报》。

4 ［英］马丁·沃克著：《报纸的力量：世界十二家大报》，苏童均等译，北京：新华出版社，1987 年，第 40—41 页。

5 指的是 1819 年 8 月英国政府派兵镇压英国民众在曼彻斯特城圣彼得广场的抗议活动，并导致流血事件发生。

托马斯·巴恩斯（Thomas Barnes，1785—1841 担任主编）指导《泰晤士报》对这一惨案进行连续报道，引起了巨大的社会反响，《泰晤士报》也逐渐和资产阶级站在一起，鼓吹相对谨慎的政治改革和社会改革，并逐步成为英国重要的舆论工具。

1841 年，约翰·迪雷恩（John T. Delane）开始了长达 36 年的主编生涯，这一时期正是英国的全球事业蒸蒸日上，帝国野心不断显露的时期。恩格斯对这一时期英国的发展情况做出以下经典描述："无论如何，紧接着自由贸易在英国获胜以后的那些年代，看来是证实了对于随这个胜利而来的繁荣所抱的最大希望。不列颠的贸易达到了神话般的规模，英国在世界市场上的工业垄断地位显得比过去任何时候都更加巩固，新的冶铁厂和新的纺织厂大批出现，到处都在建立新的工业部门。"[1] 到 19 世纪后半期，英国逐步走向鼎盛时期，并成为当时世界经济中的火车头。作为英国的主流大报，这正是《泰晤士报》大显身手的绝佳时机，由于该报连续三任主编的励精图治，《泰晤士报》对英国国内政治和外交事务的影响力日益显著，卡尔·马克思甚至将其称之为"国家报""帝国报"[2]。卡尔·马克思认为，"由于集中规律在报业起着比在纺织业中更快的作用，伦敦《泰晤士报》登上了英国国家报纸的地位，在其他国家面前成了所谓的英国舆论的代表。……在为国家考虑和判断其对外政策并代表舆论方面，垄断权则从整个报界转给了一家报纸即《泰晤士报》"[3]。这一时期的英国由于拥有庞大的海外殖民地，加上世界首强的海军实力，工业和贸易上的垄断地位，其帝国特征已经较为明显。曾两度担任英国首相的迪斯雷利（Benjamin Disraeli，1804—1881）对《泰晤士报》评价极高，他认为，"英国在各国的首都有两名大使，一名是英国女王派遣的，另一名是《泰晤士报》派遣的驻外首席记者"[4]。

对于《泰晤士报》，卡尔·马克思有过相当精彩的评论。卡尔·马克思指出，"至于国内改革，就从来没有在《泰晤士报》的支持下实现过；相反，《泰晤士报》在确信自己完全无力阻挠实现这些改革之前，是从不停止反对它们的"[5]。《泰晤士报》反对改革的政治立场以及精于见风使舵的政治投机行为，被卡尔·马克思淋漓尽致地揭露出来了。尽管《泰晤士报》一直声称自己以"独立地、客观地报道事实"和"报道发展中的历史"为宗旨，但纵观其 200 多年的历史，

1 恩格斯：《保护关税制度和自由贸易》，《马克思恩格斯文集》（第 4 卷），北京：人民出版社，2009 年，第 336 页。

2《马克思恩格斯全集》第一版第 15 卷，北京：人民出版社，1963 年，第 342 页。

3《马克思恩格斯全集》第一版第 15 卷，北京：人民出版社，1963 年，第 336 页。

4 程曼丽：《外国新闻传播史导论》第 2 版，上海：复旦大学出版社，2007 年，第 37 页。

5《马克思恩格斯全集》第一版第 15 卷，北京：人民出版社，1963 年，第 335 页。

该报总体政治倾向是保守的，在历史上的多次重大事件中均持与英国政府相同或相似的观点。

《卫报》（The Guardian），创刊于 1821 年，因总部设于英国曼彻斯特，在 20 世纪中期以前，一直被称为《曼彻斯特卫报》（The Manchester Guardian，1821—1959），1959 年更名为《卫报》，是英国知名的、且具有全国影响力的品质报纸。19 世纪中叶，曼彻斯特不仅是英国，还是世界上知名的工业重镇，工人阶级迅速发展壮大，开始成为十分重要的政治力量，而地处曼彻斯特市的《曼彻斯特卫报》适时地顺应了这一形势，该报自我标榜为英国的工人运动"代言人"。总的来看，20 世纪初期的《曼彻斯特卫报》被认为是相对独立的自由派[1]。进入当代时期，该报有广泛的记者和通讯网，对亚非地区报道较多，设有"第三世界"专栏，排版醒目，比较注重社论或评论。[2]《卫报》和《泰晤士报》如今仍然是英国著名的品质报纸（quality newspaper），它们和普通的通俗报纸（popular newspaper）在主题选择、新闻视野、社论时评上有明显差异，甚至在语言和行文风格上都有明显不同。20 世纪初期，在保守倾向占据主导地位的英国报界，《曼彻斯特卫报》标榜自由主义价值，成为当时英国社会政治舆论中的一支重要力量。

《每日邮报》（Daily Mail），是 19 世纪末新近崛起的重要报刊，该报纸在 1896 年由北岩勋爵与罗斯米尔爵士联合创办，由于该报售价低廉加上行文简洁，很快就受到社会中下层民众的欢迎，仅仅数年，到 1902 年前后，也就是布尔战争期间，《每日邮报》的发行量已接近百万，是当时世界上发行量最大的报纸。[3]《每日邮报》是英国报业发展史上的传奇，1910 年它的发行量约为《泰晤士报》或《曼彻斯特卫报》发行量的 20 倍左右。从布尔战争开始，该报开始向英国的帝国主义立场靠拢，它在布尔战争期间鼓吹帝国主义价值观，以至于北美的《大西洋月刊》都认为该报受到权力和政治因素的过分干扰而显得不够客观。[4]

《每日电讯报》（The Daily Telegraph）是英国全国性的一流日报，1855 年由亚瑟·斯莱上校创办于伦敦，该报早期的政治立场亲英国自由党（前身为辉格党），到近代则变为亲保守党。在当代英国，有"怀念昔日大英帝国时代者"

1 David Butler and Anne Sloman, eds., *British Political Facts, 1900-1975(4th)*, London and Basingstoke: Palgrave Macmillan, 1975, p.380.

2 王志华、章洁编著：《英美媒体文萃》，杭州：浙江大学出版社，2004 年，第 5 页。

3 Paul Manning, *News and News Sources: A Critical Introduction*, London: Sage Publications, 2001, p.83; Dennis Griffiths, *Fleet Street: Five Hundred Years of the Press*, London: The British Library, 2006, pp.132-133.

4 Alfred G. Gardiner, the "Times", *The Atlantic Monthly*, January 1917, p.113.

读《每日电讯报》这一说法。该报的发行量也较为庞大，其 1910 年的发行量约为 23 万份，是《曼彻斯特卫报》发行量的五倍左右。

英国《观察家报》（The Observer）创刊于 1791 年，是英国创刊最早的星期日报纸。19 世纪末到 20 世纪初，该报的政治倾向十分保守。[1]

《苏格兰人报》（The Scotsman）是一份在爱丁堡出版发行的地方性日报，成立于 1817 年，隶属于苏格兰约翰逊传媒集团，最早为周报，后改为日报，在英国算不上全国性的大报，属于区域性质或地方性质的报纸。

英国《旁观者》周刊（Spectator）杂志是以政论为主的综合杂志，创刊于 1828 年，是英国面向全国发行的周刊中历史比较悠久的杂志，对国内外重大政治事件的强烈关注是该刊物的主要特色。

1841 年，著名的《笨拙》周刊（Punch）在伦敦创刊，主要内容有政治讽刺漫画、家庭漫画、社会漫画等，该刊物通过幽默、诙谐以及讽刺等方式来展示社会热点问题。通常认为，优雅、含蓄是英国式幽默的重要特征，近现代历史上"幽默"一词常常与英伦气质联系在一起，《笨拙》周刊在其中起到了十分重要的作用。时至今日，《笨拙》周刊依然以其尖锐的讽刺漫画在业界知名。

《伦敦新闻画报》（Illustrated London News），是一份创办于 1842 年的以图画为重要内容的英国周刊，创办人是英国人赫伯特·英格拉姆（Herbert Ingram）与他的朋友马克·雷蒙（Mark Lemon）。《伦敦新闻画报》诞生以来，除了图文并茂外，还创意迭出，赢得了英国社会各阶层包括维多利亚女王的喜爱。[2] 画报创始之初，就向中国派驻画家兼记者，在第二次鸦片战争、甲午战争、八国联军侵华以及清末的新政改革等重大历史事件中，《伦敦新闻画报》向英国本土发回了数量庞大的图画资料和文字报道。这些资料有许多是关于历史事件现场的直接报道，是第一手的研究材料，对近代中国历史研究有着重要的史料价值。

20 世纪初期，英国的报刊市场化发展十分充分，报纸和期刊的种类繁多，除了具有世界影响力的知名报刊外，还有很多地方性的报纸以及通俗小报。从整体上讲，这一时期的英国报刊总体上是偏向保守的（图 1），或者说是保守的报刊主导着英国的报刊舆论。

---

1 David Butler and Anne Sloman, eds., *British Political Facts, 1900-1975(4th)*, London and Basingstoke: Palgrave Macmillan, 1975, p.382.

2 黄时鉴：《维多利亚时代的中国图像》，上海：上海辞书出版社，2008 年，导言部分第 2—3 页。

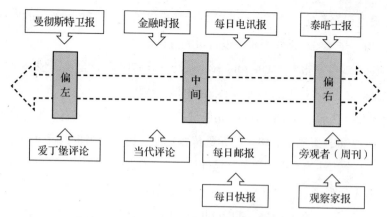

图 1　20 世纪初期英国主流报刊政治倾向示意图 [1]

五、研究方法

对于英国报刊而言，19 世纪末 20 世纪初期的报刊文本和如今的相比，还是有不小的差异，因此不能简单将现代的或者后现代的研究方法套用到百年之前的历史文本中，并且尽量避免以当代人的视角和观念去评价和判断历史文本的"正确性"和"合理性"，而是要将相关的报刊文本放在历史的语境中去考虑。

在现时众多研究方法中，报刊文本的权力话语、文本叙事、意识形态以及历史比较等具有较大的普遍性，任何文本都不可避免地具有以上的特点。此外，研究方法并非随意处之，而是要考虑文本及其形态的历史情境，如此才能避免研究结论上的重大偏差。

（一）报刊研究中的内容分析与文本分析

内容分析，简而言之，就是统计某一特定主题或特定现象的发生频率。即对报刊的文本进行量化或定量的方式，归类统计，分析特定内容中的语言和特性，并根据量化的数据分析和采用相关研究技巧，进行阐释和说明。内容分析常常被认为是一种"定量"的研究方法。文本内容分析关注的是某些反复出现的特征及其出现的频率、它们在文本中的比例及其可能蕴含的意义。

内容分析适合对报刊文本"明显内容"的分析。斯托克斯（Jane Stokes）认为："内容分析的一个优点是你可以进行第一手资料的研究，并将你自己发现的实际情况和相关图表（facts and figures）作为得出结论的依据。" [2] 伯纳德·贝雷尔

---

1 图表为笔者个人绘制，数据主要参考 David Butler and Anne Sloman, eds., *British Political Facts, 1900-1975(4th)*, London and Basingstoke: Palgrave Macmillan, 1975, pp.377-392.

2 Jane Stokes, *How to Do Media and Cultural Studies*, London: SAGE Publications, 2003, p.56.

森（Bernard Berelson）是这样界定内容分析的，"内容分析是一种客观、系统和定量地（objective, systematic and quantitative）描述传播的显性内容的研究方法"[1]。通过使用预先确定的类别，运用内容分析，我们可以统计报刊文本中某个特定主题被报道的数量或者某个主题出现的频率。内容分析既可以用于比较同一时期不同主题的报刊文本内容，也可以用于比较不同时期的同一主题的相关内容。此外，内容分析还有花费相对较少以及研究者的主观态度对内容分析结果的影响较小等优势。

但是内容分析也有其局限性。贝雷尔森明确指出，内容分析只是局限于"显著内容"（manifest content of communication），而不是分析文本内容表达的"潜在意图"（latent intentions），也不能分析"文本外部的社会和语境因素"（social or contexual factors outside）。[2]简而言之，内容分析适合分析文本材料的外延意义（denotative communication materials），而不适合考察文本的内涵意义（latency）。[3]因此，内容分析在处理诸如形象或认知、意识形态以及意义呈现等概念的时候就显得比较薄弱。内容分析的缺点也说明，必须将其与对文本的定性分析相结合，才能对相关研究主题进行深入的分析和阐释。

一般情况下，报刊的文本被认为是一种"社会性"的建构，在这种社会建构之下，隐藏的是在各种"自然化外表（facade of naturalness）"[4]包装之下的社会规范和意义空间。因此，对文本材料的组织结构和隐藏意义进行考察就显得十分必要。同时，报刊文本的生成并非是随意为之，而是存在一个选择的过程。报刊在选择、生产、编辑文本的过程中，会倾向一些方面，而忽视或者排斥另一些方面，因为选择的过程也就是主体实现自己意图，贯彻自身意志的过程。格雷姆·伯顿认为，一些文本具有某种阐释符码（hermeneutic code），也可以理解为叙事特征，它限制（closes down）了读者选择其他意义进行解读的能力。[5]如果对伯顿的观点进行延伸的话，那就是这种堵塞其他可能性而选择特定方式进行解读和阐释的过程就是一种意识形态的实现过程。报刊等媒体报道以文字、

1 Bernard Berelson, *Content Analysis in Communication Research*, Glencoe, IL: The Free Press, 1952, p.18.

2 Bernard Berelson, "Content Analysis in Communication Research", in Paul Marris and Sue Thornham, eds., *Media Studies: A Reader* (second edition), Edinburgh: Edinburgh University Press, 1999, pp.202-203.

3 Bernard Berelson, "Content Analysis in Communication Research", in Paul Marris and Sue Thornham eds., *Media Studies: A Reader (second edition)*, Edinburgh University Press, 1999, p.205.

4 Graeme Burton, *Media and Society: Critical Perspectives,* Maidenhead: Open University Press, 2005, p.49.

5 Graeme Burton, *Media and Society: Critical Perspectives,* Maidenhead: Open University Press, 2005, p.47.

语言和图像等形式来体现和展示一个社会的意识形态、权力关系甚至是有关地缘文明[1]的观念。

（二）框架分析

框架分析（framing analysis）是媒体研究中比较常见的一个分析方法，但是其运用范围又不限于此。耶格·马特斯（Jorg Matthes）等人总结了理解框架分析的多种范式，包括诠释学、语言学途径、整体分析、计算机辅助分析和演绎法等。[2]社会学家欧文·戈夫曼（Ewing Goffman）在《框架分析》中认为："每一个基本框架都依据它所界定的方式，以便于使用者感知和确认那些纷繁复杂的具体事实。"[3]此外，鲍德温（Baldwin Van Gorp）认为框架范式在社会学、语言学、政治传播研究、公共关系研究等已被广泛运用，他指出文本生产和新闻解释的框架特征，并指出作为文化成分的框架分析是如何嵌入媒体内容的，它是如何工作的并且在新闻编辑和读者之间如何互动的。[4]

在传媒与政治等研究领域，框架被认为是在一种共享的文化背景之下，有组织的观念和原则被用来建构事实，并让这些事实呈现意义和连贯性。因此，

---

1 关于"文明"一词，并没有一个准确的定义。但是一般认为，文明包含物质文明和精神文明两个维度。在众多的历史学术语或概念中，文明算是从一个较大尺度上来观察历史的概念。除了传统上从文化、人类共同体、宗教等角度来考察文明外，也有一些学者从地缘或地理空间的角度来考察文明及其发展脉络。美国学者塞缪尔·亨廷顿（Samuel P. Huntington, 1927—2008）认为，一种特定的文化共同体（cultural entity）就是文明，而文明和地缘、地理状态又密切相关。法国年鉴学派的代表人物费尔南·布罗代尔（Fernand Braudel, 1902—1985）认为，每一种文明都立足于一个地理上的区域，每种文明在特定地理条件的基础上，都有其自身的发展机遇或局限。学者阮炜在《地缘文明》一书中认为，文明作为一种思维或信仰样式，或者作为一种存在状态、生活方式，一种人类群体的品格、气质，是从一个较长的时段来考察一个共同体的生存和发展状态。作为一种历史文化共同体的文明，对其的研究不仅要有一种历史文化（风俗、观念、文字、艺术等）视角，还要有一种空间性或地缘性视角；不仅是要探究某一种人类共同体的生命发展形态和文化发展样式，还要探讨这一人类共同体所处的空间位置、地形地貌以及和周围地区在地缘和空间上的联系。因此，本书使用"地缘文明"一词来说明英国眼中的中国不仅仅是历史和文化意义上的，同时也有着地缘和地理上的观察和思考。可参见：Samuel P. Huntington, "The Clash of Civilizations?", *Foreign Affairs, Vol. 72, No. 3 (Summer, 1993), pp. 23-35*；［法］费尔南·布罗代尔著，肖昶等译，《文明史纲》，桂林：广西师范大学出版社，2003年，第31页；阮炜：《地缘文明》，上海：上海三联书店，2006年，第11—16页、第26—28页。

2 Jörg Matthes and Matthias Kohring, "The Content Analysis of Media Frames: Toward Improving Reliability and Validity", *Journal of Communication*, June 2008, pp.259-263.

3 Ewing Goffman, *Frame Analysis: An Essay on the Organization of Experience*, Boston: Northeastern University Press, 1986, p.21.

4 Baldwin Van Gorp, "The Constructionist Approach to Framing: Bringing Culture Back In", *Journal of Communication*, December 2006, pp.60-61.

某些事情被过分关注，而其他的方面则被忽视。[1] 因此，框架分析不仅仅是影响报刊文本的结构和布局，他们还通过确认和规范自身的文化认同和价值观，来达到对事实进行社会建构的目的。框架分析自从 20 世纪 80 年代以来，日益受到重视并扩展了其应用范围，其应用范围不仅仅限于新闻传播领域，还扩展到心理学、比较文学等学科。

（三）批判性话语分析

"话语分析"这一术语最早是由美国结构主义语言学家哈里斯（Zellig S. Harris，1909—1992）开始使用。他于 1952 年在《语言》杂志上发表了《话语分析》（*Discourse Analysis*）的开创性文章。[2] 有学者认为，话语分析就是要关注话语的具体表达形式以及话语所产生的建构作用，话语的意义与其表达形式密切相关，话语脱离其表达形式也就无法存在。[3] 话语分析不仅仅是研究文本结构，还涉及语义学等言语行为；话语本身不仅仅体现为文本的形式，还时常体现为语言和权力之间的相互关系以及社会互动的表现形式。

批评性话语分析是一个从语言学衍生而来的概念，批评性话语分析认为"语言是一种社会实践（language as social practice），而语言周围环境（语境）的影响又是十分关键的，因此批评性话语分析在语言与权力的关系中扮演着十分独特的作用"[4]。从研究内容来看，批评性话语分析不仅仅分析文本本身，还十分注意语言和社会话语实践之间的连接。费尔克拉夫认为，话语（discourse）就是"从特定的视角来表征某种在社会中占据主导地位的社会实践的过程"[5]。沃达克（Ruth Wodak）认为，话语可以被理解为"一种复杂的，有时候同时、有时候相继发生且相互之间密切联系的一种语言实践（linguistic acts）"[6]。或者说，不仅仅依赖于语言或文本，各种非语言因素如文本制造者的个体身份、社会地位、人生经验等也会对文本生产产生不可忽视的影响。此外，人们还会根据个体自

1　Robert M. Entman, *Projections of Power: Framing News, Public Opinion, and U.S. Foreign Policy*, Chicago and London: University of Chicago Press, 2004, pp.5-6; Karen S. Johnson Cartee, *News Narratives and News Framing: Constructing Political Reality*, Lanham and Oxford: Rowman & Littlefield Publishers, 2005, pp.158-160; Baldwin Van Gorp, "The Constructionist Approach to Framing: Bringing Culture Back In", *Journal of Communication*, December 2006, pp.62-63.

2　Zellig S. Harris, "Discourse Analysis", *Language*, Vol. 28, No. 1 (Jan. - Mar., 1952), pp.1-30.

3　孙吉胜：《"中国崛起"话语对比研究》，北京：世界知识出版社，2015 年，第 2 页。

4　Ruth Wodak and Michael Meyer, eds., *Methods of Critical Discourse Analysis*, London, Thousand Oaks and New Delhi: Sage Publications, 2001, pp.2-3.

5　Ruth Wodak and Michael Meyer, eds., *Methods of Critical Discourse Analysis*, p.66.

6　Ruth Wodak and Michael Meyer, eds., *Methods of Critical Discourse Analysis*, p.66.

身已有的认知框架，对文本进行新的建构。[1]

（四）历史比较研究方法

历史比较研究法通常是指对两种或者两种以上的历史事件、历史人物或抽象的历史理论进行比较，从而来考察、总结、检验或验证相关历史认识的一种研究方法。历史比较研究方法已成为当代史学研究中最为常见的研究方法之一，运用比较研究方法要注意可比较性原则、比较研究的方法和条件以及实施程序。[2]本书主要采用定性比较分析方法。

在报道和解释有关中国的事务之时，不同的报刊的编辑、记者、通讯员和插图作者，是否存在相似的倾向？不同的报刊在对同一事件的报道中，是否运用了刻板化、模式化的描述手法？

以19世纪末至20世纪初《泰晤士报》的三位重要人物为例，乔治·莫理循、吉尔乐和濮兰德的观点都是十分鲜明的，其中不乏意见冲突。吉尔乐和濮兰德都支持光绪皇帝推动的"维新运动"，对慈禧太后等顽固势力充满敌意。20世纪初年，清政府开始进行新政改革，部分是因为慈禧等人是这场改革的推动者，部分是由于吉尔乐和濮兰德等人的刻板看法，以至于清末时期的新政改革始终遭到吉、濮二人的敌视和攻击。而莫理循眼中的新政改革，是一场中国"觉醒"的运动，是中国走向良好的发展轨道的标志。

尽管莫理循、吉尔乐、濮兰德之间存在观点上的冲突，但他们的通信内容反映出，既有观点和意见上的交锋，也常常达成妥协。可以说，他们还是站在维护英帝国霸权的同一条阵线上的。

（五）图像与历史

报刊等媒体形象也包括一些可视化的照片、插图、新闻图片和卡通图画等，和文字一样，这些都会建构出"我们头脑中的图像"。[3]如今图片也被认为是阅读和研究的直接文本，不仅可以用于传递信息，表达看法，还能对事物进行解释。图片的意义并非孤立存在的，它通过文本与形象的结合，从而产生各种意义。两种话语——文本话语和图像话语只有相结合才具有产生并"固定"意义的资格。[4]

---

1 Ruth Wodak and Michael Meyer, eds., *Methods of Critical Discourse Analysis*, pp.63-67.

2 孟庆顺：《历史比较方法的功能》，《史学史研究》，1986年03期；马雪萍：《中西古代史学：历史编纂理论与方法的比较》，《史学理论研究》，1995年03期；蒋大椿，李洪岩：《解放以来的历史比较方法研究》，《近代史研究》1993年第2期。

3 Walter Lippmann, *Public Opinion*, New York: Harcourt, Brace and Company, Inc., 1922. p.3.

4 Stuart Hall, *Representation: Cultural Representations and Signifying Practices*, London: SAGE Publ., 1997, p.228.

在历史学研究中，视觉形象研究促成了"影像史学"的出现。美国历史学家海登·怀特（Hayden White）在《书写史学与影像史学》（*Historiography and Historiophoty*）一文中提出了"影像史学"的概念，即"以视觉影像和影片话语叙述、呈现历史以及我们对历史的看法"[1]。黄时鉴先生也认为，"今天视作具有历史意义的图像资料，可以对相关文字材料做出诠释和补充，它们具有明显的历史文献价值"[2]。英国的一些重要的画报如《伦敦新闻画报》和《笨拙》周刊，期刊文章中各式各样的图片就不仅仅是起点缀、修饰作用，它们也在文中灵活穿插，与文字一起表达重要的叙事意义。

鸦片战争以后，西方的画师、速写者以及随着科技进步而出现的摄影师，他们有关中国的风景、人物、民风民俗以及政治军事等图片，都是西方社会公众观察、了解和接受中国的重要渠道。事实上，无论是专门拍摄的风景、人物还是随手速写的作品，通过近代通讯技术已经实现了国际性传播。通过这些图片、西方报纸和期刊，受众会对中国社会的现实生态产生一个相对立体的形象和认识。[3]

报刊和杂志的编辑们通常也会对照片、图片和漫画等图像资料产生兴趣，并加以使用。图片、漫画之所以重要，是因为它们为读者提供了一种文字材料之外的全新视角。以漫画为例，它在主题选择、表达形式上相对自由，但也更加容易受到刻板印象和历史成见的影响。在英国报刊中，一些带着刻板印象的图片和政治漫画常常挖苦和嘲笑有关中国的事务，这种报道方式完全偏离了客观和公正，但会在英国国内引起读者的思考，为英国国内的读者群营造一个有关中国社会、政治和人文风貌的相关认知，也赋予了英国人对有关中国事务进行想象和探究的空间。

六、英国报纸有关中国的报道概要（1902—1912）

本节主要选取《泰晤士报》和《曼彻斯特卫报》作为分析对象。《泰晤士报》和《曼彻斯特卫报》是历史悠久、政治倾向明显的英国大报。

20世纪初期英国报刊界保守倾向仍然占据主导地位，但左翼的社会政治力量也开始不断发展壮大，在这之中，《曼彻斯特卫报》无疑是左翼激进报纸中的佼佼者。《曼彻斯特卫报》自从创立之时，就自诩为"工人阶级"的报纸，并自认为是为广大的社会中下层代言，在政治立场上，相对于《泰晤士报》而言，

---

1 Hayden White, "Historiography and Historiophoty", The American Historical Review, Vol. 93, No. 5(Dec., 1988), p.1193.

2 黄时鉴：《维多利亚时代的中国图像》，上海：上海辞书出版社，2008年，导言部分第6—7页。

3 韩丛耀等编：《中国影像史》第三卷1900—1911，北京：中国摄影出版社，2015年，第205页。

其言论立场相对独立，政治上总体处于左翼立场。该报还对英国的帝国主义提出批评，对中国的鸦片输出以及肆意地侵略他国，该报在许多时候都持批判态度。但是20世纪初期，英国仍然处在帝国主义发展的鼎盛时期，《曼彻斯特卫报》虽然会对帝国主义提出质疑，但是并不是要彻底否定它，而是试图从另一个角度去完善它。某种意义上说，20世纪初期的《曼彻斯特卫报》持一种类似于"自由帝国主义"的态度，即推行自由贸易、自由的资本流动以及政治上的相对自由等，但最终目的还是要维持英帝国的全球统治权——"自由帝国主义"。

通览1902—1912年的《泰晤士报》以及《曼彻斯特卫报》（去掉商业信息和广告）的涉华报道，绝大部分文章都和中国政治、外交、经贸、军事等有关。以1905年的《泰晤士报》为例，全年有涉华报道102篇，外交关系类文章共52篇，占总量的51%；政治形势类文章为18篇，占总量的17.6%；经济贸易类文章共12篇，占总量的11.8%；军事类文章共10篇，占总量的9.8%；传教士相关文章3篇，占2.9%；其他文章（瓷器展、拍卖会以及婚丧嫁娶等）为7篇，占总量的6.9%。总体上看，外交与政治主题最为突出，因为即便一些直接以贸易、贷款、铁路、海关等事务为标题的文章，文中也会论及中国内外部政治环境以及中英关系。

从报道体裁上看，《泰晤士报》和《曼彻斯特卫报》都严格区分了"新闻"和"社论"，这是西方报刊的传统。英国的报纸还具有比较明显的盎格鲁—撒克逊特点，即一个关于新闻的神话，严格区分新闻事实和观点。这看起来好像有点似是而非，但是英国的报纸还是比较明确地表明哪些是事实，哪些是看法。[1]麦克卢汉认为社论是"报纸唯一具有书本性质的特征"[2]，意思是报刊的社论通过阐释"观点"，从而具有某种"自白"的特性。评论和社论倾向于解释事实，说服读者而不是陈述客观事实，其观点表达更加直率、明确。因此，对中国事务以及中英关系重大事件的说明和评论，还有就是报刊的驻外记者对重大问题的解释和评论，这些都最能体现一份报纸的观点和立场。

根据Gale数据库的分类，《泰晤士报》的中国报道在体裁上可以划分为"新闻"、"社论"、"读者来信"、"讣告"、英国官方的通告、英国议会的部分涉华议案。《曼彻斯特卫报》的划分则相对简单，主要包括"新闻""社论""读者来信"等。

此外，《泰晤士报》似乎并不像《曼彻斯特卫报》那样郑重地推出代表本

1　[英]马丁·沃克著：《报纸的力量：世界十二家大报》，苏童均等译，北京：新华出版社，1987年，第76页。

2　马歇尔·麦克卢汉：《理解媒介：论人的延伸》，何道宽译，南京：译林出版社，2011年，第237页。

报立场的社论，而是在其"评论"栏目中，较多地选用读者来信，以此来隐晦地表达其报纸的立场。该报来信者的身份总体上呈现明显的广泛性，既有贵族、国会议员、主教等上层精英，也有普通市民、海外传教士和小商人，这些来自不同社会阶层的报纸读者，通过发表自己的观点和看法，积极地参与到英国重大社会问题的讨论中，从而有利于引导某种舆论的形成。

在"读者来信"专栏中，《曼彻斯特卫报》一般会详细地登载来信者的姓名，有时候也会刊登来信者的职务和社会身份等信息。而《泰晤士报》的读者来信中常常是化名或者地名，如 ANGLO—CHINESE（化名）和 SINGAPORE（地名）。

我们将两者进行对比发现，《泰晤士报》和《曼彻斯特卫报》的硬新闻（或称为事实性新闻）的比例十分接近。但是评论类文章尤其社论方面，如表 8 所示，《曼彻斯特卫报》所占比例相对较高，社论所占比例从年平均值来看，约为《泰晤士报》的三倍，这也使该报的中国报道显示出更多的言论倾向。

新闻主题是新闻话语中的重要信息，是新闻报道的中心思想和灵魂所在，对报道主题的选择也反映了报道本身所要表达的一种倾向。英国主流报刊具有极强的政治影响力，其中英国报业，特别是以《泰晤士报》《每日电讯报》《曼彻斯特卫报》等为代表的全国性大报，具有比较鲜明政治倾向和目标受众。

表 8 《泰晤士报》和《曼彻斯特卫报》中国报道主要体裁对比 [1]

（单位：篇）

	《泰晤士报》						《曼彻斯特卫报》					
	1903		1904		1905		1903		1904		1905	
	数量	比例	数量	比例	数量	比例	数量	比例	数量	比例	数量	比例
新闻	181	85%	114	76%	87	74%	102	77%	120	80%	120	75%
社论	11	5%	5	3%	12	10%	18	14%	26	18%	31	19%
读者来信	5	2%	19	13%	2	2%	12	9%	3	2%	8	6%
特写	—	—	1		1		—	—	—	—	—	—
人物	16	8%	11	7%	16	14%	—	—	—	—	—	—
小计	213	100%	150	100%	118	100%	132	100%	149	100%	159	100%

---

1 《泰晤士报》依据的数据库为 Gale 公司的全文数据库，设定 China 为检索的关键词，检索结果中不含广告和商业信息；《曼彻斯特卫报》依据的数据库为 ProQuest Historical Newspapers，设定 China 为检索的文档标题来检索新闻条目，社论和读者来信以 China 和 Chinese 同时为关键词在全文中检索。

从表 8 中可以看出，对于有关中国事务议题文章数量上的比例，两家报纸的结果十分相近，这也说明，作为英国保守报纸的代表《泰晤士报》和自由派的旗手《曼彻斯特卫报》，在对中国问题上具有十分相似的新闻议程。

从分析《泰晤士报》和《曼彻斯特卫报》涉华报道的数量来看，英国报纸的涉华报道正常情况下数量稳定，但在那些重大历史事件发生的时间范围或中英之间发生冲突的时刻，尤其是与英国自身重大利益相关的事件，英国报刊的对华报道就会激增，有时还会出现长篇连载性质的对华报道。[1] 从对 1902—1912 年英国主流报刊中国报道的分析可以看出，报道的范围较广，主题较多，但以外交和政治关系为主。英国报刊对华报道中以外交和政治关系议题为主的这种特点，在英国主流报刊《泰晤士报》《曼彻斯特卫报》的社论中尤为突出。

总体上看，《泰晤士报》和《曼彻斯特卫报》基本上还是按照新闻价值的要素来选择新闻事件，并依据一定的框架来分析和报道中国，对中国的报道也尽可能做到多侧面和多角度进行展开。首先，每当国家的内外部环境发生重大变化之时，《泰晤士报》《曼彻斯特卫报》等主流大报都会在第一时间发出声音，在信息来源、报道角度和文本编辑等方面都有自己的一套规则，观点和立场也就较好地隐藏在报道框架之中，同时尽可能地使自己的意见得以传播。其次，从社论和评论部分来看，有些是报刊等媒体的驻外记者对重大问题的解释和评论，有些是报刊的编辑们自己的看法和意见，还有一些甚至是报刊业主的意见，报刊的编辑和报刊业主通常都在英国本土，远离很多重大事件的发生现场，他们对中国事务及中英关系重大事件的意见和评论显然受制于身处的文化和社会环境，有时候也和英国国内的政治氛围直接相关。社论和评论是英国主流报刊涉华报道的重要阵地，不但会影响有关中国舆论的形成，而且会对政府的相关决策产生影响。最后，在 20 世纪初，这些新闻和评论甚至还通过中国本土中文报刊的翻译介绍，直接参与中国本土舆论的形成和传播。

---

1 1905—1906 年，《每日邮报》发表题为《中国巨人的觉醒》（*The Arousing of the Chinese Giant*）长篇连载，共计 15 篇，总字数达到 21355 字。

第一章　英国有关中国认知的历史流变

（14世纪至20世纪初）

英国的中国观念或称之中国形象的来源是比较广泛的，游历文本、小说、传教士报告、学术作品、报纸、期刊、外交官及政治家留下的各类文本等，都是英国人认识中国的资料来源。一般来说，很难归纳出一种整齐划一的英国人关于中国的认识，由此形成的形象也是复杂和多样的。如果追溯到近代早期，英国关于中国形象的话语中，一种古老的、怀旧的、具有某种延展性的独特文明形象还是清晰可见的。

在14世纪的英国散文家曼德维尔笔下，遥远的"契丹"是"美丽富庶、商贾云集、伟大强盛"的国家，从而引发了英国人的无穷想象。到16世纪后半期，英国商人主导、官方参与的试图直接与中国取得联系的"契丹计划"，不仅反映了英国对东方财富的渴望，还体现出中国在英国全球地缘文明观念中的重要位置。

十七八世纪之时，"中国风"吹遍欧洲社会之时，英国社会对瓷器、丝绸、茶叶等特产和中国式园林等物质文明的赞赏，胜过对中国的思想文化、科举制度及政府治理等精神文明的钦佩。这一时期也有学者和作家对中国持否定态度，如17世纪英国的语言学家威廉·诺顿对孔子学说的不屑，笛福的小说和乔治·安森的环球航行记中对中国人和中国文化肆无忌惮的攻击，在这些因素的冲击下，中国的形象开始褪色。1793年，英国派出规格极高的外交使团，试图打开中国市场，最终马戛尔尼使团还是无功而返。但马戛尔尼使团出使中国并非一无所获，一定程度上，它击碎了过去很多关于中国的想象和虚构，这一事件也是英国的中国观念史或形象史上的标志性符号，一个缺乏生气、毫无变化的"停滞"中国就此在英国开始流传。

鸦片战争之后，中国形象走向恶化，而这一形象又被凝结在鸦片身上，从而表征了停滞、堕落、软弱和僵化。在欧洲列强不断掠夺和征服的年代，这种在二元对立基础上建构的中国形象企图将帝国主义意识形态合理化。到19世纪末，面对帝国主义列强瓜分中国的危机形势，中国人展示出不屈不挠的斗争精神，一定程度上促进了广大人民群众的觉醒。

20世纪初，清政府在遭受列强的连续打击之下，认为不改革将灭亡，在清政府最高统治者的主导下，开始进行全方位的改革，某种意义上，这场改革是按照西方现代性面貌进行的"改造"，这种改革符合英国主流意识形态的想象和预期，开始改变并有所进步的中国形象陆续出现在英国等西方国家的报纸和期刊上，之前的"黄祸"论调也改头换面，并参与建构、汇聚成"觉醒的中国"

这股洪流。

第一节 从《曼德维尔游记》到"契丹计划"

早期的英国关于中国的观念和知识混杂着虚构和道听途说的事实，无论是不列颠群岛，还是欧洲大陆，"丝绸之路"在西方人关于中国的早期形象中，扮演了至关重要的作用。从汉朝开始，中国同罗马帝国之间，建立起了以丝绸为核心的连接，欧洲人只隐约地听闻遥远的东方世界有个"丝国"。盛唐之时，由于中国国力的强盛，南亚、中亚和阿拉伯世界都与中国建立了直接的联系，双方关系更加密切，唐都长安也成为世界级的商品贸易集散地和文化交流中心。宋元时期，欧洲人终于有了直接与中国进行接触的机会，经由"丝绸之路"的相关线路，欧洲的旅行家、商人及传教士等直抵中国，很多人都留下了文字记录和相关的游记作品，这些文字记载和游记作品也是中西方文化交流、碰撞最直观的体现。"西方人所获得的最初中国知识和中国形象是由这些游记所提供的"[1]，这些游记作品从不同的角度和层面为欧洲人描述了最早的中国形象，实际上也打开了中西方知识交换和信息流动的渠道。

对英国的中国形象进行研究，如果能假定一个时间上的起点，将能更好地考察中国形象在英国的发展历程。本书将马可·波罗同时代的英国人作品——《曼德维尔游记》的出现作为中国形象的研究起点。首先，是在此之前，欧洲关于"丝人"的国家或者塞里斯（Seres）的说法多为口口相传的形式，或者是一种"乌托邦式的想象"[2]，难以考证。其次，和以前欧亚大草原上纵横驰骋的匈奴人、突厥人不同，蒙古帝国打通了欧亚大陆，将东方和西方、中国和地中海地区联系在一起，这在之前都是不曾有过的。蒙古帝国成功整合了汉人中原地区的财富、蒙古骑兵的本领和中亚穆斯林商人的中转贸易能力，中国和欧洲地区就沿着丝绸之路的方向，维持了相当长一段时间的贸易和交通往来。西方也有学者认为"蒙元世纪欧洲发现旧世界的最大意义是发现中国"[3]。最后，是从这一时期开始，"契丹"或中国的形象才开始具有比较鲜明的特征，即在西方人的视野里，开始出

---

1 钱林森：《论游记在西方汉学中的地位和作用》，《江苏社会科学》，2000年第6期。

2 谭渊：《丝绸之国与希望之乡：中世纪德国文学中的中国形象探析》，张昆主编：《跨文化传播与国家形象建构》，武汉：武汉大学出版社，2015年，第434页。

3 ［英］赫德逊：《欧洲与中国》，王尊忠等译，北京：中华书局，1995年，第135页。

现一个地缘意义明确、形象独特的中国。

10 世纪左右，中国北部地区，一个自称契丹的民族在那儿建立起"辽"朝，随着"辽"朝势力的扩张，其疆域"东至于海，西至金山，暨于流沙，北至胪朐河，南至白沟，幅员万里"[1]。"辽"统治中国北部地区长达 200 年之久，后来女真人兴起并灭"辽"，许多契丹人不甘心受"金"政权的控制，就向西前往中亚一带，之后契丹人又在那儿建立了新的政权，史称"西辽"。从"辽"到"西辽"，历时 300 多年，以"辽"为国号的契丹人，与中亚地区各个民族之间交往密切，中亚地区就渐渐用"契丹"代指中国北部地区，这也影响到欧洲，后来逐渐泛指整个中国。"契丹"对整个欧洲世界的影响之大，时至今日，"俄语中的中国仍然是'契丹'的发音"[2]。

从 13 世纪初期开始，蒙古人的征服行动使欧洲与中国的联系大为加强，从此，中国和欧洲也首次开始了大规模的直接接触。欧洲人为了抗衡伊斯兰世界的扩张，从地缘政治的角度考虑，向中国派出使节并企图与中国人结盟。1245 年和 1253 年，圣方济各会修士柏郎嘉宾（Giovanni da Pian del Carpine，约 1180 年—约 1252 年）和鲁布鲁克（Guillaume de Rubrouck，约 1220 年—约 1293 年）先后两次带着教皇写给蒙古大汗的信函踏上了去往东方世界的道路。尽管他们未能成功完成使命，却给欧洲带回大量的关于东方世界以及中国的逸闻轶事和风土人情。"契丹"（cathay）一词也首次出现在他们的游记中，并且被欧洲世界广为接受。[3] 此后数百年间，西方许多文本中都出现了关于"契丹"的描述。在这些文本之中，影响最大的当属《马可·波罗游记》（*The Travels of Marco Polo*），这部书描述的是蒙古可汗治下的中国，繁华富足、疆域辽阔、人口众多，这使得欧洲人极为神往。《马可·波罗游记》创造了西方最早"集体想象物"形态下的中国形象。

13 世纪以后，欧洲的传教士、使节、商人等纷纷前往中国，在这些人之中，最为知名的当属来自威尼斯的马可·波罗，他在中国和东南亚等地的见闻经人

1 《辽史》卷三十七，志第七，地理志一。

2 谭渊：《丝绸之国与希望之乡：中世纪德国文学中的中国形象探析》，张昆主编：《跨文化传播与国家形象建构》，武汉：武汉大学出版社，2015 年，第 436 页。

3 契丹一词来源于 Khitay (or Khitan)，大约是从十世纪初开始，欧洲人通称中国为"契丹"（Cathay），将中国人称之为"契丹人"（Cathaian）。因为唐代以后北方出现了割据纷争的局面。中国北方辽、金先后兴起，统治北方广阔的地区两百多年。这一时期中西之间的接触不断增多，故欧洲人称中国为"契丹"。13 世纪前后，成吉思汗兴起并远征欧洲，加上《马可·波罗游记》的广泛流传，所以到 16—17 世纪时，仍有许多欧洲国家和地区称中国为"契丹"。

整理，成就了《马可·波罗游记》一书，该书一经问世就轰动了西方，还被翻译成多种文字，并广泛地流传于欧洲各地，激发了欧洲人对中国文化和财富的神奇想象与向往。

《马可波罗行纪》一书中的许多见闻颇为传奇，有些还因为过于离奇而引起争议。但是在成书之后相当长一段时期内，该游记都是欧洲人了解东方世界的政治、经济、文化和宗教等知识的重要来源。文化史家艾田蒲认为马可·波罗的游记是此后几个世纪里欧洲人了解亚洲的主要资料来源，游记还对欧洲人的观念造成了极大的冲击，被认为"动摇了我们的意识，给人们的想象力以无穷的诱惑"[1]。

《马可波罗行纪》对元大都贸易发达和人丁兴旺的景象有过精彩的描述，"百物输入之众，有如川流之不息。仅丝一项，每日入城者计有千车"[2]。对行在（杭州）的描述则更具视觉冲击力，到杭州南宋的宫殿时，他如是说：

> 此行在城甚大，周围广有百哩……城中有一大湖，周围广有三十哩，沿湖有极美之宫殿，同壮丽之邸舍……此城尚有出走的蛮子国王之宫殿，是为世界最大之宫，周围广有十哩，环以具有雉堞之高墙，内有世界最美丽而最堪娱乐之园囿，世界良果充满其中，并有喷泉及湖沼，湖中充满鱼类。中央有最壮丽之宫室，计有大而美之殿二十所，其中最大者，多人可以会食。全饰以金，其天花板及四壁，除金色外无他色，灿烂华丽，至堪娱目。[3]

马可·波罗在游记中不厌其烦地描绘"契丹"地区繁荣和富足，一定程度上也是西方人文化潜意识的需要。表面上看他们是谈论东方世界的繁华和富裕，实际上是在谈论内心深处被压抑的欲望，即对世俗社会和财富生活的追求。"契丹"形象也被认为是中世纪后期欧洲人们摆脱教会桎梏的一个想象性力量。

在14—15世纪广泛流传于欧洲地区的作品中，英格兰骑士和旅行家约翰·曼德维尔爵士（Sir John Mandeville，不详—1372年）的《曼德维尔游记》是其中的经典代表。《曼德维尔游记》（*The travels of Sir John Mandeville*）成书于

---

1 ［法］艾田蒲：《中国之欧洲：从罗马帝国到莱布尼茨》，许钧、钱林森译，桂林：广西师范大学出版社，2008年，第47页。
2 ［意］马可·波罗：《马可波罗行纪》，冯承钧译，上海：上海书店出版社，2001年，第238页。
3 ［意］马可·波罗：《马可波罗行纪》，冯承钧译，上海：上海书店出版社，2001年，第353—355页。

1357年，全书采用通俗小说的叙述形式，这也是当时最容易为读者所接受的方式。

在《曼德维尔游记》的记述中，书中主人公从英国本土出发东行，经过中亚地区、印度、中国来到传说中的祭司王约翰的国土，最后通过约翰国王的海外领地返回欧洲。在曼德维尔笔下，遥远的古代中国是一个富庶和强大的国家："从这些岛屿，爪哇（Java）等；再向东航行许多天，人们发现一个辽阔而强大的蛮子国（Mancy）。它是个非常好的国度，可能也是世界上最好的。这里物产丰饶，国家强盛，居住着许多基督徒和回教徒。这个王国没有穷人，也没有乞丐。"[1]在曼德维尔的记载里，"从'蛮子'国继续向北，就进入了'契丹'王国，它属于大汗的领地。这个王国也是一个美丽、高贵、富庶、商贾云集的伟大国度。在那些商人中，有的来自热那亚，有的来自威尼斯，还有的来自罗马或者伦巴第等地方"[2]。迄今为止，《曼德维尔游记》的手稿"超过300种，印刷的版本数还要更多，游记的出现俘获了欧洲人的想象，并且和《马可·波罗游记》一起主导了数个世纪欧洲人的东方形象"[3]。

在《曼德维尔游记》之中，大汗治理下的中国秩序井然，社会繁荣，"大汗的王国分为十二个省，每个省都有两千多个城市，还有不计其数的小城镇；在其十二个省中各有十二个头领，每个头领之下又有很多将领。他们都臣服于大汗。大汗的土地无限辽阔，一个人可能花上七年的时间不论由水路或经陆路也走不完大汗的领地"[4]。对于如何治理如此广大的国土，游记中有对驿站的详细描述，"送快报的人在整个国家跑得异常飞快，通过驿站这种方式，大汗可以尽快知晓有重大意义的国事"[5]。

《曼德维尔游记》将东方世界中的中国描绘成为一个富足、繁荣的中国，迎合了英国人对世俗生活的追求和对物质财富的渴望，还有对直通东方商业贸易可能性的向往，所以《曼德维尔游记》无论是在民间还是在上层社会，都产生了较大的影响。"他用一种神话式的、辉煌灿烂的东方幻象来充实民众的想象，

---

1 Sir John Mandeville, *The travels of Sir John Mandeville: The version of the Cotton Manuscript in modern spelling*, London and New York: The Macmillan Company, 1900, p.135.

2 Sir John Mandeville, *The travels of Sir John Mandeville: The version of the Cotton Manuscript in modern spelling*, London and New York: The Macmillan Company, 1900, pp.139-140.

3 John N. Crossley, "The Egerton Version of Mandeville's Travels" (review), *Parergon*, Volume 28, Number 1, 2011, p.254.

4 Sir John Mandeville, *The travels of Sir John Mandeville: The version of the Cotton Manuscript in modern spelling*, London and New York: The Macmillan Company, 1900, p.159.

5 Sir John Mandeville, *The travels of Sir John Mandeville: The version of the Cotton Manuscript in modern spelling*, London and New York: The Macmillan Company, 1900, pp.159-160.

后者未必总是能够马上把传说与现实分开。"[1]《曼德维尔游记》所描述的并非真实的历史，但这部游记却是一部文学佳作，在英国长期被广泛阅读和流传。到了 20 世纪中后期，该游记还被定位为"幻想文学"（Imaginative Literature）的代表作。[2]《曼德维尔游记》的风行从一个侧面反映了中世纪英国人对中国的向往之情。

同一时期，还有一本《鄂多立克东游录》也流传甚广。《鄂多立克东游录》是意大利旅行家鄂多立克的作品，被认为是他所处时代最为"实事求是"的游历作品。鄂多立克在游记中经常将中国和欧洲进行对比，"蛮子省（Manzi）"（中国南部地区）人口众多，堪比意大利威尼斯基督升天节的信徒聚会[3]，杭州（Cansay）是世界上最大和最高贵的城市，也是最好的通商贸易地[4]，这里的城镇很大，每个都比威尼斯或帕都亚大[5]，广州城（Censcalan）"比威尼斯要大三倍"，甚至广州的鹅比世界上任何地方的都要大、都要好，而且价格更加便宜。[6]

与欧洲大陆上流传甚广的《鄂多立克东游录》相比，《曼德维尔游记》有其明显的不同。首先，曼德维尔多采用第三人称的叙事方式，力图展示自己的客观性，这也与鄂多立克的第一人称的叙事方式有很大差别。其次，传教士鄂多立克在游记中多次进行对比，将威尼斯与广州进行对比，将意大利与中国南部地区进行对比，将欧洲的人口与中国的进行对比，这种对比有其自身目的，通过对东西方世界的对比，遥远的中国顿时成为欧洲人心目中向往不已的"乌托邦"。但是英国人曼德维尔却没有这么做，曼德维尔显然有着和鄂多立克不同的中国观念，即他对自身所在的英国与欧洲的社会、宗教和文化充满自信，认为他们不会逊色于世界其他地方。

除了游记和传教士文本外，"契丹"在不列颠的早期踪迹还要追溯到莎士比亚的戏剧，莎士比亚在戏剧《第十二夜》和《温莎的风流娘儿们》中都提到过"契

---

1 ［英］雷蒙·道森：《中国变色龙：对于欧洲中国文明观的分析》，常绍民、明毅译，北京：中华书局，2006 年，第 34 页。

2 葛桂录：《欧洲中世纪一部最流行的非宗教类作品：〈曼德维尔游记〉的文本生成、版本流传及中国形象综论》，《福建师范大学学报》（哲学社会科学版），2006 年第 4 期，第 82—88 页。

3 Odoric de Pordenone, "The Travels of Friar Odoric", in Henry Yule and Henri Cordier, eds., *Cathay and the way thither: being a collection of medieval notices of China*, vol.2, London: Hakluyt society, 1913, p.178.

4 Odoric de Pordenone, "The Travels of Friar Odoric", in Henry Yule and Henri Cordier, eds., *Cathay and the way thither: being a collection of medieval notices of China*, vol.2, London: Hakluyt society, 1913, p.204.

5 Odoric de Pordenone, "The Travels of Friar Odoric", in Henry Yule and Henri Cordier, eds., *Cathay and the way thither: being a collection of medieval notices of China*, vol.2, London: Hakluyt society, 1913, p.195.

6 Odoric de Pordenone, "The Travels of Friar Odoric", in Henry Yule and Henri Cordier, eds., *Cathay and the way thither: being a collection of medieval notices of China*, vol.2, London: Hakluyt society, 1913, pp.179-181.

丹人"。¹"契丹"对文学和戏剧中的英国而言，这一时期总体上还是一个相当模糊的地理和文化概念。

"契丹"给英国文学艺术界带来异域的想象，但是对渴求贸易的英国商人和冒险家而言，"契丹"意味着巨大的商业机遇和财富。在地理大发现的岁月里，葡萄牙和西班牙关于新世界、新大陆的消息也不断扩散开来，地圆学说已经开始流行。伊比利亚半岛的人们已经到过中国，并了解大量的关于中国的历史、地理、政府治理及风俗文化等。²但是他们描述中国语言和腔调还是十分类似《马可·波罗游记》中的套路，如中国人"在国家治理方面，具有如此巨大的智慧和才干，以致没有别的民族超得过他们"³。此时英国的中国形象的未来走向，有两条并行的发展路径。一条路径是《曼德维尔游记》和《马可·波罗游记》式的东方传奇和"契丹传奇"，另外一条路径是与西班牙、葡萄牙地理大发现相关的地理、航海知识。第一条路径渐渐褪色，但是第二条路径不断地向前延伸。以伊丽莎白一世时代英国探寻前往"契丹"的西北航线为标志，英国逐渐从西、葡、荷等国家手中接下海外扩张的接力棒，而成为一个海洋霸主和世界贸易领头者。

16世纪中期，英国经济衰退，对外贸易急剧下降，国内对新的市场十分渴求。此外，16世纪后期，英国的新教改革导致其与罗马教皇及欧洲天主教国家的关系十分敌对，特别是在1571年英格兰议会通过法案，将教皇法令带到英国就以叛国罪处死之后⁴，英国与欧洲大陆的关系十分紧张，政治关系的紧张导致英国在贸易和商业上的利益受到很大的损失，所以英国企图拓展海外地区的贸易，特别是想获得与东方的大国"契丹"进行直接贸易的机会，以弥补其在欧洲大陆的贸易损失。⁵

1522年，麦哲伦首次打通了从大西洋到太平洋的航线。从那时起，伊比利亚半岛的商人、探险家和传教士向欧洲发回大量的日记、书信和报告，作为一个岛国——英国，对此显然不可能无动于衷。但是由于西班牙和葡萄牙几乎包办了欧洲与中国商业往来的通道和信息交流的机会，后起的英国想要奋起直追，

1 范存忠：《中国文化在启蒙时期的英国》，上海：上海外语教育出版社，1991年，第3—4页。
2 ［英］C.R.博克舍编：《十六世纪中国南部行纪》，何高济译，北京：中华书局1990年，第31—37页（导言部分）。
3 ［英］C.R.博克舍编：《十六世纪中国南部行纪》，何高济译，北京：中华书局1990年，第39页（导言部分）。
4 钱乘旦、许洁明：《英国通史》，上海：上海社会科学院出版社，2007年，第128页。
5 四百多年后，即2016年，英国举行了"脱欧"公投，对于"脱欧"引发的经济下滑、贸易损失等不确定性，英国工商业界以及大众传媒纷纷热议，通过加强与中国的双边联系，优先与中国进行贸易谈判，以使得英国在"脱欧"之后贸易方面的潜在损失可以通过与其他国家（尤其是中国）贸易增加来弥补。

当然会受到排斥。虽然从 16 世纪 50 年代开始，英国西南部水手和那些在背后支持他们的商人们，勇于拼搏，并积极运用最新的航海知识，这些也只能降低葡萄牙和西班牙人在大西洋上的海上优势，而并不能打败他们。

不过，当时的世界地理和地缘视野似乎为英国人提供了一个新的选择。在图 1.1 的康达里尼世界地图（1506 年）中，北美与亚洲大陆是相连接的，通过北美，就可以直接到达"契丹"。而 1507 年的马丁·瓦尔德泽米勒世界地图是世界上第一张将美洲绘制成独立的大陆，并且也标示出美洲名字（America）的地图。当然，以现在的眼光来看，康达里尼世界地图和马丁·瓦尔德泽米勒世界地图一样，远东地区都存在着失真，但是从他们所处的历史时代出发，这两幅地图都代表着当时制图技术的最高水平，也反映了他们认识地球、认识东方世界的视角。康达里尼世界地图是用圆锥投影法绘制出的地图，包括有欧洲、非洲和亚洲的大部分，航海探险家们（包括哥伦布）带回对美洲地理状况的新认识，在康达里尼地图中也有体现。地图的最右侧，在北纬 65 度一带，标有 Serica，这是托勒密时代欧洲人对中国的称呼。[1] 当然，地图中的亚洲被向东拉伸了许多，而回到地图的最左侧，即东亚大陆的最东端，我们从简易图上可以明显看出，从上到下依次为"契丹"（Cathay）、"行在"（Quinsai）、"蛮子"（Mangi）。从地图上标注的名称来看，虽然康达里尼世界地图绘制之时，蒙古帝国早已崩溃，明王朝已建立 100 多年了，但是由于蒙元帝国在欧洲和中东一带所产生的巨大历史影响，以至于在帝国崩溃之后的一大段时间里，欧洲人绘制的世界地图上，北方和南方依然分别被标记为"契丹"（Cathay）和"行在"（Quinsai）。

从 1506 年康达里尼世界地图可以看出，从古巴岛（Cuba）、西班牙岛（Hispaniola，如今的伊斯帕尼奥拉岛）到亚洲东部，中间是辽阔的大海，没有什么陆地，只有靠近亚洲大陆东部边缘的日本岛（Zipangu）。这也表明，"在康达里尼的心目中，大西洋对岸就是亚洲，中间没有大陆，只有古巴等岛屿。而且，从西欧到达东亚的海上距离并不遥远"[2]。不同于以往的手工绘制地图，1506 年康达里尼世界地图是印刷版本的地图，更容易流传。地图所反映的对东方世界的地理认知直接影响到英国的东方探险计划——"契丹计划"（Cathay venture）。这些地图学和地理知识使英国的探险者们坚信前往中国的可行性和必要性。

1 龚缨晏：《世界两端一图相连：〈1506 年康达里尼世界地图〉》，《地图》（Map），2008 年第 5 期。

2 龚缨晏：《世界两端一图相连：〈1506 年康达里尼世界地图〉》，《地图》（Map），2008 年第 5 期。

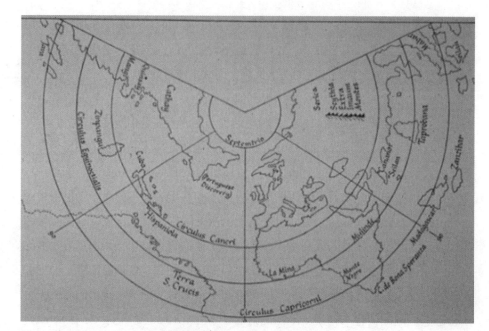

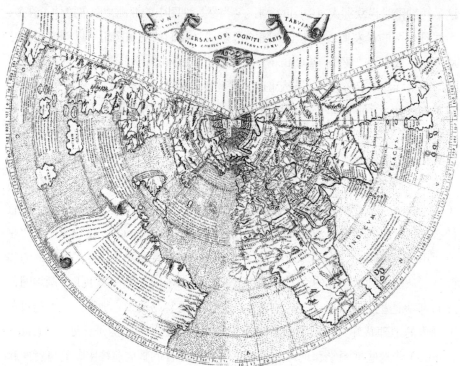

图 1.1 康达里尼世界地图（1506 年）

　　"契丹计划"即在 1576—1578 年间英国的海外探险计划。其目的是绕开其他大国，寻找一条通往亚洲的海上通道。探寻西北航路（North-West Passage），其直接动因是葡萄牙成功地开辟了前往东方世界的航路，而西班牙也成功地找到了西南航路，现在只剩下北方的航线了。1576 年，英国人马丁·弗罗比舍（Sir Martin Frobisher，1535 或 1539—1594）根据当时的世界地图，认为从英国出发，向西北方向航行，会找到前往"契丹"的海上航路，但是他实际上到达了格陵兰岛。1577 年，英国人成立了"契丹公司"（the company of cathay），不仅是为了探险，还是为了开发新的贸易机会。许多英国的地方长官、航海家和大商人都入股该公司，连伊丽莎白女王也参与其中。但是到 1578 年，第三次探险也失败了，英国人对"契丹"的渴望暗淡下来了，但探险本身并不是一无所获。三次探险虽然未能成功，但是英国人获得宝贵的经验，也掌握了大量的海外航行必需的知识和技能，这为他们未来进行的海外活动提供了良好的开端。

　　早在大航海时代发轫时期，中国在英国地缘文明观念中就已经占有重要位置。不过英国人前往东方世界的动机并不复杂，主要是出于经济动因。正如布兰得利（Peter T. Bradley）在《新世界的英国海商》一书中所说，"他们企图从远东获得金银、宝石、丝绸和香料"[1]。英国人罗伯特·派克 1586 年翻译并出版门多萨的《中华大帝国史》的时候，在正文开始之前的部分有一封致甘迪什（M. Thomas Candish）的信，信中写道："过去的三十五年以来，伟大的国王爱德华六世一直着手探索契丹（Cathaia）和中国（China），部分是希望传播和扩大基督教的信仰，部分是因为国王陛下的商人在德意志地区（Empire）[2]、弗兰德尔、法国、西班牙遭到严重的侵扰，因此国王陛下认为，扩大商品销路对他的王国，尤其对数量庞大的失业贫民，将十分有利。"[3]

　　罗伯特·派克所表达的对中国的关注，主要还是为了推进不列颠的贸易。不列颠在近代早期逐渐形成外向型的商贸体系，有动力寻求海外市场来扩大本国工商业产品的销售，派克在《中华大帝国史》最开始部分致甘迪什的信正是

1　Peter T. Bradley, *British maritime enterprise in the New World: from the late fifteenth to the mid-eighteenth century*, Lewiston, NY: Edwin Mellen Press, 1999, p.254.

2　原文为 Empire，此时的帝国（Empire）应指以德意志地区为主的"神圣罗马帝国"。不少中文专著和学术论文将 Empire 译为"英帝国"或"大英帝国"，似乎不太妥当。

3　J. González de Mendoza, *The history of the great and mighty kingdom of China and the situation thereof*, Vol. Ⅰ, Trans. Robert Parke, London: Hakluyt Society, 1853, p.1.

这一情况的真实流露。

从某种意义上讲，《马可·波罗游记》建构的中国形象是西方社会的"集体想象物"，《曼德维尔游记》代表英国社会自己的东方（包括中国）想象，"契丹探险"计划则代表中国作为"他者"帮助英国确立其地缘政治和海外贸易的观念及行动。

第二节 从"尊崇"到"失落"

进入16世纪，葡萄牙人率先经由绕过非洲的新航路到达中国沿海。1553年，葡萄牙人获得中国政府的允许，暂居澳门。随后，来自欧洲大陆的天主教传教士通过澳门而陆续进入中国，并且将关于中国的第一手信息源源不断地传回欧洲。英国在16世纪前半期进行了宗教改革，脱离了罗马天主教，改奉新教。其结果是在那一时期来华西方传教士中，几乎没有英国人。这样，英国"总体上一直通过邻国辗转获得的材料与信息了解中国的情况"[1]。虽然英国人此时大都是从间接途径获取有关中国的知识与信息，但这也使他们有机会对这些材料进行比较冷静、严肃的审视。17—18世纪，欧洲各国刮起了推崇中国的"中国风"。不过，"中国风"在英国延续的时间较短，17世纪后期是高潮，随后就衰落了。而且，英国的"中国风"与欧洲大陆相比，即使在高潮时期，也不太猛烈，还招致许多批评的声音。在英国，"第一个受到孔子思想影响的英国文人"[2]就是政治家约翰·坦普尔（William Temple，1628—1699），他称赞孔子是"最博学、最睿智、最高尚的中国人"[3]。针对约翰·坦普尔的尊孔言论，英国语言学家威廉·诺顿（William Wotton，1666—1727）在1694年出版的书中批评孔子学说"只不过是一些缺乏连贯性的道德说教（moral Sayings），任何一个普通人（any man）都明白这些道理"[4]。威廉·诺顿认为中国事物和风尚之所以在欧洲受到追捧，完全是"卫匡国、金尼格等传教士无视基本事实（ignorant of much ordinary matters），在中国进行投机（speculation）和不切实际地夸大的结

1 张西平主编：《西方汉学十六讲》，北京：外语教学与研究出版社，2011年，第240页。

2 Arnold H. Rowbotham, "The Impact of Confucianism on Seventeenth Century Europe", *The Far Eastern Quarterly*, Volume 4, Issue 3, 1945, pp.224-242.

3 William Temple, *The Works of Sir William Temple, bart.*, Vol.3, London, printed by S. Hamilton, 1814, p.331.

4 William Wotton, *Reflections upon ancient and modern learning*, London: printed by F. Leake, 1694, p.145.

果"[1]。之后，还有英国人丹尼尔·笛福（Daniel Defoe，1660—1731）和乔治·安森（George Anson，1697—1762）等，都表达了对中国的批评态度甚至是否定的观点。

在欧洲宗教改革运动的冲击下，罗马天主教的地盘大面积缩小，信徒数量大幅度减少，教皇权威和天主教的影响力也受到很大损害，罗马天主教的发展一时陷入低谷。历史却给罗马天主教新的发展机遇，以西班牙和葡萄牙为先导，新的航线被开辟，新的文明被发现，新的土地被侵占，新的人们被征服，本着"失之东隅，收之桑榆"的心态，教皇和天主教国家都对外方传教及新大陆的宣教活动十分热衷，他们向西和向东两方向都派出了大批训练有素的传教士，期望收获新的宗教领地。在向西的方向，罗马天主教配合西、葡的殖民扩张和殖民统治，其传教行动获得了空前的成功，几乎重塑了从墨西哥湾到麦哲伦海峡这一广阔地区的人文和宗教风貌。向东的方向，罗马天主教各修会企图侵略印度、东南亚、中国和日本等国家和地区，尽管在东方世界所取得的收获与罗马天主教在美洲地区的成功不可同日而语，但是却在中西交通和文化交流史上留下浓墨重彩的一页，还积累了一些比较成熟的经验，如"'易服'等文化调适策略"[2]。罗马天主教会派往这一地区的传教士们向欧洲发回大量的传教报告、私人信函和日记等，这些相关文字记录将"传奇"的中国现实化了，实现了从"想象中的中国"到"地理上的中国"这一转变。

在这些传教士中，来自意大利的耶稣会修士利玛窦（Matteo Ricci，1552—1610）是较具代表性的一位。他在中国生活的时间几乎是这一时期传教士中最长的，他向欧洲发回的报告和书信、留下的日记及经人整理而成的《中国札记》，使得传奇的中国形象逐渐现实化，也使得地理意义上的"中国"在西方得到明确。论及在中国文化、语言、社会生活方面的造诣，欧洲的传教士鲜有能超出利玛窦者。这位来自意大利的天主教耶稣会士，被称为最有智慧的文化交流使者，在中国生活的漫长时间里，他以敏锐的视角和旁观者的清醒，记录了中国社会多方面的见闻以及他对此的认识。利玛窦还被认为是一个重要的"中国形象塑造者"。在《札记》中，利玛窦不仅关注中国的政治和经济情况，还特别留心中国的风俗习惯、官员任用制度和民间信仰。"他们全国都是由知识阶层，即

1　William Wotton, *Reflections upon ancient and modern learning*, London: printed by F. Leake, 1694, p.146.

2　戚印平、何先月：《再论利玛窦的易服与范礼安的"文化适应政策"》，《浙江大学学报》（人文社会科学版），2013 年第 3 期。

一般叫做哲学家的人来治理的，井然有序地管理整个国家的责任完全交付给他们来掌握"[1]，这很可能带给欧洲人利玛窦最强烈的冲击，因为《札记》中描述的场景几乎就是自柏拉图以来西方人梦寐以求的"理想政治图景"——"哲人王"凭借智慧和理性进行治理。利玛窦的《札记》主要展示了当时中国的繁荣和安定，但是负面的观感也开始在书中流露。从记述的内容上看，利玛窦的《札记》和《马可·波罗游记》有一定程度的重复，但是关于中国实际情况的描述，《札记》更给人以一种真实感。

在这一时期的传教士中，比较有成就的还有范礼安（Alexandre Valignani，1538—1606）和罗明坚（Michel Ruggieri，1543—1607）等人，他们根据在中国传教的亲身经历，经过不断总结和反省，认为在传教过程中应摒弃生硬作法，力求与中国文化相融，这奠定了耶稣会传教士的基本宣教策略。利玛窦以基督教儒学化的形式，赢得民众同情、支持和归信，经过努力，终于在知识分子群体中打开一个缺口，如明末天主教三柱石：徐光启、李之藻和杨庭筠，三人先后入教。这一时期的天主教传播初见成效。

在传教士主导欧洲中国形象的时期涌现了众多的作品，《耶稣会士中国书简集》无疑是其中具有代表性的一种。来华的耶稣会传教士们在传教之余，基本上都与欧洲本土的上司、前同事、朋友、家人及其本土的贵族都保持着书信往来。在长达两个世纪的时间里，这些耶稣会传教士们的中国观感通过信件的形式，不断流传到欧洲。这些信件都是关于中国的实际生活的直观体验和感受，成为塑造欧洲人中国形象认知的重要来源。

耶稣会士们对中国的中央集权以及政府治理形式都表示赞赏。耶稣会士巴多明对中国的几个主要特征如"君主体制的古老性、皇帝的智慧和公正、人民对劳动的热爱以及平和的民族性格"[2]表示赞赏。耶稣会士汤尚贤认为"在中国人中再也没有比皇帝的东西更神圣的了，即使是分文不值的东西，人们也敬若神明，小心保管"[3]。耶稣会传教士龚当信（Cyr Contancin，1670—1733）眼中的雍正皇帝"勤政爱民，尽管他似乎对基督教很疏远，但还是不能不赞扬他作

1 ［意］利玛窦、［比］金尼阁：《利玛窦中国札记》，何高济等译，北京：中华书局，2010年，第59页。也可见［意］利玛窦：《耶稣会与天主教进入中国史》，文铮译，北京：商务印书馆，2014年，第38页。

2 ［法］杜赫德编：《耶稣会士中国书简集：中国回忆录》第4卷，吕一民、沈坚等译，郑州：大象出版社，2001年，第37页。

3 ［法］杜赫德编：《耶稣会士中国书简集：中国回忆录》第1卷，吕一民、沈坚等译，郑州：大象出版社，2001年，第191页。

为皇帝的优秀品德……他不知疲倦地工作，他日夜想着要治理好国家，为他的百姓们谋幸福"[1]。对于当时的皇帝，"讨好他的最好办法就是向他提有益于公众、减轻百姓负担的建议，他总是很高兴接受，不遗余力地去实施这些建议"[2]。在传教士们的眼中，康熙、雍正等皇帝都是励精图治、"为百姓们谋福祉"的"勤政"皇帝。

16—17 世纪，随着欧洲宗教改革影响的扩大，教皇与天主教会的权威受到不断兴起的民族国家的冲击。耶稣会等天主教修会为了反对宗教改革，维护教皇威信，因而主张强化教皇权力，加强对世俗社会的控制，扩大中央集权。在天主教传教士眼中，中国的君主专制制度与天主教会加强教皇权力的意向存在某种相通之处，加上清朝前期的几位君主都是比较有作为的统治者，所以耶稣会士在对中国君主及其治理下的社会给予比较正面的评价，也就在情理之中。

如果说，意大利旅行家马可·波罗和英国人曼德维尔为欧洲人打造出一个物质层面"繁华世俗"的中国形象。在欧洲传教士的前往东方世界的传教活动中，文化和精神层面的中国形象得以呈现。17—18 世纪的传教士不仅仅是传教，更加重要的是还在中西方文化交流方面架起了一座重要的桥梁。除了延续早期西方人游记中关于中国"繁华世俗"的形象外，传教士们向欧洲社会植入了中国的政府体制、宗教哲学、风俗道德等元素，为欧洲人建构了一个政治修为、文明礼仪的中国形象，也使欧洲所谓中国形象进入了一个新的层次。"政治修为、繁华世俗"的中国形象逐渐演变成为欧洲历史上的一个新起点，成为之后欧洲人相当一段时间内中国观念的来源和参照物。

自 16 世纪中期以后，英国的宗教活动就开始独立于罗马天主教会。随着双方敌意的持续，英国女王伊丽莎白一世（Elizabeth I，1533—1603）在位期间，带领英国干脆利落地转向了新教，相对圆满地处理了困扰英国多年的历史遗留问题。1585 年，英国女王伊丽莎白一世发布禁止耶稣会（*Act Against Jesuits and Seminarists*）的命令，罗马天主教各修会（方济各会、多名我会等）和修道院都被禁止在不列颠开展活动。[3] 此后耶稣会在英国的发展备受挫折，在英国的影响

---

1 ［法］杜赫德编：《耶稣会士中国书简集：中国回忆录》第 3 卷，朱静译，郑州：大象出版社，2001 年，第 189 页。

2 ［法］杜赫德编：《耶稣会士中国书简集：中国回忆录》第 3 卷，朱静译，郑州：大象出版社，2001 年，第 196 页。

3 "Act against Jesuits and Seminarists", in Henry Gee and William John Hardy, ed., *Documents Illustrative of English Church History*, New York: Macmillan, 1896, pp.485-492.

日渐衰微。

在缺少耶稣会士等天主教传教士的直接知识和经验的情况下，英国如果想要与中国有所往来，只能借助于来自欧洲大陆地区的二手信息。明清之际，来华的天主教传教士几乎没有来自英国本土的，那么耶稣会等天主教传教士塑造的中国形象对英国人的影响就面临更多的中间环节，英国"总体上一直通过邻国辗转获得的材料与信息了解中国的情况"[1]，因此产生较大的模糊性和不确定性。由于宗教上的对立，英伦三岛对耶稣会的敌意及对耶稣会传教士所传达的文本材料的怀疑和抗拒就不难理解了。但另一个方面这也给英国人留下了消化和吸收的更大空间，英国人以自己的理性的精神和严谨的态度，对有关东方和远东的世界有着自己的判断，但是也不可避免地带有更多的个人观感。

学界早已有学者注意到中国文化对英国社会的影响不如对欧洲大陆国家如法国和德国那么明显。钱钟书在仔细研究了17和18世纪英国文学中的中国之后，认为英国的情形与欧洲其他地区并不相同，英国的中国热是在17世纪呈现出猛烈的势头，但是到了18世纪，这种中国热就已经开始消退了，在文学领域这种情况尤为明显。[2]早期英国关于中国的知识，虚构多余事实，而道听途说又多于现实说法。对于中国文化在欧洲不同地区的影响，朱谦之也指出："然而从大体上来看，中国思想在英国的影响，比较大陆方面，不无有相形见绌之感。"[3]例如，法国人那种对中国"贤明君主"的热衷和向往，在英国社会鲜有体现，更不要说以中国为楷模了。17世纪中叶，英国经历内战到共和国再到君主复辟，在数十年的反反复复和代价惨重的摸索之后，终于确立了君主立宪制度，之后这种立宪体制逐步走入正轨，海外扩张的国家政策、新兴资产阶级实力的不断增强和政治上渐进的改革，导致国家的主要权力最终转移到英国议会手中，所以，英国社会没有像法国那样出现对"贤明君主"的热情，似在情理之中。

18世纪前后，英国由于率先开展工业革命，加上重商主义的传统，对贸易、通商、科学的极其重视，英国在对亚非等落后地区的征服行动中，逐

---

1 张西平主编：《西方汉学十六讲》，北京：外语教学与研究出版社，2011年，第240页。

2 Zhang Longxi, "The Myth of the Other: China in the Eyes of the West", *Critical Inquiry*, Vol. 15, No. 1 (Autumn, 1988), p.118.

3 朱谦之：《中国哲学对欧洲的影响》，上海：上海人民出版社，2006年，第204页。

步形成了一种面对东方的优越感。由于宗教原因及英国忙于欧洲事务，16—18世纪欧洲传教士前往东方宣教的活动中，很少出现英国人的身影。因此，天主教会传教士营造出的那种良好的中国形象在英国的影响就很小，英国人在大航海时代中写就的几部影响广泛的游记作品更是加深了英国社会对中国的负面观感。如笛福在《鲁滨逊的感想录》（*Serious Reflections During the Life and Surprising Adventures of Robinson Crusoe*，1720）对中国大加嘲讽，认为中国只是"许多野蛮国家中一个还算开化的国家，或在众多的开化国家之中，一个仍然愚昧的国家"[1]，他还在《鲁滨逊漂流记》（*The farther adventures of Robinson Crusoe*，1719）[2] 第二部中对中国的商业和军事实力做如此评价：

> 我们伦敦城的贸易就超过他们整个帝国的全部贸易量。一艘配备80挺枪的英国、荷兰或法国军舰就能与所有的中国船只对抗，并摧毁它们。……
>
> 我可以毫不夸张地说，3万名德国或英国步兵，再加上1万名骑兵如果指挥得当，可以打败这个帝国的全部军队。[3]

对于普通人的生产和生活状况，他也提出了尖锐的批评：

> 我们花费了二十五天才到达北京，一路上人口十分稠密，但是土地耕作状况堪忧。他们吹嘘自己如何勤劳，但举目所见却都是经济凋敝，生活悲惨。我所谓的"悲惨"虽然是相对于英国国内而言的，但是这些不幸的人啊，哪里会知道别人的情况。他们十分骄傲，不过，除了骄傲之外，他们仅剩的就是贫穷。贫穷再加上骄傲，成就了让我所谓的"苦难"（misery）。他们一无所有，但是也无欲无求，我不得不认为，赤条条的美洲印第安土著（naked Savages of America）可能也活得比他们快乐。他们骄傲又粗野，然而大体上说，都是一些乞丐和苦力（beggars and drudges）。一些人（根据上下文似乎是指"清朝官员"）只是虚有其表，都无法用语

1 Daniel Defoe, *Serious Reflections During the Life and Surprising Adventures of Robinson Crusoe*, London: W. Taylor., 1720, p.133.

2 《鲁滨逊漂流记》还开创了文学史上的新时代，他以一己之力为"荒岛文学"树立了全新的标杆。他的《鲁滨逊漂流记》1719版的书名用的是鲁滨逊·克鲁索（Robinson Crusoe）的名字，但是书中却以第一人称来叙述，许多读者误以为这是真实的纪实作品，很大程度上拉近了读者与小说之间的距离。

3 Daniel Defoe, *The farther adventures of Robinson Crusoe*, London: W. Taylor.,1719, pp.276-277.

言来形容。除了炫耀自己漂亮的衣服、宽大的房子和成群的仆役之外，还有一件极其可笑的事情，那就是除了他们自己，其他任何人都不值一提。[1]

笛福的《鲁滨逊漂流记》发表于 1719 年，当年就重版了四次，到 19 世纪末，各种版本、翻译本和仿作竟达 700 余种。《鲁滨逊漂流记》中海外冒险、开垦、自救和拓展生存领域的活动，十分符合这一时期资产阶级的海外贸易扩张和探险精神，而收复荒岛上的野人，教化岛上的原生居民，又符合英国有关殖民扩张的价值观。

在《鲁滨逊漂流记》之后不久，一位英国船长乔治·安森男爵将其航行经历整理后出版，在英国和欧洲都广泛流传，但书中对中国的描述颇具片面性和煽动性。乔治·安森男爵（Baron George Anson）1748 年出版的《环球航行记》（*A voyage round the world in the years MDCCXL, I, II, III, IV., 1748*），根据安森及其下属的航海日志编纂而成。在其环球航行途中，有过在澳门和广州（1742—1743 年）停留的经历。安森认为在欧洲流传的正面的中国形象不过是传教士们杜撰的结果，他在向英国同时也向欧洲展示了一个"欺诈、贫困、堕落、愚昧无知又冥顽不化"的中国形象："政府十分腐败，人们习惯于撒谎，而负责审判的官员则收受贿赂。"[2]

安森还在航行记的最后，除了对耶稣会士等西方传教士进行直截了当地批驳外，还试图"总结"中国人的国民性格：

> 我们经常被欧洲而来的传教士告知，中国人在技术和科学方面的确要落后于我们，但是他们服膺并实践的道德和法律却算得上是典范。
>
> ……
>
> 但是，我们之前在广州遭遇的地方官员、商人以及买办，他们的行为足以反驳这些传教士们编造的谎言。
>
> ……
>
> 归根结底，也许中国人的这种安静、善于忍耐的性格正是他们以上

---

1 Daniel Defoe, *The farther adventures of Robinson Crusoe*, London: W. Taylor., 1719, p.280.

2 George Anson, *A voyage round the world in the years MDCCXL, I, II, III, IV*, London: John and Paul Knapton, 1748, p.414.

那些独特习性的来源，而这一性格特点他们自己也十分珍视，这也是他们与其他民族的区别所在。只要我们对普遍的人性有所了解的话就会明白，如果不鼓励人们自私自利的行为，那么就很难压制人们强健和激烈的天性。因此，某种程度上讲，胆怯、虚伪和欺骗是为了让帝国维持内部克制和外在体面的最终结果。[1]

安森的这部《环球航行记》出版后，在英国和法国产生了重大的影响。据范存忠的研究，英国国内的《苏格兰人杂志》《君子杂志》《环球杂志》均发表评论文章，为安森的这部游记叫好。[2]

安森的《环球航行记》很大程度上激发了英国对航海和探险的热情，他还开创了西方人对中国国民性批判的先河，他提出有关中国人国民性的批判甚至在某种意义上也影响了 18 世纪后半期欧洲人打量中国的眼神。安森对中国负面看法所导致的影响，历史学家马歇尔·爱德华认为，安森闯入中国东南海域，遭到了清政府地方官员的轻蔑对待，安森锐利的眼神却将清政府统治的弱点看得十分透彻，"腐败和盗贼横行"，后来虽有伏尔泰对安森的观点做出批驳，但是安森对当时中国严厉的责难还是为那些企图"去中国风"（anti-sinophiles）的人提供了充足的攻击弹药。[3]

安森的《环球航行记》不仅影响到英国国内，还影响到欧洲大陆的思想家。卢梭很可能也是受到乔治·安森影响，他在《新爱洛依丝》中有多段关于中国的论述，言辞极为苛刻：

> 我看到这辽阔的贫困地区好像是专供一群奴隶居住似的。一看见他们那副卑贱的样子，我就把充满轻蔑、厌恶和同情的目光移开。看见我的同类有四分之一变成了为他人使役的牲畜，我对于做人一事感到不寒而栗。[4]

和乔治·安森《环球航行记》的描述相比，卢梭对中国人评价的偏激和苛刻程度，比乔治·安森更甚。

---

1 George Anson, *A voyage round the world in the years MDCCXL, I, II, III, IV*, London: John and Paul Knapton, 1748, pp.413-414.

2 范存忠:《中国文化在启蒙时期的英国》，上海：上海外语教育出版社，1991 年，第 51 页。

3 Michael Edwardes, *East-West Passage: The Travel of Ideas, Arts, and Inventions Between Asia and the Western World*, New York: Taplinger Publishing Co., 1971, p.107.

4 ［法］让·雅克·卢梭:《卢梭全集》第 9 卷，李平沤、何三雅译，北京：商务印书馆出版社，2012 年，第 25 页。

　　早期英国人与中国的直接接触要到 18 世纪中期，这些英国人要么是航海家，要么是商人，要么是军人，他们对中国的观察范围通常局限在广州及其附近地区，停留时间十分短暂，而且接触到的群体以社会中下层为主，这里他们看到的中国仅仅是一个维度，并非当时中国的全貌。早期的英国航海家与探险家来到中国沿海海域，最先接触到的就是社会底层的民众，普通民众对突然而至的外国人可能存在误解，加上这些英国冒险家们的傲慢姿态，双方时有冲突，这一情形可能使得英国冒险家们得出十分情绪化的观点或结论。在鲁滨逊天马行空的游记和乔治·安森与当时中国沿海居民直接接触的经历背后，不经意地流露出经历着资产阶级革命并积极投身于海外开拓的英国，对闭关自守的中国的轻视和不屑。

　　到 18 世纪末期，英国遭遇了一场经济危机，而美国的独立战争又使危机雪上加霜。1775—1783 年美国的独立战争，宣告了英国的"第一帝国"的解体，英国失去了一个十分重要的商品销售市场，从地缘政治上讲，对英国也是一个沉重的打击。而英国早在 18 世纪初期已经进入工业革命阶段，"第一帝国"的丢失让英国商人迫切需要开辟新的商品销售市场，于是英国将目光投向了远东。曾与马戛尔尼一起出使中国的斯当东爵士也认为，"商人的利益和商业活动时时刻刻都会受到政府的关注，并在许多方面影响政府的相关政策"[1]。

　　18 世纪末期到 19 世纪初期，英国先后派遣马戛尔尼和阿美士德两个使团出使中国，这体现了英国强烈的发展对华直接交往的愿望。无论是出于商业利益还是地缘政治考虑，中国对于英国都是十分重要的。自大航海发轫时期以来，英国一直试图寻找与中国进行直接接触的有效方法，从某种意义上讲，马戛尔尼使团及阿美士德使团出使中国也是英国在 1576—1578 年间"契丹计划"的自然结果，它也反映了在英国的地缘文明观念中，中国的极端重要性。

　　乾隆皇帝将马戛尔尼提出的一揽子要求，如设立驻京使馆、租地存货、减免货税、开放贸易等一概拒绝，英国使团只好垂头丧气地离开了。中英的政治关系现实并没有得到改变，但是中国在英国的形象，却开始出现了一个很大的变化，使团成员对中国的直观感受及他们的各种情绪，很快就传到英国社会。

　　马戛尔尼在出使中国后留下如此观感：

1　Sir George Staunton, *An authentic account of an embassy from the King of Great Britain to the Emperor of China*, London: W. Bulmer and Co., 1797, p.1.

中华帝国既是一艘古老而又狂野的旧船，也算得上是第一流的战舰，只是幸运地有了几位十分谨慎并且能力尚可的船长，才使它在过去的150年间没有沉没。仅凭它的体量和表象（bulk and appearance），就足以让邻国望而生畏，但假如船长是一个无能之辈，那么船上的纪律和安全就荡然无存。船很可能不会直接沉没，但却作为残骸（wreck），在海上随波逐流，直到撞击到海岸而成为碎片（be dashed to pieces）。而且这艘旧船也难以被修复。[1]

马戛尔尼还在自己的日记中这样写道：

自从满人征服中原以来，在过去的150年中间，与其说他们没有提高和进步，还不如说他们在退步。我们（指欧洲人）在艺术和科学上的进步日新月异，和同一时期的欧洲人相比，他们实际上变成了半野蛮人（Semi-barbarous people）。[2]

马戛尔尼使团虽然没有达到预期目的，但是它将大量的关于中国的信息带回了英国。从团长马戛尔尼勋爵，到使团的普通随员，无不著书立说，整个使团成员留下了大量的官方报告、书信、日记和速写作品。访华使团中的老斯当东和约翰·巴罗返回英国之后，都将他们的出使情况和相关看法写成文字，并公开出版。此外，使团成员中的画师和绘图员还留下了大量的风景、人物、社会风俗的速写画，这也是我们了解清朝乾隆时期中国社会风貌极其重要的原始材料。马戛尔尼使团出使中国返回欧洲之后，报告和日记等的确使英国人的中国观感有了较大的变化，这也影响到欧洲其他地区。但是报告和日记本身并非百般辱骂，我们从马戛尔尼的日记中可以看到，他对中国的人伦关系，中国人民坚强、勤劳的民族个性，以及服膺于孔子学说的知识阶层都表示了明显的赞扬和钦佩。此外，英国国王乔治三世致乾隆皇帝的国书中，仍然表现出一定的谦卑，国书中认为，中国的风俗礼法，"至精至妙，比别处更高"，还对中国的事物表示"赞美心服"[3]，

---

1 Helen Henrietta Macartney Robbins, *Our First Ambassador to China: An Account of the Life of George, Earl of Macartney, with Extracts from His Letters, and the Narrative of His Experiences in China*, as Told by Himself, 1737-1806, Cambridge: Cambridge University Press,1908, p.386.

2 Earl George Macartney, Edited by J. L. Cranmer-Byng, *An Embassy to China: Being the Journal Kept by Lord Macartney During His Embassy to the Emperor Ch'ien-lung, 1793-1794*, London: The Folio Society, 2004, p.176.

3 外交档案文献 / 清代历朝外交奏折选编 / 乾隆朝 / （民国故宫编·选自民国十九年故宫《史料旬刊》外交奏折部分），第304页，总页号：27592。

这些都是过去欧洲大陆传教士们对中国溢美之词的重复。当然这些褒扬之词也并非只停留在纸面，毕竟英国还是准备了大量的礼品、庞大的使团和颇具声势的排场。

不过，英国历史学家 P. J. 马歇尔认为，大多数历史学家的看法是"正是由于马戛尔尼使团出使中国，才最终完成了西方关于中国形象的转变，从对中国的仰慕（sino-philia）到鄙夷（disdain）"[1]。总的来说，形象的转变并非一蹴而就，但马戛尔尼使团访华加速了这一转变进程。

总体上看，这一时期英国的中国形象是立体的和多维度的，既有溢美赞扬的文字，也有批评贬损的语句。英国女王伊丽莎白一世先后于 1583 年、1596 年、1602 年三次向中国皇帝呈递国书[2]，但是由于种种原因，这些国书都没有送达。学界通常认为，英国前赴后继地派人前往中国寻求通商及直接接触的机会，主要是因为商业目的，其动机和意图几乎全是经济性质的。无论是"契丹计划"，还是马戛尔尼使华，都反映了英国地缘文明观念之中，中国的极端重要性。英国直接对华贸易的紧迫感，16 世纪之后葡萄牙逐步窃据了中国澳门，开始了持续性的对华贸易。荷兰和西班牙也在东亚海域长期活动，对此，英国显然是落在后面。斯当东爵士在提起欧洲各国与中国的关系时也认为，与英国人相比，"其他欧洲各国商人在中国的处境都比英国人好得多"[3]。英国通过与中国开展商贸活动，不仅有利于英国的商业贸易的发展和解决国内的贫困问题，还通过东西方的直接接触，促进英国人对其自身的理解。与荷兰使团多次在不同场合行三跪九叩的大礼不同，英国使团在北京受到与之完全不同的待遇，约翰·巴罗认为，这主要是因为中国人"很清楚英国在海上比其他民族强大"，知道英国人在海上有大量的贸易，以及占据着印度的大片土地，而且巴罗还进一步论证，中国人应该还知道"英国人的性格和独立精神"[4]。至少在约翰·巴罗看来，这次的出访增强了他们对自身的认同感。

鲁滨逊的天马行空的游记，乔治·安森的环游世界的探险经历，再加上马

---

1 P.J. Marshall, "Britain and China in the Late Eighteenth Century", in Robert Bickers, *Ritual and Diplomacy: Macartney Mission to China 1792-1794*, London: Wellsweep Press, 1993, p.11.

2 何新华：《清代朝贡文书研究》，广州：中山大学出版社，2016 年，第 693—697 页。

3 Sir George Staunton, *An authentic account of an embassy from the King of Great Britain to the Emperor of China*, London: W. Bulmer and Co., 1797, p.1.

4 ［英］乔治·马戛尔尼和约翰·巴罗：《马戛尔尼使团使华观感》，何高济、何毓宁译，北京：商务印书馆，2013 年，第 117—120 页。

戛尔尼使团访华的观感，构成了一条清晰的中国形象变迁的线索。那就是经历过资产阶级革命，建立君主立宪制度并一步步开启工业革命的英国人，已经开始对中国人表示轻视。

本书认为，形象的转变不是一蹴而就的，马戛尔尼等出使中国并非一无所获，一定程度上，它击碎了过去很多关于中国的想象和虚构，尽管在此之前，欧洲人和中国已经发生了许多接触，但是马戛尔尼使团高调的外交姿势，也引起了欧洲各国的关注，中国神秘的面纱被真正揭开，欧洲人开始以一种全新的视野来打量这个体量庞大且十分独特的古老文明之国。除此之外，马戛尔尼使团最为重要的收获，大概就在于它"导致了有关中国知识的激增以及对中国关注度的提高"[1]。马戛尔尼的著作和日记并没有刻意制造有关清王朝及其人民的负面形象，但是出访失败给英国社会上下带来一种明显遭受挫折的心理，这种挫折心理在第二次阿美士德使团出访归来后进一步加深，这就使得英国社会上下特别是商人群体，对中国的攻击性大大增强，对中国的批评和不满越来越多，负面的因素开始占据重要位置。这一事件也是英国的中国观念史或形象史上的重要坐标，一个缺乏生气、毫无变化的"停滞"中国就此在英国开始广为流传，并与之前笛福和乔治·安森等人通俗作品中消极、负面的中国形象相互比较，相互印证。总体上讲，英国的中国观感开始转向轻视甚至鄙夷。

第三节 "停滞"的帝国：两个世界的碰撞

早在16世纪末，英国人试图通过"契丹计划"找到新的航路，从而与中国建立联系，但并没有取得成功。17世纪初，一些英国人经由印度、东南亚地区及日本在中国沿海进行活动。[2]1637年，由威德尔船长（John Weddell）率领的英国船队来到广东沿海，这是最早从英国直接抵达中国沿海的英国船只。威德尔等人在虎门和明朝军队发生了武装冲突，这样，中英两国的首次直接接触就无果而终，还使后来的中英关系蒙上了阴影。[3] 后来，虽然英国人一再努力与中

---

1 Earl Hampton Pritchard, *Anglo-Chinese relations during the seventeenth and eighteenth centuries*, New York: Octagon Books, 1970, p.185.

2 张轶东：《中英两国最早的接触》，载龚缨晏主编：《20世纪中国"海上丝绸之路"研究集萃》，杭州：浙江大学出版社，2011年，第84—87页。

3 万明：《明代中英第一次直接冲突与澳门：来自中、英、葡三方的历史记述》，载《"16—18世纪中西关系与澳门"国际学术研讨会论文集》，北京：商务印书馆，2005年，第67页。

国建立贸易关系，但由于葡萄牙人的阻挠，以及中国处于明清鼎革之际的动荡，英国人的对华贸易一直未能走上正轨。

东印度公司建立后，这个英国在远东最有权势的商业组织迅速发展与中国的贸易。中英之间的茶叶贸易量不断增大，以至于英国学者格林堡（Michael Greenberg）曾认为，近代早期东印度公司主导下的中英贸易的成熟期是"靠茶叶喂养的"[1]。到1715年，英国开始在广州设立第一个固定的商馆。[2] 从此，英国对华贸易逐渐步入正轨，并展露出自身的海上优势。到18世纪中期以后，在欧洲驶往中国的商船中，英国的数量是最多的。法国大革命之前的两年，"广州口岸共停泊有73艘欧洲商船，其中英国商船就占了52艘"[3]。而拿破仑战争之后，其他国家挑战英国海上商业霸权的想法就更加遥不可及了。

随着中英贸易的不断扩大，英国对中国茶叶的需求不断增长，但是当时的中国并没有显示出对英国商品的兴趣，急于扩张商业利益的英国商人野心不断增强，试图扩大中英之间贸易的区域和规模。在中文文献中，最早提到英国人的记载是1637年威德尔（John Weddell）闯入广州这一事件，并将其记入《明史·和兰传》[4]。这一事件中双方发生军事冲突，中英这次在广州附近的遭遇给中国人留下了极坏的印象。这件事也让"中国人坚持认为，在所有野蛮的入侵者中，英国人是最为暴力并且也是最危险的"[5]。乾隆年间，1755年，英国商人洪仁辉非法闯入宁波，要求开放贸易和通商，出于海防方面的考虑，清政府最终没有同意，外国商人的贸易地主要限制在广州口岸。英国商人洪仁辉在中国沿海的窥视活动可以看作是一种试探姿态，但清政府并无意退让，英国商人们只好缩了回去。

进入19世纪，英国人对中国的印象不断急剧的褪色，而且还开始恶化。1816年来华的阿美士德使团，就是一个生动的例子。这个使团的第三号人物埃利斯（Henry Ellis）在出使中国的日记中写道：使团成员中一部分人认为还算文明，

1 ［英］M. 格林堡：《鸦片战争前中英通商史》，康成译，北京：商务印书馆，1961年，第2页。

2 ［美］马士：《中华帝国对外关系史》，第1卷，张汇文等译，北京：商务印书馆，1963年，第59页。

3 Jerome Ch'en, *China and the West: Society and Culture, 1815-1937*, London: Hutchinson, 1979, p.25.

4 《明史》卷三百二十五列传第二百一十三，外国六，和兰，第3550—3551页。另见龚缨晏主编：《20世纪中国"海上丝绸之路"研究集萃》，杭州：浙江大学出版社，2011年，第92页；廖乐柏（Robert Nield）在《中国通商口岸：贸易与最早的条约港》也有提及，见 Robert Nield, *The China Coast : Trade and the First Treaty Ports*, Hong Kong: Joint Publishing (H.K.) Co., Ltd., 2010, pp.44-45.

5 Robert Nield, *The China Coast: Trade and the First Treaty Ports*, Hong Kong: Joint Publishing (H.K.) Co., Ltd., 2010, p.46.

而另一部分人则认为"中国与其他亚洲国家属于同一类型"[1]。但在阿美士德使团结束中国之行后，使团大多数成员一致认为，中国是一个"停滞""落后""半开化"的国家。[2]

有关中国"停滞"的说法在欧洲早已有之，经过欧洲的哲学家和思想家等的阐释和重复，某种意义上成为西方关于中国研究的一种认知范式。赫尔德算是较早也较完整地提出有关中华帝国"停滞论"的人，他在一篇名为《中国》的短篇中写道："这个帝国是一具木乃伊，它周身涂有防腐香料、描画有象形文字，并且以丝绸包裹起来，它体内血液循环已经停止，犹如冬眠的动物一般。"[3]对维持这个帝国长期运转的思想和学说他也毫不留情地进行批评，他认为这个古老帝国通过政治和道德说教，使得"中国人以及世界上受孔子思想教育的其他民族仿佛一直停留在幼儿期"[4]。黑格尔在其《历史哲学》中关于人类历史发展不同阶段的论证中，中国不仅缺乏生气，还"毫无变化"，文中写道："中国很早就已经进展到了它今日的情状；但是因为它客观的存在和主观运动之间仍然缺少一种对峙，所以无从发生任何变化，一种终古如此的固定的东西代替了一种真正的历史的东西。"[5]黑格尔运用理性主义和思辨哲学对当时的中国提出了相当尖锐和深刻的批评。

英国的亚当·斯密在其《国富论：国民财富的性质和原因的研究》一书的"论劳动工资"章节也提到，"长期以来，中国一直是最富的国家之一，是世界上土地最肥沃、耕种得最好、人们最勤劳和人口最多的国家之一。但是，它似乎长期处于停滞状态（It seems,however, to have been long stationary）。五百多年前访问过中国的马可·波罗所描述的关于其农业、工业和人口众多，与当今的旅行家们所描述的情况几乎完全一致"[6]。

赫尔德、黑格尔和亚当·斯密的"停滞"论调是对古老的中国叙事中的经

1　Henry Ellis, *Journal of the Proceedings of the Late Embassy to China*, London: John Murray, 1817, p.197.

2　Gao Hao, "The Amherst Embassy and British Discoveires in China", *History*, vol. 99, Issue 337, 2014, pp.568-587.

3　［德］约翰·哥特弗里德·赫尔德：《中国》，见夏瑞春编：《德国思想家论中国》，陈爱政等译，南京：江苏人民出版社，1995年，第89页。

4　［德］约翰·哥特弗里德·赫尔德：《中国》，见夏瑞春编：《德国思想家论中国》，陈爱政等译，南京：江苏人民出版社，1995年，第91页。

5　［德］黑格尔（G. W. Hegel）：《历史哲学》，王造时译，上海：上海书店出版社，2006年，第117页。

6　［英］亚当·斯密著，唐日松等译，《国富论》珍藏本，北京：华夏出版社，2012年，第55页。英文版本可参见 Adam Smith, *The Wealth of Nations: An Inquiry into the Nature and Causes of the Wealth of Nations*, Chicago, IL: University of Chicago Press, 1977, p.105.

典文本。这些文本以近代理性主义为基础，建构出所谓的"停滞的中国"的历史观，这一历史观念极大地影响了西方关于中国的研究和认知。19世纪中期，卡尔·马克思的中国观的形成也与这一历史观念密不可分，卡尔·马克思不仅具体地运用了当时经济学的数据来证明古老的中华文明已走向"停滞"，而且他还意识到了西方的冲击对于中国的重要性。总体上看，赫尔德等注重历史想象力的哲学家，黑格尔等注重认识先验原则的思想家，亚当·斯密和约翰·密尔等近代的英国经济学家，他们本身并没有来到过中国，大都是凭借别人的经验性知识做出有关"停滞"的中国这一判断。除此之外，那些近代时期来到中国的英国传教士、汉学家理雅各和麦都思等人，也基本上都持有"停滞"的中国的看法。

欧洲思想家、哲学家及来华的西方人建构有关古老中国的"停滞"形象，将中国塑造为欧洲文明的对立面，一定程度上起到了开脱英国鸦片战争罪责的效果。鸦片战争之后，中国虚弱的一面终于完全展现出来，清政府在军事上的惨败也导致西方之前对中国的负面观感日益加深。西方人观感的变化如果用当时一位美国历史学家赖德烈（Kenneth Scott Latourette，1884—1968）总结性的语言就是：

> 鸦片战争后，一种急剧的感情突变发生了，中国军队在英国面前的惨败，以及中国无意接受西方的干预和西方的观念，使得中国从原来的被尊崇和钦佩而转变为遭受蔑视。西方人认为之前对中国的历史和它取得的进步的认可简直是一场失败，他们发现了中国伟大表象之下的弱点，认为中国是颓废的、垂死的且已从昔日的辉煌跌落的形象（China was decadent, dying, fallen greatly from her glorious past）很快传遍了美国和欧洲。[1]

1842年，《笨拙》周刊中的一幅题目为《介绍中国大使》（*the presentation of the Chinese Ambassador*），在图1.2的画面中，"中国大使"是那种典型的"满大人"的形象，肥头大耳，长长的辫子，修长的指甲，头部翘起的朝靴，身上佩戴着朝珠及香荷包，在他的身后是成群的妻妾，妻妾们留着修长的指甲。这幅图片完全是虚构的，1842年中英之间还没有外交关系，也不可能有"大使"，直到30年后的1875年，郭嵩焘出任清政府首任驻英公使，中英之间才算有了正式的外交关系。《笨拙》周刊中的漫画《介绍中国大使》的出现时间要比中

---

1 Kenneth Scott Latourette, *The history of early relations between the United States and China, 1784-1844*, New Haven, CT: Yale University Press,1917, p.124.

英正式外交关系的建立早 30 余年，但是这幅图像比较典型地反映了某种刻板化的中国官员形象。

THE PRESENTATION OF THE CHINESE AMBASSADOR.

图 1. 2　介绍中国大使（《笨拙》周刊，1842 年）[1]

英国发动的鸦片战争及其在军事上的胜利，进一步增强了英国人的优越感。如果说马戛尔尼使团出使中国只是导致英国的中国形象出现拐点，中国形象开始褪色，或者说是击碎了英国社会中对中国的传统想象，那么鸦片战争之后中国形象才真正恶化。第二次鸦片战争期间，卡尔·马克思也认为，中国作为"一

---

1 John Leech, "Punch's Pencillings—No. LVIII", *Punch Historical Archive*, Saturday, December 17, 1842; p.253; Issue 75.

个人口几乎占人类三分之一的大帝国，不顾时势，安于现状，人为地隔绝于世并因此竭力以天朝尽善尽美的幻想自欺。这样一个帝国注定最后要在一场殊死的决斗中被打垮"[1]。

1860 年，英法联军侵入北京，肆意破坏文物和古迹，并焚毁了圆明园。1860 年 12 月《笨拙》周刊的漫画传神地刻画了英国侵略者的傲慢姿态，如果对图 1.3 进行审视会发现，和图 1.2 一样，都包含着许多相同或相似的元素。柳树、拱桥、凉亭、宝塔和辫子，都是这一时期英国报刊、书籍插图中常见的中国元素，而朝靴、朝珠、辫子、长指甲、大烟枪和臃肿的身躯等都是常见的关于"满大人"的元素，这些"满大人"通常还有那种自鸣得意的神态和时常惊慌失措的滑稽表情。这种形象的刻画明显包含了偏见和刻板化思维，但是它也大致上符合这一时期英国人夸张的、漫画式的中国想象。

WHAT WE OUGHT TO DO IN CHINA.

图 1.3 《笨拙》周刊（1860 年）[2]

---

1 马克思：《鸦片贸易史》，《马克思恩格斯文集》（第 2 卷），北京：人民出版社，2009 年，第 632 页。

2 "What we ought to Do in China", *Punch Historical Archive*, Saturday, December 22, 1860.

这一时期，英国的报刊除了对清政府官员或"满大人"的负面刻画外，对普通中国人也进行挖苦和嘲讽。1858年4月10日，《笨拙》周刊（Punch）登载了一首诗歌，题目为《广州之歌》（*A Chanson for Canton*）[1]，诗歌中将中国人描述为"残忍、顽固和狡猾"的"中国佬"[2]，还对中国人的卫生和饮食习惯进行恶毒的攻击。

英国人发动两次鸦片战争，强迫清政府开放一大批通商口岸，并攫取了许多侵略特权，但英国对中国的出口贸易并未像之前想象的那样猛增。1871年10月，《曼彻斯特卫报》社论认为英国曼彻斯特和兰开夏的对华商品出口没有明显增加，主要是因为中国是一个"停滞的"东方文明（the great stationary civilisations of the East），文中还认为中国人之所以对外国人充满戒心，是因为其具有"固定不动"的历史传统[3]。英国主流报刊对有关中国的"停滞"看法并未伴随清政府的改革而消失，即便到了洋务运动的后期，《旁观者》周刊在描述1877—1878年席卷中国北方地区的大饥荒（指"丁戊奇荒"）的时候，措辞严厉地指责腐朽的清政府不作为的同时，也使用"苦难的、野蛮的和停滞的"[4]民族等词语。此外，英国的《泰晤士报》还将中国与日本进行对比，日本被描述为"渴求的、进步的"（restless and progressive），中国依然被描述为"停滞的、内向的"（stationary and inert）。[5]

与此同时，"停滞"的中国形象必然要有某种相应的具体化载体，那些传统上能代表中国的茶叶和瓷器显然并不合适。鸦片战争之后，外国鸦片的大量输入使染上烟瘾的人急剧增多，到19世纪后半期，"大烟鬼"等"中国佬"形象开始广为流传，不幸的是，鸦片就成为"停滞"形象的最佳象征物。

在英国的报刊图片之中，男女"僵尸"一般卧躺并伴随着鸦片烟枪的场景，是经常出现的。如图1.4中所示，这一吸食鸦片的图片反映了19世纪末20世纪初期，英国主流报刊中一种颇具典型性的中国形象。

鸦片梦幻、"停滞"的中国、中国形象以及中英关系，在英国报刊之中，被紧密地联系在一起。这种联系不仅在文本的修辞和文本框架之中，还在类型

1 "A Chanson for Canton", *Punch Historical Archive*, April 10, 1858.

2 "中国佬"是近代时期西方人对中国人的蔑称，现已不再使用。

3 *The Manchester Guardian (1901-1959)*, 25 Oct 1871, p.5.

4 "The Catastrophe in China", *The Spectator*, London Vol. 51, Iss. 2591, (Feb 23, 1878), p.241.

5 *The Times* (London, England), Tuesday, Oct 21, 1879; p.7; Issue 29704. 20世纪初期，美国《时代》杂志影响日益扩大，而且在英语世界中经常以Time或The Time的名称出现，因此，本书有关英国《泰晤士报》的注释，保留The Times (London, England)的写法，以区别于美国的《时代》（Time）杂志，特此说明。

化的文本中得到体现，报纸、期刊、学术著作、小说、漫画和诗歌等，各类文本之间，相互印证，或对指涉的意义进行借用、转化，从而建构出特定的意义。有关中国的形象在这一过程中逐步得到确认和强化。

图 1.4　"僵卧吸食鸦片"的情景[1]（《伦敦新闻画报》，1858 年）

第四节　曾纪泽的《中国先睡后醒论》

1840 年 6 月，英国侵略军强行闯入广州附近海域，鸦片战争爆发。当年 7 月，美国的一家名为《普罗维登斯晚间先驱报》（*Providence Evening Herald*）的报道声称，这场战争将使中国"从几百年的沉睡中觉醒过来"（awakening from the lethagy of centuries）[2]。这样，"唤醒中国"（或"使中国觉醒"）就成了英国对华侵略的"美妙"托词。1842 年，清政府战败，被迫签订《南京条约》。1844 年，英国侵略军首领璞鼎查（Henry Pottinger，1789—1856）返回英国，他于 12 月在曼彻斯特演讲时如此说道："中国人妄自尊大、傲慢自满，而且一直沉睡于这样的迷梦之中不可自拔，因此我早就认为并坚信，要使中国从这样的迷梦中觉醒过来（awakening China from the dream），最好的办法就是战争，而不是争辩、

1　*Illustrated London News*, Saturday, November 20, 1858; p.483; Issue 946.

2　David Scott, *China and the International System, 1840-1949*, Albany, NY: State University of New York Press, 2008, p.26.

说理。看看我们所取得的巨大成果，就会知道这场战争是完全值得的。"[1]美国学者费约翰（John Fitzgerald）认为，"中国觉醒论"是曾纪泽"于1887年在伦敦首次被表达出来"[2]的。现在看来，费约翰的说法可能并不准确。因为早在1844年，璞鼎查已经在《泰晤士报》上使用过这一词汇了。

但是西方人所期待的"中国觉醒"并没有发生，清王朝依然陶醉在天朝上国的梦幻之中，"大有雨过忘雷之意"。[3]当太平天国运动于1851年兴起之后，尤其是当太平天国对外宣称信奉基督教之后，部分西方人又将希望寄托在太平军身上。1853年，太平军高歌猛进，定都南京，大有推翻清朝之势。在此情景下，1853年11月，英国《旁观者》（Spectator）杂志刊发了一篇关于中国问题的长文，文中写道：明朝是一个比较开放的王朝，清朝则是一个封闭排外的王朝，现在太平军正在不断取得胜利，因此，"有一件事情是可以肯定的：中华帝国正从长期的深睡中觉醒过来（the empire of China is just awakening from the sleep of ages）。中国幅员广阔，资源丰富，定将成为地球上众多商业王国中的重要一员"[4]。不幸的是，太平天国并不是像西方人所渴望的那样是个基督教政权，更加重要的是，到1864年这个政权就被镇压了。这样，西方人寄托在太平军身上的"中国觉醒"也就成为泡影。

但太平天国灭亡后20多年，"中国觉醒"又重新出现在英国的报刊上。所不同的是，这次的"中国觉醒"并不是由西方人一厢情愿提出来的，而是由中国人以充满自信的笔墨亲自表达出来的。太平天国运动结束后，中国的内忧外患不断加剧，李鸿章、张之洞、曾国藩、左宗棠等一批朝廷重臣也清楚地意识到，如果再继续因循守旧、拒绝变革，那么中国就有"败亡灭绝"之危险[5]，于是，决心"自图振兴"[6]。因此从1861年前后开始，以"自强""求富"为目标的洋务运动在中国兴起。曾纪泽是曾国藩的长子，30多岁"试取泰西字母切音

---

1 A reporter, "Sir H. Pottinger in Manchester", *The Times*, Dec. 23, 1844, p.3.

2 ［美］费约翰：《唤醒中国：国民革命中的政治、文化与阶级》，李恭忠等译，北京：生活·读书·新知三联书店，2004年版，中文版序第3页。

3 中国史学会主编，齐思和，林树惠等编：《中国近代史资料丛刊·鸦片战争》，第5册，上海：上海人民出版社，1957年，第529页。

4 "China and The Chinese. NO. II", *The Spectator*, London, Vol. 26, Iss. 1324(Nov 12, 1853)，p.1090.

5《李鸿章全集》第六册，卷十九，长春：时代文艺出版社，1998年，第3806页。

6《筹办夷务始末（咸丰朝）》卷七十一，咸丰十年十一月至十二月，民国十八年故宫博物院影印本，第18页，总页号：6173。

之法，辨其出入而观其会通”[1]，开始自学英语，1878 年奉旨出使英国和法国。1887 年 1 月，清朝外交官、一等侯爵曾纪泽（1839—1890）以“曾侯”（Marquis Tseng）之名，在英国伦敦的《亚洲季刊》（*Asiatic Quarterly Review*）上发表了一篇题为《中国先睡后醒论》（*China, the Sleep and the Awakening*）的文章。

曾纪泽收到在英国《亚洲季刊》发表的《中国先睡后醒论》后，曾让同文馆的一个学生将其译成中文。他在 1887 年 4 月 26 日给马格里的信件中说：“我知道发表在《亚洲季刊》上的那篇文章引起了热烈的讨论，但不知最近的动态如何。我已经让同文馆中的一个学生将其译成中文，不过，只是在私下流传。”[2] 曾纪泽知道，在朝野守旧势力十分顽固的背景下，如果将他的文章译成中文流传，一定会引起激烈的争论。因此，他在中国似乎尽量避谈此事。在他的日记中，甚至找不到与《中国先睡后醒论》相关的任何记载，包括收到从英国寄来的《亚洲季刊》、给马格里回信等事务。由于曾纪泽本人主持翻译的中文译文只在很小的范围内“私下流传”，因此相关译文并没有保存下来，我们也无法得知这篇译文的中文标题。

目前学界普遍认为，曾纪泽的《中国先睡后醒论》“汉译全文在国内的最早传播，则已是 20 世纪初的事了。1901 年（光绪二十七年辛丑）春，上海《格致新报》馆铅印出版何启、胡礼垣的《新政真诠》全本，其初编《曾论书后》之后，附有汉译《中国先睡后醒论》全文，译述者署为‘古沪颜咏经口译、娄东袁竹一笔述’”[3]。但这种观点可能并不准确，被誉为“近代中文第一报”的《申报》，于 1887 年 6 月 14 日和 15 日连载刊发了曾纪泽《中国先睡后醒论》（*China, the Sleep and the Awakening*）中译文，署为“古沪颜咏经口译，娄东袁竹一笔述”。[4]

曾纪泽在《中国先睡后醒论》中认为，在欧洲人看来，由于“中国古昔之盛，与近今之衰，判若霄壤”，因而“遽谓中国即一陵夷衰微终至败亡之国”。而曾纪泽则认为，“中国不过似人酣睡，固非垂毙也”（China was asleep, but she was not about to die）。更加重要的是，曾纪泽还自豪地向西方人宣告：中国已经“觉醒”！他接着分析了中国从酣睡到觉醒的具体过程。曾纪泽认为，中国过去确实曾自我满足，固步不前，“沉酣入梦”。但鸦片战争“略已唤醒中

---

1 曾纪泽：《曾纪泽集》，喻岳衡校点，长沙：岳麓书社，2008 年，第 147 页。

2 Demetrius C. Boulger, *The Life of Sir Halliday Macartney*, p.435.

3 刘泱泱主编：《湖南通史·近代卷》，长沙：湖南人民出版社，2008 年，第 362 页。

4 颜咏经口译，袁竹一笔述：《中国先睡后醒论》，《申报》1887 年 6 月 14 日，第 2 版。

国于安乐好梦（saturnian dreams）之中"，只不过此时的中国依然未能"全醒"（wide awake）。在曾纪泽看来，1860年10月英法联军洗劫圆明园，"焦及眉毛"，于是"中国始知他国皆清醒而有所营为，己独沉迷酣睡"，于是"忽然觉醒"（sudden awakening）。

由于曾纪泽坚信中国已经觉醒，他在文中非常严肃地讨论了这样一个问题："一时俱醒"的中国人，会不会凭借"觉醒"之后的巨大力量去向西方列强复仇？颜咏经等人将这段话译为："中国有三万万人，如一时俱醒，而自负其力，其作事得无碍无中西之和局否？或记昔时之屡败，今骤得大力，得无侵伐他国否？"[1] 曾纪泽的回答是"决无其事！"他的理由是："盖中国从古至今，只为自守之国，向无侵伐外国之意，有史书可证。嗣后亦决无借端挑衅、拓土域外之思。"[2] 之后，曾纪泽以大段文字来论证"觉醒"后的中国是不会"侵伐他国"的。

《中国先睡后醒论》的发表和传播在内地、中国香港及欧美世界，都引起了强烈反响，一些中国人对曾纪泽的观点提出了严厉的批评。其中影响较大的是当时的进步思想家何启（字沃生，1858—1914）。1887年初，他在《德臣西字报》上读到曾纪泽《中国先睡后醒论》的英文原文后，以Sinensis（意为"中国人"，胡礼垣将其译为"华士"）为笔名，投书《德臣西字报》，认为曾纪泽的这篇文章"完全是因果颠倒，混淆本末"[3]。这篇以Sinensis为笔名的文章还引起美国人的注意，1887年3月21日，美国驻华公使田贝写信给美国国务卿贝阿德，专门介绍了这篇署名Sinensis的英文文章，田贝在信中认为，在批评曾纪泽《中国先睡后醒论》的诸多文章中，"这是最重要的一篇"[4]。同年农历五月，另一位广东进步人士胡礼垣（字翼南，1847—1916）将何启的这篇署名Sinensis批评文章译成中文，并且"阐发之，间亦添以己意，涉以喻言"[5]，此译文即著名的《曾论书后》。由于《曾论书后》是经何启本人审阅过的，因此，可以认为这篇译文反映了何启本人的思想和观点。

曾纪泽认为，中国已经觉醒。何启则反问："中国果醒矣乎？"曾纪泽列举出洋务派"整顿海防"之类的举措，作为中国已经"觉醒"的证据。但何启认为，

1（清）于宝轩编：《皇朝蓄艾文编》（一），台北：台湾学生书局，1965年影印本，第243页（原书第34页）。

2（清）于宝轩编：《皇朝蓄艾文编》（一），第243页（原书第34页）。

3 Sinensis, "to the Editor of the China Mail", *The China Mail*, 1887-02-16, pp.2-3.

4 United States Congress: *The Executive Documents of the House of Representatives for the First Session of the Fiftieth Congress (1887-1888)*, pp.203—205.

5 何启、胡礼垣：《新政真诠：何启、胡礼垣集》，郑大华点校，沈阳：辽宁人民出版社，1994年，第70页。

这些举措其实是"以后为先，以本为末"。他写道："以今日中国之所为也如此，而其所欲也则又如彼，是无异睡中之梦，梦中之梦也。侯固曰中国而今既明明奋发有为矣，既明明实力举行矣。吾以此等奋发举行者，如酣睡之人，或被魇而梦里张拳，或托大而梦中伸脚耳。"更加重要的是，何启本人根本不同意用"睡"或"醒"来比喻国家，因为"今夫人睡已则醒，醒已则睡，非睡则醒，非醒则睡，如阴阳之倚伏，若寒暑之代更。而国则不然，有一睡而不能复醒者，有一醒而不致复睡者"，因此，"睡与醒之喻，决不足以明一国也"[1]。

其次，曾纪泽与何启等人对于中国走向觉醒、走向富强的道路选择也不尽相同。《曾论书后》认为曾纪泽提出的"整顿海防、铁甲坚固、战船得力"等不能解决中国目前的问题，真正改变中国，是国家富强要把重点放在公开、公平的政令之上，"所恃者无他焉，公平之政令而已。然则公与平者即国之基址也"[2]，中国要真正走向富强不能只靠技术性的外洋设备，而要建设一个公平、公正、有序的国内环境。与曾纪泽相比，何启等人不仅认识到西洋器械的重要性，还更加认识到西洋制度和西方政治理念的重要作用。

对于曾纪泽的"先睡后醒论"，孙中山在1905年的《民报》发刊词也曾借用"睡"与"醒"之说，以开启民智，激励人心。"翳我祖国，以最大之民族，聪明强力，超绝等伦，而沈梦不起，万事堕坏；幸为风潮所激，醒其渴睡，且夕之间，奋发振强，励精不已，则半事倍功，良非夸嫚。"[3]

对于曾纪泽的这篇文章，英文报刊上出现了两种不同的观点。一种观点认同曾纪泽的观点，认为中国已经"觉醒"。在西方人的眼中，曾纪泽以英文发表文章，然后登载在英国杂志上，这种传达观点和意见的方式比较容易被欧美人士所接受，加上该文经苏格兰人马格里润笔，语言比较流畅，文中以中国正在开展的洋务运动为基础，提出"善待寄居外国之华民""申明中国统属藩国之权"及"重修合约，以合堂堂中国之国体"等政治诉求。英国《旁观者》杂志的一篇文章甚至认为，"曾纪泽此文优雅的魅力，正是中国伟大复兴的标志（most remarkable symptoms）"[4]。《曼彻斯特卫报》的一位通讯记者写道："总的来说，中国人是非常敏捷、机智、聪明的，同时，中国的统治者也从过去的

1 何启，胡礼垣：《新政真诠：何启、胡礼垣集》，第69—102页。

2 何启，胡礼垣：《新政真诠：何启、胡礼垣集》，第73页。

3 黄彦编：《孙文选集》中册，广州：广东人民出版社，2006年，第157页。

4 The Spectator, January 8, 1887, p.34.

经验中获得教训，深知过去的排外行为，不仅是无益的，还会对现实产生危害。在各种力量的推动下，中国走上了进步之路，因此，中国屹立于世界各国之林，也不是什么令人惊讶的事情。……中国的进步可能不快，但中国必将进步。"[1]

当然，英文报刊之中也有不少文章对曾纪泽的观点进行批驳，认为"中国觉醒"言过其实。《北华捷报》的一篇文章认为："《中国先睡后醒论》宣称：中国开始了迈向进步的航程，中国已经强大，并且已经意识到自身的强大。如果此文作者真的是曾纪泽的话，那么，他的这番言论，显然是有其政治目的的。"[2]此外，《北华捷报》的一篇评论尖锐地指出："中国目前吏治腐败，海陆防务堪忧，正在遭受诸多天灾人祸的折磨，而且，在未来很长的时间里还将继续遭受这种折磨。……如果曾侯真的陶醉于他在文章中所宣称的那种幻觉之中的话，那么，这对于他本人及他的国家来说，都是一件坏事。"[3]

曾纪泽的《中国先睡后醒论》一文发表在《亚洲季刊》1887年第一期。但该刊在随后出版的一期（即1887年第二期）上，刊发了两篇长文，都对曾纪泽有关中国已经"觉醒"的论断提出不同意见。第一篇文章的作者是前英国驻华公使阿礼国（Rutherford Alcock，1809—1897）。阿礼国认为曾纪泽的文章"非常值得重视"，承认曾纪泽的"中国先睡后醒论"是一个天才般的创造，但并不认为中国真的像曾纪泽所说的那样已经从过去的失败中获取了教训。阿礼国写道："曾侯以为，在如僵尸般的中华帝国的枯骨里，现在已经焕发出活力，而且，这种强大、旺盛的活力，必将使政府恢复元气、再度振作，并且获得自强不息的灵魂。对中国来说，为了应对目前这种巨大的变局，这种自强不息的灵魂是必不可少的。但是，中国的现状，真的如曾侯所说的那样吗？""中国真的已经觉醒了吗？"[4]此外，阿礼国在另一篇文章中指出，曾纪泽的"中国已醒"是言过其实，在没有政治改革的情况下，率先进行坚船利炮的海防建设，将会导致高估技术的力量，况且中法战争中已暴露出中国的虚弱，但是中国人也发现了自己的优势，即庞大的国土面积带来的战略纵深。[5]对于曾纪泽文中提到在咸丰十年之时，英国帮

1 A Correspondent, "Chinese Politics from the Interior", *The Manchester Guardian*, January 10, 1887, p.6.

2 *The North - China Herald and Supreme Court & Consular Gazette(1870-1941)*, Dec 22, 1887, p.665.

3 *The North - China Herald and Supreme Court & Consular Gazette*, Mar 2, 1887, p.229.

4 Rutherford Alcock, "China and its foreign relations（Ⅰ）", *the Asiantic Quarterly Review*, April, 1887, pp.443-460.

5 "Sir R. Alcock on the 'sleep and the awakening'," *The North - China Herald and Supreme Court & Consular Gazette (1870-1941)*, 27 May 1887, p.569.

助清政府建立水师一事，阿礼国从英国全球战略的视角出发，认为如果沙俄向印度方向进攻，那么英国就与中国联手，从而在亚洲形成一个阻挡沙俄的坚固联盟。

《亚洲季刊》1887年第二期上还有一篇对曾纪泽的观点进行批驳的文章，文章作者正是在中国生活多年的英国新教传教士雒魏林（Willaim Lockhart，1811—1896）[1]。雒魏林指出："曾侯承认中国政府犯过许多错误，但曾侯并没有认识到这样的事实：中国所遭遇的诸多祸难，并不是仅仅由于'沉睡'造成的，而是由于它的狂妄自大。"[2]

曾纪泽的文章还引起美国媒体的注意，《纽约时报》1887年2月18日的一篇文章开篇就引证德国首相俾斯麦（Prince Otto von Bismarck，1815—1898）的话，这位"铁血宰相"对曾纪泽的评价极高，称之为"本世纪最杰出的外交家之一"[3]，文章还认为，曾纪泽在文中的观点实际上就是清政府的政策和未来目标的宣言（the future aims and policy of his government），是代表清帝国官方的政策声明，文中所涉及的问题，都与美国息息相关。曾纪泽的文章还引起美国官方的注意。美国驻华公使田贝（Charles Denby）在向美国国务院的报告中认为曾纪泽的中国"已醒"言之过早，"中国至少还需要一代人的努力，才可能考虑文中提到的问题"[4]。关于曾纪泽在文中提出的"所云有伤体统，即通商各口租界一条，暨今不及备载诸事。若此者，却夺中国地主之权，不能置之不问。今拟于第三次十年换约之期，将此数条废去重立，以免后患"，基于"国谊"而非"败衄"来立约的观点，田贝明确表示不切实际，"废弃条约事宜，费事日久，现在还不在讨论之列。只有当中国完成修订国内的民法和刑法，废除极其残酷的刑罚，西方列强才会考虑取消治外法权"[5]。

对于《中国先睡后醒论》的积极或消极评价，曾纪泽应该也会预料得到。当然，要证明两种观点孰对孰错，不能靠笔墨，而只能靠国家的综合实力。他在

---

1 有学者将 Willaim Lockhart 的名字音译为"罗克赫特"。其实，此人的中文名字是"雒魏林"。参见龚缨晏：《浙江早期基督教史》，杭州：杭州出版社，2010年，第121—125页。

2 Wm. Lockhart, "China and its foreign relations（Ⅱ）", *the Asiantic Quarterly Review*, April, 1887, pp.460-466.

3 "An Oriental Diplomatist: How Tseng's Statesmanship Has Helped China", *New York Times* (1857-1922); New York, N.Y., 18 Feb 1887, p.3.

4 United States Congress: *The Executive Documents of the House of Representatives for the First Session of the Fiftieth Congress (1887-1888)*, China, p.197.

5 United States Congress: *The Executive Documents of the House of Representatives for the First Session of the Fiftieth Congress (1887-1888)*, China, p.197.

写给马格里的私人信件中说道："正如你所说的，我也注意到，在西方，对于中国的良好评价正在形成。我希望中国能够不断进步，这样，西方人的这些良好评价就可以得到证明了。"[1]1890年，曾纪泽因病去世，他可能也未能料到，数年后北洋水师全军覆没的惨剧。对于19世纪60—90年代的清政府而言，洋务运动的兴起在一定程度上延缓了王朝灭亡的速度，但是小修小补的改革，未能实现真正的富国强兵，结果导致中国与当时世界上先进国家的差距越拉越大。

第五节　英国对晚清改革的相关认知

曾纪泽曾在1887年发表的《中国先睡后醒论》中满怀自信地宣称：现在的中国"固与五年前大相悬殊也"，"今如他国再有战事，中国终不至有庚申之祸"！但《中国先睡后醒论》刊出后七年，甲午战争（1894年）爆发，中国战败，被迫于次年签订《马关条约》。自古以来一直是东亚文明中心的中国，被"蕞尔小国"击败，不但颜面尽失，而且被迫割地赔款，"蕞尔小国"日本一跃而起成为东亚强国。与日本交战的失败，深深地刺激了中国广大的士绅阶层、知识分子及部分开明官僚，一场以制度变革为目标的"百日维新"轰轰烈烈地展开，尽管它最后以失败而告终，但这并非就是终点，而是未来一场重大变革的预演。

在《辛丑条约》签订之后，清政府为了挽救已经奄奄一息的政权，在不影响自身统治地位的前提下，进行了一系列的改革，这就是为期十年的清末新政，内容包括鼓励工商、编练"新军"、改革官制、废除科举等重大举措。在西方人看来，这些"新政"举措，正是"中国觉醒"的标志。清政府新政改革一个重要措施，就是废除了延续一千多年、作为中国古代文化重要特征的科举制度，逐步引进西方近代教育制度。英国报刊对此予以很高的评价。英国《泰晤士报》写道："中国正在觉醒，旧的秩序正在逝去"，而中国的未来，取决于教育，因此西式教育在中国的引入及推广，"犹如黑暗中的一束亮光，象征着中国的未来将有美好的希望"。[2]其他多项改革如铁路、军事、官制、宪政等依次铺开，于是乎西方报刊为中国的"觉醒"而热情地齐声欢呼。

---

1 Demetrius C. Boulger, The Life of Sir Halliday Macartney, p.435.

2 A Correspondent, "National Education in China", *The Times*, December 31, 1910, p.5.

在这些报刊之中，比较具有代表性的是英国伦敦的《每日邮报》（*Daily Mail*）。该报从 1906 年 10 月到 12 月，连续发表了以《中国巨人的觉醒》（*The Arousing of the Chinese Giant*）为主标题的系列文章，共计 15 篇，总字数 21355 字。《每日邮报》编辑部在该系列文章前面特地加上了一段按语，其中写道：由于"中国正在前进，在难以计数的中国人之中，正在进行一场悄悄的革命，这场革命，对于整个人类来说都是极端重要的"，所以，他们要专门组织发表这一系列文章。[1]

《每日邮报》这一系列文章的第一篇，标题是《四亿三千万人的觉醒》（*Four Hundred and Thirty Millions of Men Awakening*）。该文认为："在漫长的岁月中，这个龙的国度一直按照自己的方式生活，傲慢而排外，对外部世界的变化无动于衷。几年前，英国人用枪炮迫使中国开放了几个口岸进行通商，但无法使中国人的思想也对西方开放。"但在 1900 年之后，中国发生了"奇迹般"的变化。"中国的巨大变化，无论对于东方来说，还是对于西方来说，其影响远远超过亚历山大东征或拿破仑一世的征战"，因为，"龙的国度如此庞大，能够推动它前进的力量，一定也能影响整个世界"[2]。

显然，《每日邮报》引领了一个新的时代，它在"中国觉醒"形象建构中发挥了重大的作用，1909 年 10 月 4 日《每日邮报》对中国自主修建的"京张铁路"的评价，还被当时中国的本土报界转译，直接影响到中国本土的报界。除了《每日邮报》外，英国的主要报纸《泰晤士报》《曼彻斯特卫报》《每日电讯报》都有十数篇关于"中国觉醒"的标题文章（包括新闻和社论）。无论是从字面意思还是其引申含义来看，"中国觉醒"的形象已经告别那种极其负面的"停滞""黄祸"等刻板化描述，而开始具有积极的成分。

但是"中国觉醒"形象并非一下子就能被西方人所接受，长期以来有关"停滞"和落后的形象依然停留在一些西方人的头脑中。譬如随着改革的推进和留学欧美的中国学生的归国，清政府试图自主修建铁路，铁路修筑计划却遭到了一些欧美人的嘲讽，在他们眼中的中国一直以来都是科技落后，修筑铁路这种高科技中国人绝对办不到。西方人的冷嘲热讽在中国的中小学教科书中也有体现，小学语文教材《詹天佑》有这样一段原文：

---

1 "The Arousing of the Chinese Giant"，*Daily Mail*, October 23, 1906, p.6.

2 F. A. Mckenzie, "Four Hundred and Thirty Millions of Men Awakening"，*Daily Mail*, October 23, 1906, p.6.

1905 年，清政府任命詹天佑为总工程师，修筑从北京到张家口的铁路。消息一传出来，全国轰动，大家说这一回咱们可争了一口气。帝国主义者却认为这是个笑话。有一家外国报纸[1]轻蔑地说："能在南口以北修筑铁路的中国工程师还没有出世呢。"原来，从南口往北过居庸关到八达岭，一路都是高山深涧、悬崖峭壁。他们认为，这样艰巨的工程，外国著名的工程师也不敢轻易尝试，至于中国人，是无论如何也完成不了的。[2]

但事实上，中国人主要依靠自己的力量，京张铁路最终还是修筑成功了，并于 1909 年正式通车。英国皇家学会《地理学杂志》那种"斩钉截铁"的预言被认为是一个历史笑话。尽管有英国皇家《地理学杂志》的冷嘲热讽，但是当时英国发行量最大的日报——《每日邮报》与英国皇家《地理学杂志》的看法完全相反，该报对中国自主研发、设计和修筑的京张铁路的开通十分惊叹，认为这是"中国觉醒"的标志性事件。《每日邮报》在报道中写道："一直以来，不断有人向世界发出'中国觉醒'的警讯，而且，'中国觉醒'被认为会带来咄咄逼人的威胁，可事实上，世界几乎看不到中国觉醒的证据，结果，许多人认为，这种警讯其实是虚假无据的。"现在，中国人"既没有依靠欧洲的技术人员，也没有利用欧洲的资金"，"自己设计、建造"了京张铁路，所以，"这条铁路向世界表明，中国正在觉醒"。驻北京的英国公使甚至认为，"京张铁路的建成，不仅在中国历史上具有划时代的意义，而且，在世界历史上也具有划时代的意义"[3]。

长期在中国生活、曾任京师大学堂总教习的美国传教士丁韪良，对清政府的"新政"更是赞美有加，并于 1907 年专门出版了一部题为《中国的觉醒》（ *The Awakening of China* ）的著作。此书序言第一句就是："我们这个世界（the globe）上最为伟大的运动（greatest movement），正在中国这个舞台上上演。"[4]近代日本著名记者河上清在美国发表的英文文章中，同样认为清朝的新政改革

---

1 文中的"一家外国报纸"经笔者多方查证，实际上应为英国皇家学会《地理学杂志》（The Geographical Journal），现将这个流传了数十年的说法做一个补充。原文详见 1905 年的 The Geographical Journal,Vol.29. p.290. 英文原文为 "In my opinion the Chinese engineer who, without foreign assistance, will build a line of rail in the best and most economical way from Hankow to Ch'eng-tu, or through the Nan-k'ou pass, or Hü Ho valley to Kalgan, is not yet born."

2 《詹天佑》，九年义务教育六年级《语文》上册，人民教育出版社，第 18—19 页。

3 "A Chinese Cheap Railway"，*Daily Mail* (London, England), Monday, October 04, 1909; p.6; Issue 4207.

4 W. A. P. Martin, *The Awakening of China*, London: Hodder & Stoughton, 1907, p. v.

"准确无误地表明，中国经过长期的昏睡之后，现在终于觉醒了"。不过，河上清还审慎地写道："中国几乎拥有世界上三分之一的人口，在几个世纪中，中国一直处于僵化呆滞的状态，要指望这样一个国家在一天之内就能摆脱此种状态，这显然是不可能的。只有经过几代的人努力，中国才能脱胎换骨。但是，毫无疑问，中国已经开始脱胎换骨了。"[1]

1887年初，当曾纪泽卸任驻英公使一职并返回北京之时，伦敦的《亚洲季刊》发表了他的《中国先睡后醒论》，该文郑重地宣布中国已经觉醒。巧合的是，1910年7月，卸任驻美公使等职的伍廷芳（字文爵，1842—1922）刚回到中国之时，美国的一份杂志也发表了伍廷芳的一篇英文文章《中国觉醒的意义》(*The Significance of the Awakening of China*)。在这篇文章中，伍廷芳同样宣称中国已经觉醒。他认为，中国古代还是有优良的制度的，但是由于时代变化，中国也必须进行改变，在过去的数年之中，中国上上下下都已经开始行动起来，中国觉醒了（awakened and aroused）。[2]虽然伍廷芳在美国的杂志上满怀信心地宣告中国"上上下下都已经觉醒"，但实际上，当这篇文章发表时，他已经对清政府十分失望，回国后不久就暂时退隐。武昌起义之后，伍廷芳参加到南方革命势力一方，还表示赞成共和体制。

清末新政虽然最终没有取得预期成果，但总的来看，新政改革是"中国社会由传统向现代转型的一个关键时期"[3]，清末新政时期的改革涉及社会的方方面面改革，对传统体制的冲击很大。清末新政时期的"抵制美货""速开国会"等运动还促进了广大民众政治意识的觉醒。

19世纪末20世纪初，中英之间的交往进一步扩大，来华的英国人日益增多。在华英国人之中，既有人跋山涉水，探寻中国古老而又充满魅力的文明，也有人对中国人民的反帝反封建行动表示理解，当然还有部分英国人甘心为帝国主义和殖民主义驱使，加紧剥削和压迫中国人民。在英国社会和英国报刊有关中国的描述中，既有对中国这个古老文明革新和发展的希冀，也有对中国不幸遭遇的同情，更少不了对清末中国社会的丑化和嘲讽，这些共同构建了一幅丰富多彩的中国形象图景。

1　K. K. Kawakami, "The Awakening of China", *The North American Review*, Vol. 183, Iss. 5(Oct 5, 1906), p.659.

2　Wu Ting-Fang, "The Significance of the Awakening of China", *The Annals of the American Academy of Political and Social Science*, Vol. 36, Supplement: Commercial Relations Between the United States and Japan, July, 1910, pp.27-31.

3　崔志海：《国外清末新政研究专著述评》，《近代史研究》，2003年第4期。

在这种多样化的形象图景中，一种"清新鲜活"的中国形象尤为突出，因为在这一形象之中，蕴藏着中国人民走向真正觉醒的力量。鸦片战争之后，外国人来华游历，他们不仅仅到通商口岸城市，还深入内地，甚至是西北和西南极其偏僻的乡村，留下了数量众多的游记、日记和小说，许多人声称他们发现了另外一个中国，在"远离那些衰微与疲惫的高雅文化（effete high culture）的偏远地区"，外国人发现许多保留了"质朴和刚毅的气概（pristine manliness）"[1]的中国民众。英国著名女性旅行家和画家——苏格兰人戈登·卡明（Gordon Cumming，1837—1924）在她的《漫步中国》中写道，中国西部地区那些以舢板为家的河上"漂流族"（house-boat），也比她所知道的英国低俗的底层船夫要文明的多，而在乡村中国，待在仅仅花上半个便士的茶室（tea-hall），比在英格兰的豪华酒店还要舒服，此外，她还认为中国人在某些方面是要胜过西方的野蛮人（barbarians for the west）。[2]

这种具有浪漫主义以及"乌托邦"气质的中国形象在清王朝终结以后依旧被传承了下来，部分西方人将视角转向农村，转向偏远的地区，而正是这些地区，在历史大潮的洗礼下，逐步转变为中国新民主主义革命运动中的决定性力量。赛珍珠的《大地》中透露出质朴的大地、诗意的中国形象影响和感染到了美国及欧洲的许多人。20世纪30年代美国记者埃德加·斯诺的《红星照耀中国》向全世界展示了一个在西北偏远的、条件恶劣的农村地区艰苦奋斗的中国，一个在中国共产党领导下，充满希望、充满活力的中国。

本章小结

英国是由几个悬于欧洲大陆西端的群岛组成的岛国，英国与欧洲大陆国家的交流是比较多的，但英国由于历史、地理和文化心理上的原因，与欧洲大陆相比又有其独特的一面。英国的中国形象并非固定不变，而是具有明显的延展性、变动性和可塑性，而且有些时候相互对立的形象也能彼此共存。这也使得以一

---

1 John Fitzgerald, *Awakening China: politics, culture, and class in the Nationalist Revolution*, Stanford: Stanford University Press, 1996, p.135.（该书已有中文翻译版本，［美］费约翰：《唤醒中国：国民革命中的政治、文化与阶级》，李恭忠等译，北京：生活·读书·新知三联书店，2004年版。）

2 Constance Frederica Gordon-Cumming, *Wanderings in China*, Edinburgh and London: W. Blackwood, 1888, pp.178-179.

个固定的框架去分析和审视英国的中国形象变得十分困难，而必须要在英国的历史、文化、社会背景甚至包括国家认同等心理层面来探究这一问题。

在关注和探讨中英接触的历史进程中，笔者有以下三个方面的体会。首先，从英国对中英直接接触的动机上看，主要是以商业贸易利益为主，其他政治利益为辅，但伴随着商贸利益的扩大，英国相关政治利益的卷入也越来越深。其次，从知识的获取角度来看，英国注重直接经验，在近代早期，英国常常抛弃西、葡等殖民扩张先发国家的已有经验，而企图另辟蹊径，"契丹计划"就是一个明显的例子。最后，英国在寻求与中国发展关系的时候，多次试图通过与最高统治者的接触，从而建立紧密的关系。16世纪的英格兰女王伊丽莎白一世先后给中国皇帝三封国书，18世纪末马戛尔尼相当高调地携带英王乔治三世致大清乾隆皇帝的国书出访中国等，都说明英国在寻求与中国发展关系之时，试图建立某种共性，即中国的皇帝和英国国王都是各自国家的统治者，理应互通贸易，友好往来，以促进社会繁荣，增进人民福祉。

从有关中国信息的传播媒体来看，从18世纪末19世纪初期开始，中国才开始真正进入英国报刊的视野。自马戛尔尼出使中国之后，英国的报纸和杂志开始出现关于中国的长篇报道。从早期个别人的游记、日记、小说到19世纪中期之后广泛传播的近代报纸和期刊，社会大众越来越多地了解到中国事务。报刊中的中国形象不是也不可能等同于中国的实际，但是英国报刊对中国形象的塑造和建构也不能脱离于他们的时代，英国人自身的宗教观念、帝国观念和国家认同观念等都是需要重点考虑的因素。

小说、报纸、刊物、游历文本、传教士报告和其他一手材料等帮助英国人形成了关于中国和中国人的看法或形象。英国对中国的认知通常会受到首因效应的影响，无论是媒体信息的生产者，还是媒体消费者，预先存在的中国形象和意义系统是他们感知和描述中国事务的基础。英国有关中国的"先入之见"或者"原有的形象"会影响英国对中国的理解，简而言之就是根据最初接触到的信息形成对以后中国的评价和看法。对于20世纪初期的英国来说，一方面他们根据已经存在的中国认知来理解中国所发生的事；另一方面，20世纪初期中英双方社会历史环境的变化，又导致有关中国的形象发生转变。

第二章 言说中国：英国地缘文明视野下的「他者」

自 1840 年之后，旧中国留给国人的是积贫积弱、忍辱负重的印象，唐德刚曾言："我民族的历史走进那清末戊戌年代，已经是积重难返；国家机器已全部锈烂，无法修复。社会亦已至癌症末期；病入膏肓，医药罔效。"[1] 知名学者马克垚认为："明清两代的统治使整个中国，包括统治阶级、知识分子和普通民众，都以天朝大国自居，不知外部世界，陷入保守落后，无法自拔的境地。"[2] 清末时期中国果真若此，无可救药乎？

19—20 世纪之交，也就是义和团运动前后，中国的国际形象一时跌入低谷。但是仅仅在数年之后，英国主流报刊关于中国的报道中，却出现了一批全新的词汇，那就是"中国的前途"（The Future of China）、"中国的觉醒"（The Awakening of China）、中国人的中国（China For The Chinese）等，为什么会出现这样一批全新的词汇？这种话语结构表征了哪些意义？

报刊新闻不同于历史，报刊中反映的历史只是历史长河中的一个切面。但是随着时间的流逝，过去的报刊新闻材料却成为重要历史现象的研究线索，也是对重大历史事件进行分析的文本材料。1902—1912 年，既是清王朝最后的统治时期，也是中国社会发生重大转折的历史时期，多种社会思潮、时代风尚、革新人物、重大事件互相交织。这一时期还有一个重大的时代主题就是变革，清政府在政治、经济、军事、教育、文化、外交及司法等几乎所有的层面，都进行了相关的改革，改革不但涉及政权顶层设计，也关乎市井小民日常生活。

表 2.1　英国主要报刊关于"中国觉醒"的报道数量统计表（1902—1912 年前后）[3]

报纸和期刊名称	标题为"中国觉醒"	文章涉及"中国觉醒"
《泰晤士报》	10 篇	36 篇
《每日电讯报》	13 篇	45 篇
《每日邮报》	11 篇	25 篇
《经济学人》	1 篇	6 篇
《金融时报》	2 篇	9 篇
《伦敦新闻画报》	5 篇	8 篇
《曼彻斯特卫报》	4 篇	438 篇
《旁观者》（周刊）	3 篇	44 篇
《当代评论》（季刊）	1 篇	38 篇

---

1 唐德刚：《晚清七十年之叁：甲午战争、戊戌变法》，台北：远流出版事业股份有限公司，1998 年，第 230 页。

2 马克垚：《我国世界史学科建设的回顾与展望》，《经济社会史评论》，2015 年第 1 期。

3 以上统计中商业广告（包括书讯广告）已经去除。

从表格 2.1 中可以看出，20 世纪初开始，"中国觉醒"形象开始出现在英国主流报刊之中，并形成一定的报道规模。既有一定的广度，如英国主要的报纸和重要的期刊都有相关报道；也有内容上的深度，如英国《每日邮报》从 1906 年 10 月到 12 月期间，相继发布该报资深记者麦肯齐（F. A. McKenzie，1869—1931）的 15 篇长篇连载，标题为《中国巨人的觉醒》（*The Arousing of the Chinese Giant*），共计字数 21355 字，内容涉及当时中国改革的成就、爱国意识的增强、清政府中的改革派、中国女性的新风貌、传教士事务、中英关系、英国的在华地位和利益、列强在中国的争夺等。

20 世纪初期，中国面临严重的民族危机以及边疆危机的严峻局势深深刺激到广大民众，对外国侵略者的反抗和对清政府腐朽统治的不满相互交织，清朝统治者为了维护其统治地位，也试图进行改革，到 1905 年前后，清政府的改革已逐步推进到制度和体制层面，在英国和其他欧美国家都引起较大关注。无论是清政府派遣朝廷重臣出洋考察，还是中国再次严厉查禁鸦片，英国主流报刊保持了它一贯的新闻敏锐性，精确地捕捉到了中国国内的变化和新气象，并进行了跟踪报道。英国主流报刊以"他者"之眼来观察和审视中国，为英国公众建构了一个"停滞、落后、守旧"的中国正在"觉醒"的形象。

在国内关于近代"中国觉醒"的研究中，主要是将其作为亚洲人民反对帝国主义的资产阶级革命的一部分来论述的，或引述无产阶级革命导师列宁有关"资产阶级民主民族运动"的经典论断，将"中国觉醒"界定为 20 世纪初期"亚洲革命风暴"的一部分。[1] 还有部分学者认为"中国觉醒"就是近代中国不断探索民族振兴之路以及爱国主义、民族主义和世界主义意识的增强。[2] 对西方人眼中的"中国觉醒"的研究相对较少，关于美国传教士丁韪良的"中国觉醒"观念的研究，主要是论述"中国觉醒"观的积极因素或正面因素。[3] 20 世纪初期，英美视野中的"中国觉醒"并非正面或负面这样简单的两分法，在以英国主流报刊为代表的西方媒体看来，"中国觉醒"绝对不是对中国的大唱赞歌，而是具有多种维度。

---

1 林承节：《论二十世纪初亚洲的觉醒》，《北京大学学报》（哲学社会科学版），1982 年第 5 期。

2 郑大华：《中国近代民族主义与中华民族自我意识的觉醒》，《民族研究》，2013 年第 3 期；宋志明：《中国近代民族主义与民族精神的觉醒》，《史学月刊》，2006 年第 6 期；刘学照：《略论近代中国的民族觉醒》，《天津师大学报》（社会科学版），1994 年第 6 期。

3 黄秋硕：《试论丁韪良"中国觉醒"观念的形成》，《福建论坛》（人文社会科学版），2011 年 11 期。

第一节　20 世纪初英国有关中国认知的转变

20 世纪初期，清政府在面临严重的边疆危机及民族危机的情况下，开始迈出了改革步伐。在改革过程中，清政府改革不可避免地要引进西学，对英国而言，中国逐步向西方学习技术、科学、教育、工业甚至是政治制度，采用西方文明的精华，这不可避免地导致中西交往的观感发生变化，其间也会有交涉和抗争，但是中西之间交往的总体观感趋向柔和，良性的互动交往开始增多。在英国主流报刊眼中，中国大量引进西学的改革运动，将扩大英国的影响力，而中国向君主立宪制度迈进也明显增强英国人对本国君主制度的自信心。有鉴于此，在那些对中国持积极态度的英国人看来，中国是可以被"教化"的，是应该同情、支持和鼓励的。这一方面显示出自鸦片战争以来，西方人眼中负面因素占据主导的中国形象出现瓦解；另一方面也说明，此时的中国形象并非明显是负面的，也不是明显正面的，而是呈现出多元的态势。这种情形通常意味着原有的刻板形象开始松动，但尚未有新的形象取得明显的主导地位。

一、19—20 世纪之交的"黄祸"论

19 世纪末期，欧洲殖民帝国主义者炮制了所谓的"黄祸"论（Yellow Peril）[1]，这是对东方民族的一种蔑称，主要针对的国家是中国和日本。俄国无政府主义鼻祖巴枯宁（1814—1876）可能是"黄祸"论的始作俑者，他于 1873 年出版的《国家制度和无政府状态》一书中抛出了所谓"来自东方的巨大危险"的种族主义论调。这一论调在当时欧洲颇具影响力的政治人物德皇威廉二世的大力渲染之下，开始形成"黄祸"论，并流毒于欧美世界。19 世纪末 20 世纪初，中国内部的动荡局势及部分外国人受到攻击的事件更是导致这一时期的"黄祸"论调主要指向中国。

---

1 "黄祸"论，是成形于 19 世纪末期的一种极端民族主义理论。"黄祸"一词是由德意志第二帝国皇帝威廉二世（Friedrich Wilhelm Viktor Albert von Preußen, 1859—1941）于 1895 年最早提出来的。中日甲午战争时期，威廉二世在与沙皇俄国皇帝尼古拉二世（Николай II Александрович, 1868—1918）的通信中大谈东方"黄祸"的威胁，捏造所谓亚洲黄种人将会进攻欧洲的危险。"黄祸"论大肆宣扬黄种人是白种人的威胁，这是一种赤裸裸的种族主义论调。19 世纪末 20 世纪初，"黄祸"论甚嚣尘上，矛头针对中国和日本等亚洲国家。可参见 John C. G. Röhl, *The Kaiser and His Court: Wilhelm II and the Government of Germany*, Cambridge& New York: Cambridge University Press, 1994, pp.203-204.

1900 年前后，中国北方的局势持续动荡。1900 年 6 月以后，由于沙俄经过张家口到北京的电报线路被切断，欧洲人经过天津到北京的电报线也失去作用，致使整个欧美世界关于北京的真实消息十分稀少。信息的匮乏给予英国报界极大的自由发挥空间，许多报刊在自身缺乏可靠消息来源的情况下，大肆转载别人的各种消息，这一时特殊时期，关于中国的报道几乎都被谣言和不实消息淹没。1900 年 7 月 16 日，英国发行量名列前茅的《每日邮报》在没有切实消息来源的情况下，发布了一篇极具"想象力"的报道，这篇报道还被《泰晤士报》等知名报纸转载和引用。报道是这样描述在北京的欧洲人的"最后时刻"：

> 6 日的晚上，一切最终来临。但是到目前为止，相关细节较少，唯有之后的历史学家们去完善了。在端王载漪的指挥下，团民有步骤、有规划的发起攻击，并持续炮击了两个小时，最终才敢向前推进。但是在英雄的守卫者沉稳的抵抗之下，团民们四散逃窜，只敢在欧洲人火力范围之外重新集结。之后在庆亲王奕劻的善意安排之下，攻势有所减缓，但是他很可能受伤了或被杀，所以凶猛的进攻又一次来临。使馆守卫者们一次又一次击退敌人的进攻，但是最后，命运扼住了他们的咽喉，他们在使馆的废墟上继续战斗到最后一刻，直到在数量上完全被敌人压垮，剩下的人则拔出了自己的剑。
>
> ——《每日邮报》1900 年 7 月 16 日 [1]

《每日邮报》在 1900 年 7 月 16 日的这篇新闻报道充满了想象力，甚至具有强烈的文学色彩，已经大大偏离了报刊的专业性和事实性，据称该报为了不让热心的英国读者失望，在信息极度匮乏的情况下，主要依靠想象力，来发布使馆被围的消息和西方人的"最后时刻"。

《泰晤士报》则在 1900 年 7 月 17 日引用了头一天《每日邮报》的内容，但是进行添油加醋地改编和夸大：

> 在北京发生的消息实在令人悲痛，所以直到今天我们才发出讣告，来悼念那些未能离开北京的英国人。很多人仍然抱有一丝侥幸，这是可以理解的，尽管希望十分渺茫。他们本来是可以逃脱这个可怕的宿命，我们（指英国）不愿意采取切实有效的行动，在对方不断增强军事力量的情况

---

1 "Murder Most Foul", *Daily Mail* (London, England), Monday, July 16, 1900, p.4, Issue 1321.

下，英国人的结局可想而知了！

如今的北京，英国人以及整个欧洲人的社区，都不复存在！

随着时间的流逝，那些天真的幻想应该被抛弃掉了。昨天，副外交大臣在议会下院接受质询时，竟然对这一可怕的"事实"持怀疑态度，这是多么的愚蠢和怯懦！！ [1]

不久之后，使馆区被围困的状态结束了，《每日邮报》和《泰晤士报》的社论和新闻被认为是一种谬误，然而这一谬误的背后，对中国的刻板形象却一直在发挥影响。罗伯特·道格拉斯（R.K. Douglas）长期为《爱丁堡布莱克伍德》杂志撰稿，1900 年的时候他也根本不在中国。但他仍然凭借想象力这样描述使馆区被围的，"成群结队的义和团战士最终冲破了围墙并蜂拥而入，但是战斗并没有就此结束，少量的幸存者肩并肩，面对着难以计数的敌人，他们坚持战斗到最后一人（fought until the last man was cut down）" [2]。

1900 年夏天，大约一个月左右的时间，北京与外界失去联系。对于英国的主流报刊而言，在直接信息极度匮乏的情况下，原有的刻板形象就有了极大的运作空间，英国报刊对华报道就呈现为一种"黄祸"的论调。《泰晤士报》《每日邮报》的新闻和社论，《爱丁堡布莱克伍德》杂志的长篇文章，英国人和其他欧洲人都被描述为"勇敢的""顽强的"和"具有战斗精神的"，而当时的中国人则被刻画为"野蛮的""残忍的"等，这种对立分明的表达不仅是当时欧洲帝国主义意识形态的直接反应，它还表征了一种文明或文化上的关系，即"文明的"和"野蛮的"之间的对立。

随着列强武力侵占天津和北京，英国报刊开始了铺天盖地的"黄祸"论宣传。《每日邮报》将中国人描述成为"有史以来最恐怖的吃人恶魔" [3]，《康沃尔郡人报》称中国的义和团运动为"野蛮和残忍的反对文明世界的暴动" [4]，《英国画报》将列强的武装入侵称为"扑灭黄种人怒火的正义行动" [5]。《西部邮报》《北威尔士消息报》《英国东北部每日公报》《大预算报》《每日邮报》《开心一刻》

---

1 *The Times* (London, England), Tuesday, Jul 17, 1900, p.9, Issue 36196.

2 R.K. Douglas, "Distracted China—Ⅱ", *Blackwood's Edinburgh Magazine* (London: William Blackwood and Sons, Edinburgh; and 37 Paternoster Row.), August, 1900, pp.292-293.

3 *Daily Mail* (London, England), Saturday, June 23, 1900, p.4, Issue 1302.

4 *The Cornishman*（Penzance, England）, Thursday, June 28, 1900, p.7, Issue 1147.

5 *The Graphic* (London, England), Saturday, July 21, 1900, Issue 1599.

周刊直接以赤裸裸的"黄祸"（The Yellow Peril）作为文章的大标题。[1] 这些关于中国的"黄祸"论形象的渲染和叙事，企图合理化帝国主义列强对中国的入侵行动。

二、20 世纪初期中国的革新运动

义和团运动时期，中国人民与帝国主义列强展开搏斗，给当时的帝国主义列强以沉重打击，清政府统治当局为了维护统治，也深知旧体制已经无法继续下去，慈禧太后在上谕中也明确指出"取外国之长，乃可补中国之短；惩前事之失，乃可作后事之师；欲求振作，当议更张"[2]。清政府最高统治阶层开始推进改革，到 1905 年五大臣出洋考察之后，清政府又宣布"预备立宪"，从原有的修修补补到制度变革，清政府的改革逐渐走入深处。

1902 年以后，随着清政府内部改革的持续，以及这一时期中国和西方列强之间关系的相对缓和，"黄祸"论就显得比较低调，但是，它并没有消失，而是以一种潜藏和难以辨别的形式汇入一种全新的话语——"中国觉醒"话语之中。

这一时期传教士和教会更倾向塑造一个积极的中国形象。美国学者加纳（John B. Gardner）认为："义和团的发生，使得传教士遭受到很多批评，他们被认为是侵略者，应对义和团负责。"[3] 在英国的情况也类似，部分人认为正是传教士在传教过程中依仗条约保护，没能公平和公正地处理各类教民矛盾，才会导致中国的底层民众对外国人的怨恨日甚一日，最终一发不可收拾。

表 2.2 1902—1912 年清末民初的重大事件

年份	重大事件
1902	清朝政府颁布了《钦定学堂章程》，亦称"壬寅学制"。
1903	清政府设立练兵处，向全国推行编练"新军"。清政府在北京创设商部，奖励发展实业。

---

1 "Yellow Peril Expected To Fizzle Out", *Western Mail* (Cardiff, Wales), Thursday, June 21, 1900, Issue 9695 ; "THE YELLOW PERIL", *The Wrexham Advertiser, and North Wales News* (Wrexham, Wales), Saturday, July 07, 1900, p.5; "THE YELLOW PERIL", *The North-Eastern Daily Gazette*(Middlesbrough, England), Tuesday, July 10, 1900; "THE YELLOW PERIL", *The Big Budget* (London, England), Saturday, July 14, 1900, p.70, Issue 161; "THE YELLOW PERIL", *Pick-Me-Up* (London, England), Saturday, July 14, 1900, p.iii, Issue 615; "The Real Yellow Peril", *Daily Mail* (London, England), Saturday, July 21, 1900,p.4, Issue 1326.

2《清代外交档案汇编》：外交档案文献 / 清季外交史料之西巡大事记 / 卷三 /（外交档案文献），第 34 页，总页号：35962。

3 王静：《觉醒的中国：传教士眼中的清末新政》，《中国社会科学报》，2012 年 8 月 15 日，第 A05 版。

年份	重大事件
1904	清政府颁布《重订学堂章程》，详细规定各级学堂的章程和管理制度。颁布了《陆军学堂办法》，计划在全国编练"新军"，计 36 镇。
1905	清政府下令废除科举制度，设立学部，鼓励国人出洋学习。五大臣出洋考察。
1906	清政府颁布《仿行立宪上谕》。当年九月宣布将在十年内禁绝鸦片。
1908	清政府颁布《钦定宪法大纲》。光绪和慈禧先后去世。
1910	10 月，议会雏形机构资政院成立。各省咨议局代表先后三次发起声势浩大的速开国会请愿活动。
1911	5 月，筹组首届内阁。10 月；武昌起义爆发。11 月，颁布《宪法重大信条十九条》。
1912	1 月，孙中山就任中华民国临时大总统。2 月，清帝退位。

　　教会刊物率先对清政府的改革动向表示乐观。1901 年 1 月，《教务杂志》的一篇社论对当时中国国情做出如下分析："中国正在进行影响历史进程的大事件（history has been made in China），甚至整个世界都将参与进来。中国已经走入了一个新的纪元而不可能再走回头路了。基督教和近代文明连同其他进步力量，已然降临到中国身上。"[1]1905 年 9 月，清政府发布"上谕"，宣布废除在中国延续了一千多年的科举制度。这一重大举措在传教士看来，"自从公元前 180 年的汉朝以来，没有哪项制度能像科举制（examination for degrees）一样声名显赫。这项历史悠久制度的废除没有遭到明显的抵制，尽管当今官场上的名士也大都凭借科举制度作为进身之阶，他们似乎应当对这一制度恋恋不舍才是，但他们之中鲜有人公开抗议，因此，这种情形也是证明新思潮（new ideas）对中国影响之深的最好案例"[2]。自 1902 年开始，新纪元、新精神、新开始、新气象等具有革新和变革意义的词汇就经常出现在教会刊物上，当然也更多地出现在英国的主流报纸和刊物上。

　　《泰晤士报》较早地敏锐地捕捉到中国内部的变化，1903 年 8 月 13 日《泰晤士报》以《少年中国》（*Young China*）为标题报道了中国的改革运动。

　　大多数在中国的外国人，不过是把改革派当作是滑稽可笑的、在政治上无所作为的一批人，他们常常在"做"与"不做"之间争论不休。改

---

1 "Editorial Comment", *The Chinese Recorder*, January 1901, Vol. XXXII, Issue 1, p.52.

2 "Notes", *The Chinese Recorder*, October 1905, Vol. XXXVI, Issue 10, p.516.

革过程中他们有许多复杂的因素要考虑，意见和政策又经常发生改变，所以一时也很难得出明确的结论。

……

但不管怎么样，"少年中国"派比起那些普通的办事员和教会学校的学生，做事更加出色一些。由于某些原因，近来改革派的表现与他们的爱国热情让许多人都深感吃惊。

我再次特别指出，最近在上海由中国人发起、组织、召开的公共集会上，改革派们大谈在广东、广西和满洲的形势以及最新时局。中国人自发集会并谈论政治问题，这当然是一种新思潮，也标志着一个全新的开始。

……

在今日中国的革新运动中，并没有什么明确的迹象可以看出他们是在倒退，事实与之相反。[1]

1905 年，在日俄战争后，中国国民深受刺激，朝野震动，数月之间，立宪之议遍于全国。1906 年 2 月 12 日，《泰晤士报》认为，"俄国败于日本这一事件所产生的效应，目前正在中国上上下下得以完全展现。人们的心态经历了一次非同寻常的转变，一向隐忍、怯懦的亚洲人，会猛然间意识到，西方世界已经不再是不可战胜的了。这一现实情形在刹那之间，唤醒了中国的民族本能（national instinct），也唤醒了中国国策的表达方式，那便是，中国是中国人自己的中国（China for the Chinese）"[2]。英国报刊眼中的"中国人的觉醒"运动也表明：日俄战争后，国人的民族主义意识开始苏醒，英国报刊对华形象的叙事也从"黄祸论"逐渐地向"中国觉醒"话语转变。

第二节 言说中国：英国主流报刊的话语模式

本书拟从语篇建构、篇章句式和词汇选择三个层面来展开分析，探讨纸媒体语言使用者使用的语言及话语建构与意识形态建构的关系。英国报刊文本中通过语言途径来建构身份、意义及政策。话语分析通常包含几个不同的分析层面，在语篇层次我们主要分析整个语篇的宏观和整体上的意义，即"主要谈论什么

---

1 "Young China", *The Times* (London, England), Thursday, Aug 13, 1903, p.2.

2 *The Times* (London, England), Monday, Feb 12, 1906, p.8.

具体内容，行为体如何叙述这些内容"[1]，语篇叙述会起到某种框架的作用，起到将某种特定意义传达给言语对象的作用。

篇章句式的构成规则实际上也是一种结构上的分析方法，对报刊篇章进行结构分析，找出话语连贯或叙事结构的规则，分析话语的语言成分，通过考察这些成分的叙事手法，来探讨如何构建更高层次的结构及搭建意义上的连贯性。

最后是对词汇网络的分析，"词汇的选择对定义语境、塑造身份起关键作用，能够赋予相关的话语主体、客观事物、行为体特殊的意义"[2]，通过对英国主流报刊关于"中国觉醒"相关词汇的分析，发现它们一定程度上也结成了一个词汇网络，这个网络最终帮助报刊文本与读者之间形成某种共享观念，并传达特定的意义。

一、语篇建构

语篇分析侧重考察语篇的总体框架和组织结构原则；语境因素则是通过具体的语言点和细节之处来传达各种语义。两者的着眼点不一样，前者相对宏观，后者常常从微观与细微之处来理解。此外，对语篇的分析和解读，只有将它放置于主体所处的特定历史语境中，才会得到比较清晰的认识。

从语篇内容来看，英国主流报刊关于中国的"觉醒"话语主要有以下四个意蕴。

第一，"觉醒"的中国应该沿着西方文明的道路发展，且应该接受西方的"指导"。

早在 19 世纪 50 年代，英国著名哲学家和经济学家约翰·斯图尔特·密尔认为，中国数量庞大的人口，辛勤劳作，一定程度上还颇具学识，他们本来应该在世界上处于领先地位的，但是恰恰相反，中国人维持数千年的停滞状态。约翰·斯图尔特·密尔接着指出，如果他们（指中国人）希望有所进步，那也必须在外国人的指导下（by foreigners）才能取得。[3] 1907 年 10 月 23 日，《曼彻斯特卫报》认为西方文明在中国将享有巨大的发展机会，如果他们（指西方社会）够聪明的话，应该最大限度地抓住并运用它们的实力来达成目标。[4] 1909 年

1　孙吉胜：《"中国崛起"话语对比研究》，北京：世界知识出版社，2015 年，第 13 页。

2　孙吉胜：《"中国崛起"话语对比研究》，北京：世界知识出版社，2015 年，第 14 页。

3　John Stuart Mill, *On Liberty*, London: John W. Parker and Son, 1859, p.129.

4　"China and Missionary Effort", *The Manchester Guardian* (1901-1959), 23 Oct 1907, p.5.

10 月 7 日，《泰晤士报》的一篇文章援引迈耶牧师（F. B. Meyer）的话，"在经历许多个世纪的昏睡之后，中国终于迎来了伟大的觉醒，并下定决心向西方学习。如果我们不竭尽所能，'西化'（westernize）中国，那么它将会重新'东方化'（easternize）"[1]。

第二，英国的主要报刊认为，中国希望学习西方的物质文明（技术和科学），但是不要基督教，这将是十分有害的。在英国主流报刊话语中，"觉醒"的中国不应该只是学习西方世界的技术和科学等物质层面的东西，而是要精神世界的基督教化。不仅是教会刊物，英国的大众媒体《泰晤士报》《曼彻斯特卫报》等也都认为，中国的确在引进西学（western learning），但基督教也是西学的重要组成部分，英国人（包括传教士）要重视基督教的教化作用。

1907 年 10 月 23 日，《曼彻斯特卫报》认为，在可以预见的将来，中国将会在基督教精神（christianity）和物质主义（materialism）之间做出选择。[2] 1909 年《泰晤士报》在一篇标题为《中国觉醒》的文章中更加直接地提出所谓的"解决方案"，这篇文章认为，"在科举制已经被完全废除的今天，中国需要兴办更多的学校。在中国的初级和中等学校里，传教士们应该发挥更大的作用"[3]。

事实上，对传教士而言，传播西方文化知识是传播福音过程中无法避免的手段和副产品，也是逼迫"中国开放"的必要途径之一。在传教士看来，基督教才是这个衰老帝国的唯一续命良药。著名传教士丁韪良曾经在自己的作品中一厢情愿地表示："我们能否信心满满地预测，中国未来将成为基督教国家中的一员？"[4]

从英国主流报刊有关"中国觉醒"的报道内容来看，基督教也是其中一个重要组成部分。主流报刊的话语建构始终围绕着基督教，并将其建构为西方文明使命的重要符号。无论是教会刊物，还是大众型报刊，都将基督教视为中国人正在努力吸收的"西学"的重要组成部分，在它们看来，如果中国在精神方面能够走向"基督教化"，就与它们一贯推崇的文明与进步观念相符合。

第三，"觉醒"的中国与日本的关系十分密切，如果中国庞大的人口与日本发达的技术相结合，将彻底动摇当前东西方世界的实力对比。

1 "Sunday school union", *The Times* (London, England), Thursday, Oct 07, 1909, p.6, Issue 39084.

2 "China and missionary effort", *The Manchester Guardian (1901-1959)*, 23 Oct 1907, p.5.

3 "The Awakening of China", *The Times* (London, England), Friday, Jul 23, 1909, p.7, Issue 39019.

4 W. A. P. Martin, *The awakening of China*, London: Hodder & Stoughton, 1907, p. VIII.

20 世纪初期《泰晤士报》《曼彻斯特卫报》《每日邮报》《每日电讯报》等主流报纸中，许多以《中国觉醒》为标题的新闻（news）或社论（editorial）中，关于日本政治和军事状况及日本与中国关系的内容占了不小的篇幅，这不是某一家报纸偶然为之，而是多家报纸的共同做法。一方面反映出，英国主流报刊把"中国觉醒"放在东西方关系的大格局、大尺度来看待，另一方面也说明英国对于东亚黄种人联合对付欧洲的忧虑心理。20 世纪初期的日俄战争期间，一名旅居在俄国圣彼得堡的英国外交官塞西尔（Cecil Spring Rice，1859—1918）在写给英国外交大臣兰斯多恩侯爵的信中忧虑地表示，如果日本人赢得了战争，它将"联合黄种人，从此变得不可一世（unite the yellow races and get too big for her boots）"[1]。

从东西方关系的大视野来思考"中国觉醒"，这应该与英国的帝国背景或帝国认知有关，毕竟，一个影响力遍布全球的帝国，其视角不可能只局限于一个小的区域。英国主流报刊对"觉醒"的中国的忧虑，很大一部分原因是对中国和日本可能联合起来的隐忧，作为"英日同盟"的盟友，英国对日本的担忧表面上看好像莫名其妙。但英日在有关结盟问题的谈判表明，这个同盟绝对不是英国单方面的要扶持日本做大做强，同盟形成的主要原因是对付沙俄，而当时双方都有这方面的迫切需求。对于英国社会而言，19 世纪末至 20 世纪初，英国以及全世界都见证了日本迅速崛起的历史，日本作为一个非基督教的亚洲国家一跃而成为世界上的新兴强权，这在很大程度上挑战了英国"维多利亚时代"和"爱德华七世时代"有关文明及基督教的亚洲权威。

至少在甲午战争之时，英美国家的主要报纸就对中国和日本某种形式的接近充满戒心。1894 年末，当日本在战场上不断取得胜利之时，《纽约时报》显然是受到英国陆军将军沃尔斯利[2]的影响，该报认为，"一旦日本拿下了中国，这个'新帝国'（Japanese Empire）将轻易地组建 40,000,000 人的军队，加上日

---

1 "Mr. Spring Rice to Lord Lansdowne's Private Secretary", 29 October 1904, in Thomas Wodehouse Legh Newton, 2nd Baron, *Lord Lansdowne: A Biography*, London: Macmillan and CO., St Martin's Street, 1929, p.274.

2 英国将军——陆军参谋长沃尔斯利子爵（Garnet Wolseley, 1st Viscount Wolseley,1833—1913），于 1894 年获英国陆军元帅头衔。1890 年的《评论回顾》（Review of Reviews）曾发表他耸人听闻的观点："随着中国对西方技术的掌握，在伟大人物的带领下，将熟练掌握各种军事武器……还将席卷印度，而我们（指欧洲人）最终被赶入大海（They will overrun India, sweeping us into the sea）。"见 "Character Sketch: Lord Wolseley", *Review of Reviews*,Volume 02(September 1890),pp.282-284.

本的训练和装备，那样的话整个世界都不是他们的对手"[1]。

日俄战争之后，起先并不起眼的东瀛小国日本，竟然打败了世界上的陆上大帝国——俄罗斯帝国，这给中国社会上上下下带来了全新的震撼，至少在一部分中国人看来，西方的白人不再是不可战胜的了，这无形中增强了中国人改革和发展的自信心。日本政府出于培养亲日势力及笼络清政府的需要，也制定政策欢迎中国留日学生。日本也由此成为大批满怀救国救民理想的青年学生的求学目的地，中国社会从官方到民间，开启了一个留学日本的风潮，大批留日学生的回国不可避免地将新的思想甚至是亲日的思想带回国内，日本当然乐见其成。但是对于英国来说，日本的这一做法并不是一个好的苗头，而与其文化背景相似的美国也有类似的隐忧。1905 年 9 月 15 日，《纽约时报》的一篇名为《日本化的中国》（*Japanizing China*）的评论认为，中国与日本有了十分现实的共享利益。从改革派先锋人物康有为到如今的数以万计的留学生赴日，从未中断，而且北洋新军至少有 50，000 人正在使用日本的军事装备，并由日本教官指挥。[2]

《泰晤士报》在 1906 年 2 月 12 日的文章认为，在远东问题的观察家中存在着一种对于泛太平洋运动过于乐观的倾向。目前中国的许多人心情激动，主要是出于羡慕日本在日俄战争中取得的胜利，中国人渴望获取日本成功的秘密以实现中国的强大。对于吸收了大量中国留学生的日本，他们的教师并不能永久性地影响清政府总督和各级衙门的道德观念，而那些留学日本的学生也无法吸收日本武士道精神的精髓。[3]1907 年 10 月 23 日，《曼彻斯特卫报》的文章认为日本的崛起和随之而来的中国觉醒，可能是近些年世界上发生的最伟大的事件，"在许多中国人眼中，日本是先驱者，是成功的典范，更是天生的、最好的'学习模范'，但日本的文明是高度物欲主义的，中国也同样如此"[4]。1910 年 12月 31 日，《泰晤士报》在《中国的国民教育》一文中表达了日本不断加大对中国教育改革影响力的忧虑。该报认为，"少年中国"运动很可能会步日本的后尘，还认为清政府的官办学校十分落后，"他们极少聘请欧洲或美国的教师，因为这些教师们天性率直、坦诚并且坚持原则。每当欧洲或美国来的教师们聘期将满，

1 "Looking Forward", *New York Times* (1857-1922); New York, N.Y., 09 Dec 1894, p.4.

2 "Japanizing China", *New York Times* (1857-1922); New York, N.Y., 15 Sep 1905, p.8.

3 "China for the Chinese", *The Times* (London, England), Monday, Feb 12, 1906; p.8; Issue 37941.

4 "China and missionary effort", *The Manchester Guardian (1901-1959)*, 23 Oct 1907, p.5.

学生们就会联合起来，向学校施加压力，要求以日本来的教师取代欧美来的教师。而学校的主管官员们除了屈服之外，别无作为"[1]。

美国《纽约时报》眼中"日本化的中国"和英国《泰晤士报》眼中深受日本影响的"少年中国"，反映了英美国家近代时期的一个文化隐忧和地缘政治焦虑，即"中国庞大的人口和日本人先进技术的结合"将最终动摇欧美世界的支配地位。

20世纪初期，从经济方面来看，日本在中国的商业和贸易地位也迅速上升，《金融时报》1903年的一篇报道引用了英国驻汉口总领事的观点，日本在华中地区的贸易额迅速增加，而这是以英国、德国甚至是中国本身的利益损失为代价的，去年英国贸易的增幅只有区区的11%，数字如此之小，据此很多人认为英国的贸易即将完蛋。[2]

19世纪末至20世纪初，日本经过"明治维新"改革，先后击败了清帝国和老牌的欧洲帝国——俄罗斯帝国，还在1902年与英国结成同盟。到1913年，在各国对华贸易地位的排名上，日本的贸易额大大超过了英国（不包括中国香港）[3]，这些进步为日本在部分西方人中赢得了"荣誉白人"（Honorary Whites）的称号。

日本的迅速崛起以及英国和日本同盟关系的确立，并未彻底转变英国人对其原有的看法，除了二元对立的地缘文明观念导致对日本的戒心外，宗教和文化上的优越感也导致英国对日本的物质主义和勃勃野心有所忌惮，对许多英国人而言，并未真正接受日本和英国的同等地位，这些在英国主流报刊上也时有体现。

第四，中国的"觉醒"将给西方带来种族上的"威胁"，"觉醒"的中国加上英制来复枪和德制克努伯大炮，将会改变东亚、太平洋地区的地缘政治面貌。

1906年10月10日，《每日邮报》发表一篇以《中国觉醒》为标题的文章，其中认为，中国一改过去无动于衷和神经过敏的状态，开始迎接新式教育，并以克努伯大炮和先进的毛瑟来复枪来武装自己，各级学校如雨后春笋一般出现在各个地区，一些大城市也洋溢着浓浓的爱国主义元素。[4]《曼彻斯特卫报》1908年7月10日的文章认为，日本、中国和印度正在越来越多地获取西方文明在物质方面的成就，加上现代的精神激励，他们很可能在军力上日益强大，终有一天，

---

1 "National Education in China", *The Times* (London, England), Saturday, Dec 31, 1910; p.5, Issue 39470.

2 "Japanese Competition in China", *The Financial Times* (London, England), Wednesday, May 20, 1903; p.4.

3 1913年，英国本土（不包括中国香港）与中国的贸易占中国外贸总量的11.4%，日本为18.6%。参见李康年编著：《中国对外贸易史简论》，北京：北京对外贸易出版社，1981年版，第245—246页。

4 "The Awakening of China", *Daily Mail* (London, England), Wednesday, October 10, 1906, p.4, Issue 2088.

他们在物质文明不断进步的基础上，将以武力回敬我们。[1] 不仅仅是在英国，北美地区也有类似的情况。来自纽芬兰卫理公会教派的邦德也认为，"有预言认为，一旦千千万万的中国人觉醒起来，并意识到了自身的力量，那么对于西方文明而言，将是一场灾难和浩劫（disaster and havoc to western civilization）。……这种可怕的预言很可能得到应验"[2]。

除了强调中国等东方国家在物质和军事上的进步将带给西方"威胁"外，英国的报刊还显露其一贯的种族主义态度。1909 年 2 月 1 日，《曼彻斯特卫报》发表了一篇题目为《觉醒的亚洲人民》的文章，这个自诩为"劳工阶层"代言的英国主流大报，也不免流露出明显的种族主义姿态，该文声称：

> 我们不再认为黄种人和棕色皮肤人种劣于我们。但是，我们将有大麻烦（great trouble）了。大量的印度人生活在南非，许多日本人移居到澳大利亚，而且整个太平洋沿岸到处都能看到中国人和日本人。在印度和英属海峡殖民地（straits settlements），中国人可不是什么低贱的苦力，他们通常都是生意人和会手艺的人，个个都能吃苦耐劳。随着中国和日本力量的增长，这些大量移居过来的有色人种将会是个大麻烦，我们必须在问题发生之前采取切实有效的行动。[3]

二、篇章句式分析

报刊的篇章通过各种不同句式来实现篇章整体意义的最终达成。在对句式进行分析的时候，先是要分析英国报刊中话语主体或施动者言语行为的具体类型，然后再考察和探究话语主体或言语使用者采取什么样的句式结构来阐释事实并赋予意义。

英国主流报刊中对"中国觉醒"的描述，通常是明确地表明立场，对中国取得的进步通常持认可、肯定的态度，而对于中国可能给西方世界带来"威胁"的看法也毫不模糊，采取直抒胸臆的表达方式。

英国报刊关于"中国觉醒"报道的一个重要意图就是分析和界定中国改革的相关事实，并判断其发展方向。主流报刊中的相关话语较多地使用肯定的、

---

1 "A Christian Awakening: Needs East and West", *The Manchester Guardian (1901-1959)*, 10 July 1908, p.9.

2 George J. Bond, *Our share in China and what we are doing with it*, Toronto: The Missionary Society of the Methodist Church, 1911, p.29.

3 "Awakening of Asia: An address in Manchester", *The Manchester Guardian (1901-1959)*, 01 Feb 1909, p.8.

断言性言语行为，首先就是让读者了解中国"觉醒"已经是既定事实，试图直接让读者转变其原有的认知和观念，之后才能描述中国"觉醒"的具体表现、取得的进步成就和社会影响等。

英国主流报刊经常在文章开篇使用肯定性语气和断定性语言行为，以强化读者关于清末中国正在发生变化这一认知。1905 年，清政府正式派员出国考察宪政，当派往英国考察的代表团抵达伦敦之后，《每日邮报》在 12 月 1 日的报道中指出，"七名优秀的中国人已经抵达伦敦，他们是一个在西方文明影响之下正在觉醒的国家的代表人物"[1]。对于中国自主研发和设计完成的京张铁路的开通，《每日邮报》在 1909 年 10 月 4 日的报道中毫不吝惜溢美之词，认为"从北京到张家口的铁路在没有欧洲工程师和资金的援助下，中国人独立设计并且制造完成了。这件事情的意义如果用英国驻北京公使的话来说就是——具有划时代的意义，不仅在中国如此，在世界上也是"[2]。

预言型的句式也十分常见，主要是对清政府的改革和中国国内的变革进行解读，对中国社会因改革而导致的阶层分化进行追踪，并表达一种前瞻性的愿景。因为英国一直是一个具有比较严格阶级体系的国家，所以他们看问题的视野就和传统的中国视角有明显差别，即英国人十分关注清末改革导致的社会阶层分化，敏锐地把握新生力量和新兴阶层的崛起，以做好相关政策应对。1907 年 1 月 29 日，《泰晤士报》的一篇文章就认为当前中国兴起的受过新式教育的阶层将会是未来中国社会的主导力量，该报认为"在目前中国人开展的改革运动中，我们不知道该以何种方式或是对谁提供我们的支持。中国的现代教育创造和培养了一个新阶层，这个阶层不以驱逐外国人为目标。今后，它应该能够成为一种强大的力量，也完全配得上我们稳定和持续的支持"[3]。此外，《泰晤士报》还有其他许多预测性的言语行为，如对新式教育可能导致的影响做出预测，该报在 1910 年 12 月 31 日的文章中指出，"有一股值得关注的、非凡的和潜移默化的力量在聚集。我们可以预期，现代教育大规模地铺开并影响到严谨、稳重的儒家士绅阶层之后，热忱和无私的爱国者的数量就会爆发式的增长"[4]。《曼彻斯特卫报》在 1911 年 6 月 7 日的社论文章中也认为，"未来一段时间，中国的

---

1 "China's Awakening", *Daily Mail* (London, England), Friday, December 01, 1905; p.3; Issue 3005.

2 "A Chinese Cheap Railway", *Daily Mail* (London, England), Monday, October 04, 1909; p.6; Issue 4207.

3 "The Reform Movement in China", *The Times* (London, England), Tuesday, Jan 29, 1907; p.4; Issue 38242.

4 "National Education in China", *The Times* (London, England), Saturday, Dec 31, 1910; p.5; Issue 39470.

受教育阶层的作为将会是世界历史上最激动人心的事件之一"[1]。这些报道都展示出英国对中国改革的认知和预期，也能突显出中国"觉醒"对英国所具有的重大意义。

此外，直接引语也是报刊话语表达的重要方式。直接引语通常选取当事人或亲历者的叙述、知情者的转述、政治人物的言论、知名学者或是专业人员的论断，通常被认为具有较高的可信度和较好的说服力。一些个性化的直接引语突出了重要人物的个性色彩，展示人物的直接诉求，增强感染力，以达到引起读者关注并引发思考的目的。1909 年 1 月 21 日《曼彻斯特卫报》的一则标题为《罗伯特·赫德爵士看中国》的评论文章一开始就将赫德大大地褒扬了一番，"罗伯特·赫德爵士执掌中国海关，已有 55 年矣。他对中国的商业情况了如指掌，同时他对于中国政治和社会状况的把握，也不在商业情况之下"，这些只是为了文章最后要表达的意思做个铺垫，紧接着就是罗伯特·赫德爵士的话："中国人很有才华，而且正在走向'觉醒'，尽管看起来有点步履蹒跚，但'觉醒'是一场中国人自己的民族运动。"[2] 文章最后表示的意思是政府应该对中国抱有同情心，持一种友善的对华政策，因为中国迟早会跻身于世界第一流的强国队伍。

罗伯特·赫德爵士的一段话可能是 20 世纪初期有关"中国觉醒"的报道中，被引用次数最多的。这就是在义和团运动后不久所说的，即"五十年以后，就将有千百万团民排成密集队形，穿戴全副盔甲，听候中国政府的号召，这一点是不容置疑的！如果中国政府继续存在下去，它将鼓励——而这样鼓励是很对的——支持并且发展这个中华民族的运动；这个运动对于世界其余各国不是吉祥之兆，但是中国将有权利采取行动，中国将贯彻它的民族计划"[3]。对于赫德的这段话，《泰晤士报》《曼彻斯特卫报》《每日邮报》《旁观者》周刊都曾或长或短地引用过。

但不同的报刊在引述罗伯特·赫德爵士的话却有各自不同的意图，英国各大报刊引用罗伯特·赫德的话通常是为了表示自己的观点。1908 年 6 月 6 日《每日邮报》的文章引用罗伯特·赫德的话之后，表示"我们无法想象四万万人按

---

1 "The Famine in Central China", *The Manchester Guardian (1901-1959),* 07 June 1911, p.6.

2 "Sir Robert Hart on China", *The Manchester Guardian (1901-1959)*, 21 Jan 1909, p.6.

3 吕浦、张振鹍等编译：《"黄祸论"历史资料选辑》，北京：中国社会科学出版社，1979 年，第 148 页。

照欧洲模式组织起来，将会取得何等显著的成就"[1]。这里的引用就带有赞赏的意味。然而，也有文章对罗伯特·赫德的言语进行直接引用，却把清政府的改革行动放在英国人自身的价值体系中进行评判，从而赋予改革运动以消极和负面的形象。1909 年 7 月 17 日，《泰晤士报》在引用罗伯特·赫德爵士的话之后，表示要确保四万万中国人向"正确的方向前进"[2]，而何谓"正确的方向"？文中显然认为是英国人那一套政治经济体制和思想文化制度，文章间接表达了对"觉醒"的中国的隐忧。

三、词汇选择

20 世纪初期，英国主流报刊对中国觉醒的建构中，呈现出十分矛盾和复杂的画面。经常表现为既欣慰，又疑惧；既期待，又失落；既渴望中国走向西式的近代化道路，又害怕中国的强大。在这一时期的英国主要报刊中，有着一批能直接或间接反映中国这个"他者"形象的大量词汇，这些相关的词汇形成了一个特有的词汇网络，从而有效地在报刊文本和读者之间形成某种共享的意义。

杰弗里·利奇（Geoffrey Leech）在其经典著作《语义学》中提出词语的表现功能，而这一功能对媒体信息的接受者有很大的影响。他将词语含义分为五个重要方面。信息功能（informational function）是一个重要方面，但它主要表现为中性的。还有概念意义（conceptual meaning）、情感意义（affective meaning）、隐含意义（connotative meaning）和交际功能（phatic function）。杰弗里·利奇还认为当词语的情感意义超越了概念意义的时候，或情感意义占据主导（predominate）之时，听众或读者就不大可能进行恰当的判断。[3] 他还认为许多涉及政治意识形态的词汇具有明显的倾向性，它们包含着公然的感情流露和强烈的隐含意义。"咆哮词汇"（snarl words）和"凯蒂词汇"（purr words）是对情感意义进行利用的典型范例。[4] 像英文词汇 fascist、Japs、

---

1 "The Outlook", *Daily Mail* (London, England), Saturday, June 06, 1908; p.4; Issue 3792.

2 "The Awakening of China", *The Times* (London, England), Saturday, Jul 17, 1909; p.7; Issue 39014.

3 Geoffrey N. Leech, *Semantics: the study of meaning* (second edition), Harmondsworth & New York: Penguin Books, 1981, p.43.

4 对于 "Snarl words" 和 "Purr words" 的翻译，也有相关文章将其翻译为 "消极词汇" 和 "积极汇词"，这种翻译简明扼要，有助于读者快速理解篇章的基本含义，但可能无法准确地表达该词汇在英文世界中的隐含意义，故本书将其译为 "咆哮词汇"（Snarl words）和 "凯蒂词汇"（Purr words）。可参见韦忠生：《主体间性视域下译者的主体性与翻译策略》，《重庆理工大学学报》（社会科学版），2012 年第 10 期。

nigger、anarchism、imperialism、racist、nazi 等，在西方报刊话语中非常负面，因而是所谓的"咆哮词汇"。而英文 patriotic、fatherland、freedom、human rights 这一类"凯蒂词汇"具有较为正面和积极的情感意义。不过利奇也认为，"凯蒂词汇"很多时候并没有实质性的内容，通常用来指使用者所具有的基本倾向。[1]

涉及对中国文化传统和中国古老文明的认知，主要词汇有自我满足（self-content）、藐视的（spurn）、轻视的（contempt）、排外的（exclusion）、不变的（immobile）、停滞的（changeless）、不灵便的（unwieldy）、昏睡（lethargy）、敌意（hostility）、麻木（slumber）、垂死（defunct）、遗迹（relic）、沉睡（slumbering）等，这反映出英国主流报刊对中国文化传统的轻视，将其视为中国改革和进步的"阻碍和绊脚石"，因而认为只有当中国彻底放弃其历史文化传统之时，才能获得"真正的觉醒"。

涉及对"觉醒的中国"的评价，主要词汇有觉醒的（awakening）、迫切的（eager）、广泛的（widespread）、生气的（alive）、精神焕发（refreshed）等，这些修饰和形容的词汇比较偏向正面，这直接反映了英国主流报刊对"觉醒"的期许。

涉及清政府官员阶层的描述词汇大都可以被认为是属于"咆哮词汇"。主要有低效的（unproductive）、孤立的（separate）、狭隘的（provincial）、不胜任（incompetence）、欺骗（dishonest）、贪婪（rapacity）、腐败（corruption）等，这些咆哮型词汇由点到面，建构出一个贪腐落后的官员阶层形象，也暗示出腐朽的清政府官员阶层是清政府改革和中国"觉醒"的绊脚石。

涉及对以英国为代表的西方社会关于自身的描述词汇主要有率直（straightforward）、纪律（discipline）、文明（civilized）、理性（reasonable）、道德（moral）、牺牲（sacrifice）等，这些词汇基本上都是正面或积极的词汇，很大程度上可以看作是英国主流报刊关于传统中国描述的反义词汇，这种二元对立的词汇不仅用来间接地表明报刊的基本政治立场和态度，还通过这种对立强化英国人对自身身份的依附和认同。从社会文化层面来看，这些修饰词和关键词都和当时的社会现实有着某种密切的联系，因此这些修饰词和关键词也表达出人们对社会现状的基本情感和态度。

---

1 Geoffrey N. Leech, *Semantics: the study of meaning* (second edition), Harmondsworth & New York: Penguin Books, 1981, pp.43-44.

从对英国主流报刊的话语分析可以看出，其"中国觉醒"的认知是复杂和多元的，英国的主流报刊主要将清政府的改革放在英国自身的文化和认同等概念图谱中进行阐释，同时也显示出英国从一个较大的尺度和格局来理解20世纪初期中国所发生的变革，这种解读不仅反映出英国有关地缘文明的观念，还体现出英国社会心理中的忧虑。

第三节　"神话"化与修辞：意识形态的形成过程

"研究一个异国的不同形象是怎样写出来的，这也就是研究意识形态的基本内容和运作机制。"[1] 英国主流报刊在自身的社会文化背景之下，建构出一套运行体系和分析框架，中国的"他者"形象也正是在这一基础上建构起来的。

20世纪初期，英国关于中国的形象不是乌托邦式的，而是意识形态的，因为英国报刊中反映的社会集体想象物，并不是要发挥颠覆功能，而是要支持和维护现存的社会秩序。英国报刊对帝国有过不满，也有过批判，但更多的是对帝国现有秩序的维护、对帝国既得利益的保护和对帝国未来的憧憬。

报纸的意识形态和意见通常反映的不仅仅是个人的意见，而是社会的、政治的、制度的。[2] 马克思和恩格斯也认为，"报刊的语言不仅是超脱各种关系的明智的评论性语言，而且也是反映这些关系本身的充满热情的语言"[3]，一个人的观点一旦被发表在报刊上，通过报刊等大众媒体的公共性功能，这些个人观点就呈现出社会生产化的特点，媒体机构生产、复制、传播同一种意见，这种意见也就转变为社会意见。报纸在建构有关"中国觉醒"的形象之时，普罗普叙事[4]是进行阐释和理解的一个重要结构，此外，语言是进行意识形态功能表达的重要方式，因此有关文本语言的修辞行为常常被用来表达意识形态上的意义。

---

1 ［法］达尼埃尔·亨利·巴柔：《从文化形象到集体想象物》，载于孟华编译：《比较文学形象学》，北京：北京大学出版社，2001年，第123页。

2 Allan Bell and P. Garrett, *Approaches to Media Discourse*, Malden, MA: Blackwell, 1998, p.22.

3 《马克思恩格斯全集》第二版第1卷（上），北京：人民出版社，1995年，第378页。

4 拉基米尔·雅可夫列维奇·普罗普（Vladimir Propp，1895—1970）是俄罗斯著名的语言学家、民俗学家和民间文艺学家。他在1928年出版的《故事形态学》一书，对上百个俄罗斯神奇故事做形态的比较分析，试图发现神奇故事的结构要素以及这些要素的组合规律，最后他总结出31种角色类型，从而阐明各个要素之间的相互关系和它们和整体的关系。普罗普因为在民间创作研究领域开辟了独具特色的研究方向和方法而享有世界性的声誉。可参见［俄］弗拉基米尔·雅可夫列维奇·普罗普：《故事形态学》，贾放译，北京：中华书局，2006年，第23—59页。

一、"神话"化

在英国报刊的视域里，英国社会是一个统一有序、机会均等的整体，英帝国是公正的、强大的、民主的且富有宗教精神和牺牲精神的。英国主流报刊的话语将整个英国社会看成已经达成某种共识和共同愿景的社会，报刊等媒体构建了一个神话的标准，而与之不相符的情况就是不合理的、落后的。

神话（myth）通常被认为是"一种虚假的（通常是刻意虚假的）信仰或叙述"[1]，但是实际上，神话还具有一个特征，就是能将所有人连接到一个共同的故事之中的功能。对于史前时期的人类而言，神话有助于个体人类来理解和感知这个世界，也能帮助史前人类建立起人生以及其周围世界的意义，而这些意义对他们是十分关键的，史前人类正是凭借这些建构的意义，逐步发展和壮大，并建立起各种不同的文明形态。不过，对意义的理解通常还与相异性有关，相异性是一个有关对立统一的矛盾体，"意义的产生通常也依赖于对立者之间的差异"[2]。对近代社会中的人们而言，神话则是能够塑造相异性的东西。[3]报纸和期刊等的文本叙事经由"神话化"及其相应的阐释结构（如"普罗普"），加之以修辞行为，现实的世界就可以变得为人们所理解。

分析英国主流报刊建构的中国形象和英国自身形象，以及进一步分析和探究英国人的中国形象之时，只有触及形象及其符号的表征层面，才能理解形象的深层意义。在形象的建构以及表征层面，英国的主流报刊在其中发挥了重要的作用，从报刊文本形式到文本的符号空间，然后是符号空间与社会、文化空间的连接。在这一逐步推进、由表及里的阐释过程中，英国社会上下通常以自身的文化背景和概念体系来解读中国，而且在这一过程之中，英国自身的形象也得以确立。

20世纪初期，在英国自身的形象中，英国文明仍然是最优越的，尽管东亚日本的崛起一定程度上损害了英国的这种文明和文化上的自信心，英国人仍然认为帝国自身的文化和模式是放之四海而皆准的"真理"。因此，对于中国的近代化社会变革，英国还是抱着很大的期待，那就是中国绝对不应该成为第二

1　[英]雷蒙·威廉斯：《关键词：文化与社会的词汇》，刘建基译，北京：生活·读书·新知三联书店，2005年，"神话"词条，第315页。

2　Stuart Hall, *Representation: Cultural Representations and Signifying Practices*, London: SAGE Publications, 1997, p.235.

3　[法]让·马克·莫哈："文学形象学与神话批评"，段映红译，载于孟华等编译：《比较文学形象学》，北京：北京大学出版社，2001年，第238页。

个日本，一个只接受西方的技术和科学，但是仍然保留了其传统文化巨大影响的日本。在英国人看来，中国的社会改革运动必须纳入以英国为代表的西方文化和精神内核——基督教，这才是中国改革的发展方向。所以，在英国主流报刊的"觉醒"话语结构中，一再呈现、强调英国人和英国社会中的利益团体"基督教化中国"的精神抱负。如图 2.1 所示，这一精神抱负以报刊等媒体的文本符号为载体，通过新闻文本的神话化过程，以形象化、大众化的方式进行表达。

20 世纪初，在清末改革的大背景之下，英国主流报刊建构的中国形象以英国社会固有的进步倾向、帝国倾向及基督教信仰为价值坐标，并在英国的政治、文化、制度等体系中寻求意义，最终建构出一个"中国觉醒"的形象体系，这一形象也就超越文本和话语意义层面，从而与中国社会本身发生联系，一定程度上，也能为中国人所理解。

普罗普认为，"角色的功能是故事的基本成分"[1]，或者说，角色的功能主要是从角色对于行动过程、叙事过程的意义这一角度来界定的。英国主流报刊关于"中国觉醒"这一神话式结构，其普罗普叙事结构[2]如下（黑体字为普罗普角色类型）：

1. **初始情景、加害**（问题的开始）：自第一次鸦片战争以来，清政府在与列强的战争中屡遭败绩；义和团运动后，内忧外患，清政府奄奄一息，清王朝风雨飘摇。

2. **缺失**：中国缺乏"西方"的观念和"西化"的行动。

3. **调停**：从清政府所面临的现状来看，只有学习西方进行改革才有出路。

4. **出发**：派遣大批传教士到中国，以及在军事、教育、医学等方面进行"指导"。

5. **赠予**：英国等西方国家提供清政府所遇到问题的解决方案。

6. **主人公的反应**：有强烈的敌视，也有热情的欢迎，总体上乐观和积极。

7. **宝物**：西方的技术、科学、基督教。

8. **交锋**：中国的顽固保守势力与中国的新兴的受教育阶层、留学生群体、开明官僚等之间的争论和竞争。

---

1 ［俄］弗拉基米尔·雅可夫列维奇·普罗普：《故事形态学》，贾放译，北京：中华书局，2006 年，第 18 页。

2 如前文所述，普罗普叙事结构主要研究故事的结构要素以及这些要素的组合规律，普罗普本人总结并列举出角色的 31 种功能。可参见［俄］弗拉基米尔·雅可夫列维奇·普罗普：《故事形态学》，贾放译，北京：中华书局，2006 年，第 23—59 页。

9. 战胜：顽固守旧势力逐步丧失政治主导权，中国正在大踏步地走向近代化。

10. 灾难或缺失的消除：大批的新式学堂建立，医学院校的创建，新式军队的扩充，城市面貌的剧变，新兴技术（铁路、电灯、电报等）的引进和扩大。

11. 难题：中国引进西式的科技和教育，不断发展壮大起来之后将成为西方人的威胁，以英式来复枪和德制克虏伯大炮武装起来的四万万人将摧毁一切敌对势力（包括西方人在内）。

12. 解答：以基督教为代表的西方精神和西方文化。

图 2.1 展示出一种鲜明的二元对立关系，这也体现出英国社会的一种思维逻辑，将图 2.1 和英国主流报刊关于"中国觉醒"普罗普的角色叙事联系起来，可以看出，关于中国"觉醒"的叙事不但具有情节上的完整性和连贯性，在时间上也存在着一定的前后相继，而且在叙事逻辑上展示了一种鲜明的对立关系。

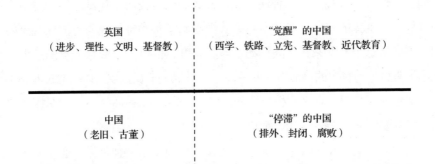

英国
（进步、理性、文明、基督教）

"觉醒"的中国
（西学、铁路、立宪、基督教、近代教育）

中国
（老旧、古董）

"停滞"的中国
（排外、封闭、腐败）

图 2.1 "中国觉醒"叙事所展示的对立关系图

关于西方人和东方世界的遭遇，以及西方人对那些不发达地区的研究中，一直流传着一种"神话"，这种"神话"在 19 世纪的欧美地区，广为流传。它最早缘起于西班牙、葡萄牙人对拉丁美洲的征服，即为什么人数如此之少的西、葡殖民者能战胜人数众多的拉美本土原住民？这一"神话"的核心信念就是欧洲人之所以能够战胜其他地区的人们，主要是因为欧洲人所具有的文化优越性（cultural superiority），这种优越性不仅仅体现在"武器装备上，更加体现为心灵和道德品质（mental and moral qualities）方面巨大优势"[1]。因此，神话叙事并

1 Inga Clendinnen, "Fierce and Unnatural Cruelty: Cortés and the Conquest of Mexico", *Representations*, Vol. 33(Winter, 1991), p.65.

非是那些虚无缥缈的神话故事，也不是只为了纯粹的说服或教化，神话还是一种关于社会文化现实的言论。

在英国的主流报刊中，常常可以见到这种类似的"神话"，在许多关于他文化的报道中，西方的科学、制度、宗教与文化等被认为是放之四海而皆准的"真理"。在英国主流报刊的视野里，古老的衰朽的清王朝只有改革才能有出路，当然这种改革要在英国的"指导"之下才是合理的；改革过程中也存在风险，过于冒险和激进的变革同样会带来政局的动荡，这明显体现了英国人以自身经验和知识来理解和阐释中国事务。英国人的这种"看"与中国的"被看"，两者之间存在一种联系，也可以被认为是存在着某种权力关系，特别是英国试图作为中国清末改革"精神导师"这一姿态与中国发生密切接触的时候。

二、英国主流报刊中的修辞

通常情况下，一提到修辞，可能就认为是对词汇、句式甚至是篇章的修饰和润色，也可能被视为是一种使用诡辩方式的语言技巧。在修辞行为发生作用的过程中，主体的感知方式和参与方式会受到某种约定俗成的习惯性观念的影响，因此从这个方面来讲，人们的语言、态度、价值等一般意义上的意识形态也不可避免地与特定的修辞方式联系起来。丹尼·卡瓦拉罗（Dani Cavallaro）认为，"修辞和意识形态之间相互缠绕且密不可分（intertwined），这是因为修辞语言经常要服务于那些明显的意识形态目标"[1]。

隐喻、转喻、反语和委婉语等手法作为报刊文本"神话化"通常采用的意指方式，或者说就是报刊文本如何进行表达和说服的问题。但从报刊等媒体报道的传播目标和预期效果来说，话语相关的修辞行为也起到暗示和劝服读者的作用。

（一）隐喻

隐喻通过比较相似或类似的关系，这种关系使"一种观念置于另一更为熟悉的观念的记号之下"[2]。它同时利用本体和喻体之间的相似和相异之处，从而使抽象的事物具体化，使深奥的道理浅显化，使陌生的东西形象化。

隐喻在"神话"化的过程中属于相对容易感知到的方式，隐喻虚饰特定的

---

1 Dani Cavallaro, *Critical and cultural theory: thematic variations*, London and New Brunswick, NJ: The Athlone Press, 2001, p.30.

2 李幼蒸：《理论符号学导论》，北京：社会科学文献出版社，1999 年，第 344 页。

社会关系，能起到将某些特点或者个性强加到另外的个体或组织身上，从而达到强化个体特定外在形象的目的。1906 年，清政府设置中央管理机构——税务处，以加强对海关的监督和管理，这一定程度上制约了海关总税务司赫德的独断专行。1906 年 5 月 21 日，《曼彻斯特卫报》将清政府新任命的税务处官员唐绍仪与铁良称之为"红衣主教"（cardinal），这个隐喻一方面赋予他们的决断能力和顽强作风，另一方面也将清政府这一措施解读为排挤外国人在清朝中央政府中的影响力，打击赫德在中国海关中的声望，削弱英国对这一机构的控制，进而影响到英国的在华利益。

> 清政府下达诏令，任命铁良和唐绍仪控制帝国的海关。如果认为清政府的这一举动对目前的海关管理体制没有什么大的影响，那就是过于天真了。唐绍仪，这位主张清除外国人在中国政府机构影响的人，被看作是中国革新运动的"红衣主教"。
>
> ——《曼彻斯特卫报》1906 年 5 月 21 日 [1]

> 当我们向来伦敦学习的中国司法界大谈各种国际法理论知识以及司法实践的时候，当我们习惯于说中国觉醒的时候，中国人也从各个方面开始了解了真相，他们会用这句英国谚语提醒我们，那就是"自己有缺点，莫揭他人短" [2]。
>
> ——《曼彻斯特卫报》1910 年 9 月 22 日 [3]

> 我们对中国采取的政策事实上不过是高喊"杜马万岁" [4]，而对那些认为"杜马应该取消"的顽固派既不批评，也不制止。
>
> ——《泰晤士报》1907 年 1 月 29 日 [5]

《曼彻斯特卫报》英国谚语"自己有缺点，莫揭他人短"是表示英国对于

---

[1] *The Manchester Guardian* (1901-1959), 21 May 1906, p.6.

[2] 这句英国谚语原文为 "people who live in glass houses should not throw stones."

[3] "China and Western Nations: International Commercial Law", *The Manchester Guardian (1901-1959)*, 22 Sep 1910, p.4.

[4] "杜马"（英文为：Duma）一词，是俄文（дума）音译，意为"议会"；受到 1905 年俄国革命的影响，当年 8 月 6 日，沙俄首相谢尔盖·维特发表宣言召开国家杜马，但权力很小。到了当年 10 月，俄国沙皇尼古拉二世颁布《十月宣言》，承诺沙俄国家杜马将用以维护人民基本自由，并被赋予监督及立法权力。

[5] "The Reform Movement in China", *The Times* (London, England), Tuesday, Jan 29, 1907; p.4; Issue 38242.

中国正在进行的改革不要总是指手画脚，吹毛求疵，毕竟英国自己身上也是存在问题的。《泰晤士报》的引用有关杜马的说法是暗指英国对中国正在进行的改革不闻不问，听之任之，采取的是消极的和不作为的对华政策。

（二）转喻

转喻通常是"用一个概念来指称另一概念，以一个概念为参照点来建立与另一概念的心理联系"[1]的修辞方式。在新闻话语中，也常常会使用某一人物形象或国家形象的部分特征来喻指整体。国内外的一些报刊在涉及英美的报道中，经常使用"山姆"或"山姆大叔"来指代美国，"约翰牛"也常被用来指代英国。报刊文本的隐含意义通过隐喻、转喻等修辞手法，来揭示文本所要传达的深层意义或蕴含意义。

> 我们将平静的中国唤醒，而现在没有人知道这会导致什么后果。我们在远东地区进行的干涉活动遭到了强有力的反弹，有些反弹是让人相当不愉快的。那么我们在中国进行的活动已经成功创造出了"弗兰肯斯坦"（Frankenstein）吗？尽管如此，宣教运动仍然要继续。作为基督徒，他们最朴素的义务就是将福音传遍世界。他们不能因为害怕，或是因为不受欢迎就打起退堂鼓。这种行为无疑就是约拿（圣经人物）的做派。就算葫芦枯萎了，但是尼尼微[2]（古代亚述的首都）必须被拯救。

> ——《曼彻斯特卫报》1911 年 11 月 2 日[3]

"弗兰肯斯坦"出自 19 世纪英国作家玛丽·雪莱（Mary Shelley，1797—1851）的科学幻想小说[4]，玛丽·雪莱创造的英语新词汇"弗兰肯斯坦"（Frankenstein）在西方世界被广泛使用，通常用来形容那些最终毁了它的创造

---

1 李燕：《现代汉语趋向补语范畴研究》，天津：南开大学出版社，2012 年，第 29 页。

2 在《圣经》约拿书中，葫芦象征"同情"。上帝一步一步引导约拿（人名）对上帝有一个全新了解，上帝用葫芦秧被虫咬而死的悲愤，耐心启迪约拿对尼尼微人的同情。

3 "The Free Churches", *The Manchester Guardian (1901-1959)*, 02 Nov 1911, p.14.

4 《弗兰肯斯坦——现代的普罗米修斯》（Frankenstein; or, the Modern Prometheus）是英国著名小说家玛丽·雪莱（Mary Wollstonecraft Shelley，1797—1851）初版于 1818 年的科学幻想小说，《弗兰肯斯坦》（也有译为《科学怪人》）被认为是世界第一部真正意义的科幻文学作品。主人公维克托·弗兰肯斯坦试图用人工方法制造生命，经过长期不懈的努力，他最终成功地制造出来一个具备智能的生命的怪物，但之后又与对方产生仇恨，后来怪物怀着一腔怨恨，将维克托·弗兰肯斯坦引至北极，维克托最终在严寒疲惫中死去。怪物闻讯后，向北极探险家沃尔顿重申了自己反抗主人的缘由，随后跃入海中，消失在远方茫茫的黑夜里。参见（英）玛丽·雪莱著，刘新民译：《弗兰肯斯坦》，上海：上海译文出版社，2014 年版，第 225—231 页。

者的东西。《曼彻斯特卫报》用"弗兰肯斯坦"来指代中国人民对帝国主义的精神压迫和侵略行为的反抗举动，该报自认为西方人"唤醒"了中国人，但是广大中国人民的觉醒最终会将帝国主义侵略者赶出中国。

（三）委婉语

> 东方世界的群众运动和西方国家发生的运动并没有什么相同之处，他们通常呼喊的都是有关民族自主以及对民族使命的追求。结果不言而喻，亚洲人纷纷觉醒了，而我们不得不再次重温过去的那种用人们肤色来看问题的观点了，尽管我们已经放弃那种东方人劣于我们的看法。大量的印度人来到南非，日本人移居澳大利亚，中国人聚集在英属海峡殖民地……在变成大麻烦之前我们必须采取实际行动。

> ——《曼彻斯特卫报》1909 年 2 月 1 日 [1]

20 世纪初期，随着社会主义思想的广泛传播，以及西方社会内部对帝国主义和殖民主义的批判，英国主流报刊中公然叫嚣种族主义是一件十分不体面的行为。但是英国人仍然具有浓厚的种族优越感，以上这段报刊文本为了避免直接刺激读者和公众，采取迂回遮掩的方法，文章并没有直接攻击外来移民及他们的种族和肤色特征，而是称之为"大麻烦"（great trouble），这一说法仍然流露出浓浓的种族主义情绪。

（四）不同场景的并置

在报刊尤其是报纸的排版设计中，将不同的主题组合在一起，暗示着某个深刻的主题，同时也适合表达那些相对隐晦的主题。不同场景并置在报刊的版面设计中也常有体现，如"新旧对比""今昔对比""前后呼应"等。

在《每日邮报》中，关于"中国觉醒"的报道通常会和日本、印度等放在一起，《每日邮报》以《中国巨人的觉醒》（*The Arousing of the Chinese Giant*）为标题的长篇连载报道，时间横跨三个月，在报纸版面的位置紧挨着"英国王室与社会"（court and society）固定版面。

在《泰晤士报》的"中国觉醒"相关报道基本上都和英国议会的论辩（House Of Commons）、议会的重大决议事项（The Budget，The Lords And

---

1 "Awakening Of Asia: An Address Inmanchester", *The Manchester Guardian (1901-1959)*, 01 Feb 1909, p.8.

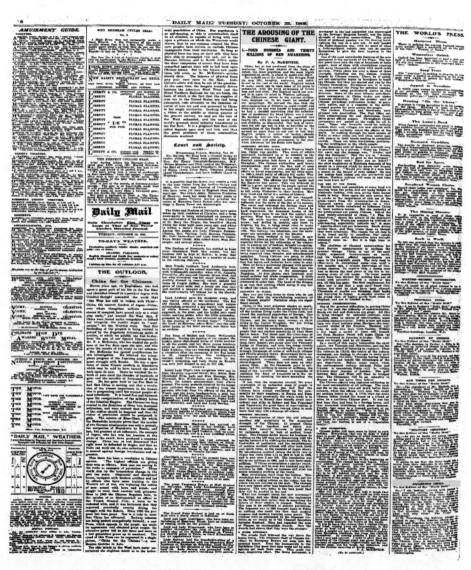

The Budget）、社会名流如教会的主教及军队的将军（Bishop O'neill，General Rios）放在同一版面，这预示着在《泰晤士报》眼里，"中国觉醒"是一项严肃的事件，也是一项具有重大意义的政治事件。

图 2.2 《每日邮报》1906 年 10 月 23 日第 6 版

以 1906 年 10 月 23 日第 6 版的《每日邮报》为例，有三则与中国直接相关的报道并置于该版面之中，先是以《中国人的中国》（China for the Chinese）为其固定版面"邮报展望"（图 2.2 左起第二竖排靠下的位置）的当日主题，然后是《中国巨人的觉醒》(*The Arousing of the Chinese Giant*) 为标题的长篇连载报道中的首篇（左起第四竖排最上面的位置），该版面的最下端结尾部分是一篇读者来信（右起第一竖排最下面的位置），题目为《"已经觉醒"的中国》(*Awakened China*)。[1]

通常情况下，读者浏览完正版面的标题就会有一个主观印象，中国政府和中国人的成就非凡，"觉醒"已成既定事实，但是细读之后会发现，第一则报道主要是描述中国人20世纪初期的改革及其伟大成就，认为世界人力资源的天平将向中国倾斜，这反映了英国人对地缘文明的关注。第二则报道作为长篇连载（共15篇）的首篇，开篇就是中国终于从长久的沉睡中醒来了，并开始了近代化的改革，接着是提到改革的具体成就，如创办报纸的热潮及爱国主义热情的高涨，之后还表达出对日本在"中国觉醒"中所扮演角色的忌惮。最后是一篇读者来信，以《"已经觉醒"的中国》为标题，读者 H.N. 沙利文（H. N. Sulivan）希望了解更多有关俄罗斯人声称的所谓"中国人终将统治世界"（Chinese will one day again overrun the world）方面的信息，这篇读者来信中还引用一名英国驻俄使馆武官的原话，"俄罗斯官员告诉我（指使馆武官），英国人和俄国人不应该彼此争来斗去，而应该联合起来对付中国人"[2]，来信的最后部分以中国的军事现代化作为结尾。

《每日邮报》1906年10月23日在同一版面并置三篇内容各异、主题相似的中国报道，尽管文中也没有做出很明确的评论，但是这样三篇文章放在一个版面，其中的含义恐怕会令读者深思。

三、英国主流报刊的意识形态建构

关于意识形态，并没有一个标准答案。意识形态通常被认为是支撑和维护社会现有权力机制的一种价值观念，宗教、神话、学说和思想等都是意识形态的载体。马克思、恩格斯虽然没有对意识形态做过系统地界定，但是在1859年的《政治经济学批判》一书的序言中，明确指出"人们借以意识到这个冲突并力求把它克服的那些法律的、政治的、宗教的、艺术的或哲学的，简言之，意识形态的形式。……这个意识必须从物质生活的矛盾中，从社会生产力和生产关系之间的现存冲突中去解释"[3]。在这里，法律意识、政治观点、宗教艺术观

---

1 *Daily Mail* (London, England), Tuesday, October 23, 1906; p.6; Issue 2099.

2 "Awakened China", *Daily Mail* (London, England), Tuesday, October 23, 1906; p.6; Issue 2099.

3 《马克思恩格斯全集》第二版第31卷，北京：人民出版社，1998年，第413页。

点及哲学观点都被认为是意识形态的形式，意识形态已经不仅仅是那种有关唯心主义的观念，他们是那种"已经被意识到了的存在"。一定程度上，近代之前的社会，意识形态的建构依赖于时间的绵延和空间的整合，主要媒介体现为"时间偏向"的媒介；那么到近代时期，特别是印刷媒介的广泛传播，导致意识形态的生产和建构主要依赖于"空间偏向"的媒介。[1]

报刊等媒体的话语和一个社会的意识形态是高度相关的。梵·迪克（Teun A. van Dijk）认为，某种意义上讲，报刊媒体"不是一种中立性的、普遍和理性的社会现实协调器，而是复制和再用原有的意识形态（preformulate ideologies）"[2]。卡尔·马克思也认为，报纸语言反映的是社会关系，个人的意见在报纸上，就变成了社会的。[3] 英国主流报刊的话语与"神话"化相结合，加上相关的文本语言的修辞，借以现代的大众传播技术手段，相关的社会意识形态也就得以构建出来。

（一）重点是要考察那些与英国自身状况有关的中国话题

在英国的《泰晤士报》《每日邮报》《曼彻斯特卫报》中，"中国觉醒"的具体表现和发展前景、清廷新政改革的相关措施、中国变革的历史背景、中国当前的现状、中国的基督教发展情况等重大议题被不断转化为文本及与之相关的图像材料。因为这些主题也与英国自身所关切的东西密切相关。

在英国主流报刊之中，当时的中国正在进行面向西方的改革，西式的生产机制和工业等都得到广泛的学习和模仿，中国人以西方为"导师"，正在不断进步。传教士群体不断向英国国内发回许多振奋人心的消息，如清政府对传教团体的一定程度上的尊重，清政府在废除科举制度后大力兴办中小学教育，向欧美派出留学生，以及政治上开始朝君主立宪政体前进，这些改革举措在英国的眼里，自然都是效仿西方的模式，采用西方文明的"精髓"。在英国主要报刊看来，"觉醒"背后的含义是显而易见的，那就是中国人正在学习英国，学习西方。

1　哈罗德·伊尼斯（Harold Innis，1894—1952）在《帝国与传播》（*Empire and Communications*）一书中认为，"时间偏向"的媒介（或称之倚重时间的媒介），主要有石头、粘土和羊皮纸等，它们虽然笨重，但是能长久保存，因此有利于文化和文明的传承，建立在"时间偏向"基础上的文明形态，会强调信仰、道德和历史延续，有利于维持政治和宗教大帝国的统治权威；"空间偏向"或倚重空间的媒介——莎草纸、纸张、广播、电报等，优点是轻便，缺点是不易保存，建立在其基础上的文明能远距离传播，强调传播的世俗化和公平化，有利于政治帝国的扩张及大范围远距离的控制，但是却不能长久。可参见［加］哈罗德·伊尼斯：《帝国与传播》，何道宽译，北京：中国传媒大学出版社，2015 年，译者序第 13—15 页，正文部分第 38—39 页、第 209—210 页。

2　Teun A. Van Dijk, *News as Discourse*, Hillsdale, NJ: Lawrence Erlbaum Associates, 1988, p.11.

3《马克思恩格斯全集》第二版第 1 卷（上），北京：人民出版社，1995 年，第 378 页。

（二）近代媒体的发展扩大了意识形态所能运作的范围，能够较为快捷地影响到社会中分散的各类人群，这主要得益于近代传播技术和通信技术的发展

近代印刷技术的进步和大众媒体的发展，各类资讯就摆脱了空间和时间的束缚，成为全社会所能共享的一种重要资源。从某种意义上来说，欧洲近代工人运动的发展，无产阶级登上历史舞台，都和近代印刷媒体的发展密不可分。报纸和期刊等印刷媒体的广泛发行，以及那些能引起工人共鸣话题的传播，导致无产阶级的思想开始觉悟，并积极投身工人运动，逐渐形成一支不可忽视的强大力量。

对英国主流报刊而言，20 世纪初期报刊通过"他文化"的报道，建构有关其他国家和其他地区的形象，形象的建构和形成过程不仅体现了不平等的权力关系，还为英国人思考自身、思考帝国前途和命运提供了参考。英国主流报刊还主导了英国社会的舆论，这也为英国公众对鸦片贸易、爱尔兰自治问题、君主制度及帝国的前景等重大问题提供了讨论的舞台和想象的空间。

（三）虚饰西方资本主义国家中存在的不平等权力关系

阿尔都塞（Louis Althusser）认为，意识形态体现为"社会个体与社会现存条件之间的想象性关系（imaginary relationship）"[1]，或者说人们对于个体自身与社会生存现状之间的连接是通过某种想象性的关系来呈现的。阿尔都塞认为，在不平等的阶级社会，任何不平等的社会关系都会表现为一种不平等的权力关系，因此意识形态实际上是阶级关系或者权力关系的再现。

从某种程度上讲，19 世纪到 20 世纪初期，世界历史在某种意义上是"欧洲的世纪"，因为欧洲在这 100 多年的时间里，实现了向工业社会的转型，从自由资本主义发展到帝国主义阶段，形成了对全世界落后国家和地区的优势，初步确立了资本主义的世界体系。与此同时，欧洲不仅仅确立了经济与军事上的霸权地位，一定程度上也取得了文化和意识形态领域的霸权，从而掌握了支配世界的话语权力。"文明""进步""基督教""工业化"等都是这一强势话语体系的核心概念。欧美列强在实践中也企图使用这套支配性话语，增强对落后国家和地区的控制力和影响力。

1　Louis Althusser, "Ideology and Ideological State Apparatuses" (Notes towards an Investigation)(January-April 1969), in *Lenin and Philosophy and Other Essays*, New York & London: Monthly Review Press, 2001, p.162. 原文为："Ideology is a Representation' of the Imaginary Relationship of Individuals to their Real Condition of Existence."

（四）建构英国和帝国的合法性

对于英国社会而言，主流的意识形态如果没有经过大众传媒，没有经过社会舆论的检验，就不可能达到统治阶级维护社会合法性的目的。英国报纸在有关中国的新闻和社论中，从主题选择到素材组织，从报道框架到叙事角度，都暗示了它的价值取向。新闻话语所建构的知识体系，形成某种社会规范并反映社会的基本价值导向，被社会大众认可后，就会形成"社会共识"，从而具备"合法性"。19 世纪末 20 世纪初，英国主流报刊建构的"社会共识"主要有以下几项。

第一，维护英国工商业资本家的经济利益和海外商业利益。

第二，英国在世界各地巩固其政治、经济、军事利益及在不发达地区维持特权。

第三，支持和巩固帝国的存续和发展。

第四，基督教信仰或价值观的普世性。

社会权力不可能单纯地依靠外部力量或强制力量，而很多时候必须依赖一种被视为"自然而然"的内化的观念。主流报刊通过新闻话语，特定议题的宏大叙事及社会的核心"神话"，进一步结合为公众话语和意识形态。通过合理化、"神话化"和修辞等策略，"象征形式的生产者构建一系列理由来设法捍卫或辩解一套社会关系或社会体制，从而说服人们值得去支持"[1]。

第四节 "进步"与"威胁"：英国有关中国认知的一体两面

2009 年 6 月，英国学者马丁·雅克（Martin Jacques）在伦敦出版了一本极具冲击力的专著《当中国统治世界：中国的崛起和西方世界的衰落》（*When China Rules the World: The Rise of the Middle Kingdom and the End of the Western World, 2009*），该书出版后，引起了各方的热烈反响，批评与赞誉兼而有之，显然也刺激到一些西方大国的敏感神经。然而马丁·雅克的"中国统治世界"论调并不新鲜，其出现也并非学者们的灵光一闪，事实上，英国社会历史中早已存在相似的论调。

---

1 ［英］约翰·B. 汤普森：《意识形态与现代文化》，高铦译，南京：译林出版社，2005 年，第 69 页。

早在 120 多年前，英国将军——陆军参谋长沃尔斯利子爵（Garnet Wolseley, 1st Viscount Wolseley,1833—1913）就已经提出了相似的论调，"中国人终将统治世界"（The Chinese will overrun the world, 1890）[1]，他认为"最后一战（armageddon）[2] 将在中国与英语世界之间展开……他们（指中国人）的情绪已经被压抑了三个世纪，而现在他们正在进步……他们还将熟练掌握各种军事武器……我们（指英国人）最终被赶入大海"。在法国，社会达尔文主义影响下，有关东亚黄种人"威胁"的论调也十分常见，1890 年，法国著名经济学家保罗·利莱—博利厄（Pierre Paul Leroy-Beaulieu, 1843—1916）认为，"只要中国和日本学会运用西方的机器和技术，他们就会超越西方"[3]。

1908 年，《每日邮报》在为阿瑟·梅伊（Arthur Mee）的八卷本巨著《哈姆斯沃思世界历史》（*Harmsworth History of the World*，1908）所做的广告上也引用英国将军沃尔斯利子爵的"中国人将统治世界"[4] 这样的字眼（见图 2.3），这样的标题在 20 世纪初期的英国可谓相当吸引眼球。回顾历史可以看出，至少在清末时期，西方社会的中国"威胁"或中国"崛起"论就已有之。

图 2.3　1908 年版的"中国人将统治世界"和 2009 年版的"中国人将统治世界"

1 "Character Sketch": Lord Wolseley, *Review of Reviews*, Volume 02(September 1890), pp.282-284.

2 "最后一战"（armageddon）源自《新约圣经·启示录》，原意是指世界末日时的善恶大对决，后来被用来指代决定性的战争或国与国之间的大规模战争。沃尔斯利子爵的这番话是带有宗教意味的。

3 ［荷兰］H.L. 韦瑟林：《欧洲殖民帝国》，夏岩等译，北京：中国社会科学出版社，2012 年，第 118 页。

4 *Daily Mail* (London, England), Friday, January 03, 1908; p.2; Issue 3659.

20 世纪初期，对于英国社会普通民众而言，无论是赤裸裸的"黄祸"，还是"中国觉醒"，如果要将二者区分，恐怕还是相当困难的。英国主流报刊上一些关于"中国觉醒"的报道，先是将清政府新近改革的成就，如派政界要人出国考察、废除科举、军事改革、查禁鸦片梳理一遍，之后就开始叙述中国巨大的人口数量以及其未来可能取得的成就，400000000 这一数字在《泰晤士报》《曼彻斯特卫报》《每日邮报》有关"中国觉醒"的报道中经常出现。"中国觉醒"话语中的"威胁"因素和"进步"因素使用十分相似的数据和术语，相互借用，从而相互缠绕。

400000000 中国人，一长串阿拉伯数字恐怕会让西方人眩晕，英国等近代欧洲社会起源于小市民以及城镇，甚至到后来的民族国家形成时代，无论是中心城市还是国家总的人口数量，也都是十分有限的，但是 400000000 中国人，这个让英国人头晕目眩的数字，任何社会阶层的人都会感到极端敏感。基督教差会——中国内地会的创始人戴德生（James Hudson Taylor，1832—1905）在论及中国的人口时曾如此描述中国的庞大人口，"如果北京朝廷的人口以单排列队，每两人之间仅间隔一码，那么他们将环绕地球赤道七圈！如果这支队伍以每日三十英里的速度在我们面前走过，而且不停地走下去，日复一日，月复一月，直到十七年零三个月过去了，最后一个人才会走到你面前……数字难以想象，情景更是可怖"[1]。这种惊人的人口数量经过主流报刊的重复、强调和扩散，不可避免地在普通英国人心中种下了恐慌。加上《泰晤士报》《曼彻斯特卫报》反复告诫英国公众，400000000 中国人如果被英式来复枪和德制克虏伯大炮武装起来，将会迸发出何种能量！

1905 年 2 月 11 日，《每日电讯报》的一则新闻称，"日本在准备在战后致力于成为北京最主要的'顾问'"[2]，该报还认为，日本对于中国来说，具有双重意义，一方面，日本企图增强对清政府的影响和控制力，另一方面，日本却接受了大量的中国赴日留学生，而在这些留学生中很多成为反对清政府的革命派。1905 年 9 月 15 日，《纽约时报》的一篇名为《日本化的中国》（Japanizing China）的评论认为，中国与日本有了十分现实的共享利益。从改革派先锋人物康有为开始到如今的数以万计的留学生赴日留学，从未中断，而且北洋新军至少有 50,000 人是正使用日本的

1 ［英］约·罗伯茨编著：《十九世纪西方人眼中的中国》，蒋重跃等译，北京：时事出版社，1999 年，第 66—71 页。
2 "Peace Rumours", *The Daily Telegraph* (London, England), Saturday, February 11, 1905, Issue 15533, p.9.

军事装备，并由日本教官指挥。[1] 从英国和美国主流报刊的态度可以看出，在它们眼中，中国和日本尽管之前存在很多摩擦，但是如今的关系就不仅仅是暧昧了，而是存在实际上的共享利益。这对许多欧洲观察家而言，一个"觉醒"的中国、一个正在不断改革的中国，如果在日本"监护"下发展，他们显然是难以接受的。英国《每日邮报》对日本成为清政府"顾问"的担忧，美国《纽约时报》对中国将要"日本化"的忧虑，反映了英美世界在近代时期的一个文化隐忧和地缘政治焦虑，即"中国庞大的人口和日本人先进技术的结合"将最终动摇西方世界的支配地位。

20 世纪初期，欧美在华传教士们却成为"进步论"的重要呼吁者和传播者。一方面，是由于在义和团运动之后，一些欧洲报刊在总结和分析这场运动的原因之时，认为部分传教士们依仗不平等的条约制度的保护，横行不法，是导致中国内部大动乱的一个重要原因。这使得之后的西方传教团体和传教士们开始注意自身的形象，对中国的批评和攻击也变得缓和起来。另一方面，对传教士而言，传播信仰也需要依托一个和平、稳定的社会大环境，清末的改革总体上呈现渐进发展的态势，改革过程中原有的体制和思想会有所松动，新的思潮和观念也就有了一定发展空间，这在某种程度上符合传播宗教的环境要求。这一时期传教士和教会刊物某种程度上成为"进步论"的重要制造者和传播者。

在义和团运动之后不久，美国长老会的秘书和相关负责人亚瑟·布朗先生（Arthur Judson Brown,1856—1963）一行来亚洲考察教务，在义和团运动的主要发源地——山东省停留达两个月之久。布朗在中国目睹中国所发生的各种变化，深有感触，于 1904 年出版了《古老中国的新生力量：不受欢迎但必然发生的觉醒》（*New forces in old China: an unwelcome but inevitable awakening*, 1904）一书。布朗在中国进行深入考察的时候，亚洲古老的文明也让他深感折服，他认为亚洲已经出现了新生力量，日本已经取得了相当显著的成就，中国则锐意进行变革，正步履平稳地向前发展，未来它还有可能成为世界上的领导型力量。[2]

1907 年，布朗先生的《古老中国的新力量：必然发生的觉醒》（*New forces in old China: an inevitable awakening, 1907*）被修订后出版，在内容上略做更新，全书主题没有变动，仍为五个部分，共 28 章。在图 2.4 中，修订本副标题的变

1 "Japanizing China", *New York Times* (1857-1922); New York, N.Y., 15 Sep 1905, p.8.

2 Arthur J. Brown, *New forces in old China: an unwelcome but inevitable awakening*, London and Edinburgh: F.H. Revell company, 1904.

化却是意味深长，1904 年版本中"不受欢迎"（unwelcome）的字样，在 1907 年的新版中已经不见踪影了。[1]

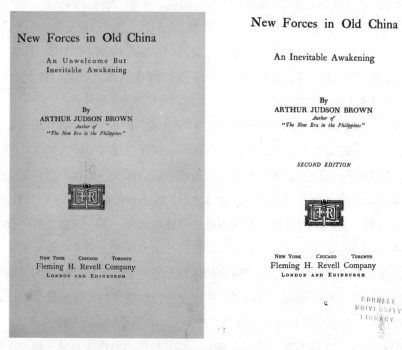

图 2.4　《古老中国的新力量》[1904 年版（左图）与 1907 年版（右图）对比]

在英文中，虽然从封面上看不过是仅仅删除了一个单词，但是在"一个单词"被删除的背后，却反映了欧美社会对中国态度的变化，一定程度上也反映了中国人和中国社会出现的变化。中国不再是那个"停滞"的中国，而是在很多方面都呈现出全新的面貌和社会气息。对传教士亚瑟·布朗而言，如果说 1904 年前后清政府的改革还是摸着石头过河，外国人也是雾里看花，一头雾水，可能还看不清改革真正方向的话，那么进入 1907 年，清政府的改革已经推进到根本制度变革的层面，宪政改革已经纳入议事日程。从这个角度上讲，清政府的改革被西方人认为符合其发展预期，这种预期就是清政府的改革应该向西方的社会、文化、经济、体制等层面学习和靠拢，因此"中国觉醒"在西方人看来，就具有了那么一种乐观和积极的维度，而不时受到"褒扬"。

---

1 Arthur J. Brown, *New forces in old China: an inevitable awakening (Second edition)*, London and Edinburgh: F.H. Revell company, 1907.

本章小结

从鸦片战争到日俄战争的半个多世纪时间里，清政府至少与外国列强发生过大小数十次战争。规模较大的有两次鸦片战争、中法战争、甲午战争以及八国联军侵华战争等，每一次的战争冲突结束之后，清政府对内和对外多多少少都会采取改革措施，对内外政策进行修正。20世纪初期，清政府推动的变革与之前的历次改革相比，都要深入和全面的多。1905年前后，清政府的改革已逐步推进到宪政改革层面，在英国和其他欧美国家都引起较大关注。这场变革不仅仅是一场政治、经济和体制改革，也是一场社会运动，一个"觉醒"的中国开始屹立在世界东方。

英国主流报刊眼中的"中国觉醒"在某些层面上受到西方的赞誉，这是因为清政府改革正在努力学习西方文明的精华，不仅是学习和引进西方的工具和技术，还决定模仿西方的政治体制和制度设计，这自然十分契合英国主流报刊的价值取向和政治诉求。20世纪初，在英帝国殖民地遍布全球的帝国主义时代，在一个基督教福音主义广为传播的时代，在一个"进步主义神话"主导西方的时代，英国人确信自己是文明的传播者和捍卫者。对于一个民族主义思想开始出现、爱国主义意识不断增强的古老中国，英国人的心情是复杂的，既有鼓舞，也有诋毁。既有对改革的欣慰，也流露出深深的忧虑。

20世纪初期，"黄祸"的论调在英国社会中逐渐消退，与此同时，一股"中国觉醒"的报刊话语开始出现在英国公众的视野之中。这种转变有其积极意义，有关"停滞"的中国形象在英国逐步式微，中西之间交往的总体观感趋向柔和。

然而"中国觉醒"却并非都是正面形象，在英国报刊及政治家的视野中，"觉醒"的中国不仅仅体现为中国开始崇尚西学，走上西方人认为的"进步"之路，而且"觉醒"的中国也意味着强大和具有威胁的意蕴。在英国主流报刊的"中国觉醒"话语中，"进步论"与"威胁论"来自同一历史和文化语境（英国自身的），其基本动机比较类似，从它们使用的数据、术语来看也是相互借用，二者对立统一于英国的中国形象之中。

20世纪初，英国对华观感的矛盾性导致英国对东亚的政策不断摇摆，相关政策并没有根据实际情况进行调整，如日俄战争后日本的扩张野心日渐显露，数年后日本吞并整个朝鲜半岛更是极大地改变了东北亚地区的地缘政治态势，尽管英国有部分眼光敏锐之人如英国记者莫理循已看出日本是东亚地区安全的严重威胁，但是伦敦总体上对此熟视无睹，这些政策上的短视最终导致英国在这一地区影响力的急剧衰退。从长远来看，伦敦在政策上的短视最终葬送了《泰晤士报》编辑吉尔乐所谓的"亚洲帝国"[1]。

---

1 《泰晤士报》编辑吉尔乐认为，19世纪中期以后，由于英国在亚洲地区，尤其是东亚地区过多的卷入，并在这一地区享有广泛的军事、政治和商贸利益，因此英国简直可以称得上是一个"亚洲帝国"（Asiatic Empire）。可参见 Ignatius Valentine Chirol, *The Far Eastern Question*, London: Macmillan and co., ltd., 1896, p.2.

第三章 焦虑的英帝国：1910 年前后的爱尔兰自治运动

霍布斯鲍姆认为，1875—1914年是"帝国的年代"[1]，19世纪后半期，英国从一个"自由贸易"帝国向"殖民扩张"帝国迈进，英国在亚洲、非洲等地展开海外殖民争夺，在欧洲则和其他列强展开激烈的竞争，到1914年，英帝国的版图接近三千万平方公里，统治的人口超过全球人口的三分之一。但是，世纪之交的英布战争（1899—1902）则给英帝国的强盛投下了阴影，有学者认为，英布战争使得英帝国的命运发生了巨大的变化，战争暴露出英帝国的虚弱，对英国人而言，这场战争也耗尽了英国人的热情，"英帝国的领土扩张阶段到此结束，英国对帝国的政策亦转而以巩固帝国为核心"[2]。

19世纪末至20世纪初，与帝国相关的事务逐步成为政府和公众持续关注的焦点。自由党政治家约瑟夫·张伯伦（Joseph Chamberlain）提出的"帝国关税同盟"，英国与日本的结盟及和法、俄达成的协约，都引起国内的热议。但愈演愈烈的爱尔兰自治问题，让前面的议题相形见绌，英国在爱尔兰问题上面临严峻挑战，处理不善就会动摇帝国的根基。

第一节　英帝国建构的历史叙事

20世纪初期的英国，如果我们采用其官方称谓，即"大不列颠和爱尔兰联合王国"（United Kingdom of Great Britain and Ireland，1801—1922）。但是在当时，通常还有另外一种称谓，大英帝国，或称不列颠帝国（British Empire）。19世纪末至20世纪初正是大英帝国的鼎盛时期。下面我们简短回顾这一帝国的发展历程。

1707年，苏格兰和英格兰共同组建新的单一王国——大不列颠王国（Kingdom of Great Britain），这一全新的单一制政府与议会设于伦敦的西敏寺（Palace of Westminster），这两个王国也就有了共同的君主。

伴随着英格兰对爱尔兰岛的入侵和扩张，英格兰逐渐控制了整个爱尔兰岛。为了达到彻底征服和同化爱尔兰人的目的，1719年英格兰议会通过声明法案（简称为"The Declaratory Act"），立法如下："爱尔兰王国一直，并理应作为大不列颠不可分割的一部分，应效忠于不列颠国王王室，国王陛下经议会之拥护

---

1 ［英］艾瑞克·霍布斯鲍姆：《帝国的年代》，贾士蘅译，南京：江苏人民出版社，1999年，第60页。

2 钱乘旦主编：《英国通史》（第六卷·日落斜阳），南京：江苏人民出版社，2016年，第294页。

和同意，享有全权并有权颁行法律，以管制爱尔兰王国。"[1] 在爱尔兰，历经血与火的洗礼，到 1801 年 1 月 1 日，继英格兰和苏格兰联合之后，一个全新的联合王国成立了，它就是大不列颠及爱尔兰联合王国。从政治形式上看，它是由旧王朝联合的方式组建而成；从历史文化传统来看，爱尔兰有着自己鲜明的独特性，并有着长期反抗英格兰人压迫的传统；从宗教上看，爱尔兰人大多数都是天主教徒，而统治和管理爱尔兰的上层人物和精英群体则是新教徒。合并法案通过之后，许多英国人视爱尔兰为英国固有领土的一部分，但是普通的爱尔兰人对此则不以为然。

英国的两次联合可以看出，这是一个多中心的王朝联合体。但是它又如何构建出一个统一的国家认同呢？

新教应该是一个极其重要的因素。以新教的宗教经典为例，新教之中那些关于教会重要性的宗教教义有利于英国形成一个统一的国家。近代英国的大众媒体也宣扬这些观点：英国是一个独立的、自由的新教国家，完全不同于欧洲大陆那些独裁和专横的天主教国家。所以，新教借助于报纸和期刊等近代媒体，在英国这个"想象的共同体"中发挥了重要作用。新教对其他宗教尤其是天主教的排斥也起到了建构"他者"的功用。

在重商主义时代，英国通过驱逐汉萨同盟，与西班牙、葡萄牙展开贸易竞争及海上战争，并先后击败它们，之后又相继战胜荷兰、法国等强有力的竞争对手。英国坚持欧洲势力均衡，通过纵横捭阖的合纵连横手腕，打垮对手的政治和商业竞争能力，并在海外开疆拓土。大批不列颠群岛的居民开始向新开拓的海外地区寻求发展机会或定居下来，这些都从整体上极大地提升了英国的国力和相对其他国家的比较优势。

进入 18 世纪，英国人原有的宗教身份认同又增添了新的元素——对帝国的认同。帝国对大英帝国内部各个群体的吸引力不仅仅在于对皇室的效忠和对帝国的认同感，还在于帝国各个群体的切身利益。英格兰人、苏格兰人、爱尔兰人，甚至澳大利亚自治领都积极参与到大英帝国的扩张和治理中。他们享受了帝国带来的实际利益，也主动为支撑和维护帝国主义价值观念添砖加瓦。本书所涉及英

---

1 声明法案全称为 "the Dependency of Ireland on Great Britain Act 1719"，法案的英文原文见 "Irish Parliament Act, 1719", in Josef L. Altholz, *Selected Documents in Irish History*, London and New York: Routledge, 2015, pp.58-59。该法案在 1719 以 140 票对 83 票通过，可参见 Great Britain Parliament. House of Commons, *The History and Proceedings of the House of Commons from the Restoration to the Present Time*, vol. Ⅵ, London, Printed for Richard Chandler, 1742, pp.213-214.

帝国的主要人物中，罗伯特·赫德来自爱尔兰，乔治·莫理循来自澳大利亚，濮兰德出生于马耳他，吉尔乐来自英格兰的霍夫，尽管他们来自帝国的不同地方，但是在他们的言语和行动中，都能清晰地看出帝国所打下的烙印。曾被清政府最高统治者称之为"我们的赫德"[1]的英国人——罗伯特·赫德爵士，曾于19世纪60年代向清政府建议改革，并向总理衙门呈递《局外旁观论》的折子；赫德在折子中强烈要求清政府实行富国强兵的改革，赫德这么做当然不会是为了增进他与清政府之间的"友谊"。关于向清政府最高统治阶层建言改革的动机，这位大清海关总税务司在日记中曾坦言，"迄今为止我们是从政治上支援他们（指清政府）的。我们之所以这样做，是因为我们帝国的利益需要"[2]。濮兰德——出生于马耳他岛的爱尔兰人，也曾在其专著《中国近况和英国的在华政策》（*Recent Events and Present Policies in China*）中明确表示："不列颠在中国有两种利益，一种是国民的利益（the national interest），它在于保护并扩张我国的商业；另一种是帝国的利益（the imperial interest），它在于维持中国的现状并捍卫我国在亚洲的强权地位。"[3]因此，在当时人们的观念中，帝国不仅仅是英格兰人的帝国，同时还是苏格兰人、爱尔兰人、威尔士人及其他殖民地、自治领所共有的帝国。

19世纪末期，英帝国整体上走向巅峰状态。1897年，在殖民地事务大臣约瑟夫·张伯伦的建议和组织下，维多利亚女王举办继位60周年的钻禧庆典（Diamond Jubilee），英帝国的各个殖民地、自治领，都派代表前来庆贺，"日不落帝国"的权势也达到了顶点。在帝国庆典活动中，首都大巡游是引人注目的重头戏。巡游庆典活动中的主要队列有维多利亚女王的车队，英国陆海军的仪仗队，来自印度的仪仗队，锡克人军团，牙买加炮兵兵团，香港警察，婆罗洲（加里曼丹的旧称）迪雅克人警察，皇家尼日利亚警备队，黄金海岸的轻骑兵团等。这场规模空前的庆典活动彰显了帝国的权势和威严，也体现了英国的

---

1 英国人赫德，作为一位在近代中国颇具影响力的人物，学界对他的评价存在争议，褒贬不一。他的真实立场在如下"骑马"事例中得以体现。中国首任驻英大使郭嵩焘和赫德曾有一段对话。郭问："君自问帮中国，抑帮英国？"赫德答："我与此都不敢偏袒。譬如骑马，偏东偏西便坐不住，我只是两边调停。"郭逼问："无事可以中立，有事不能中立，将奈何？"赫德答言："我固英国人也。"可参见《郭嵩焘日记》，第三卷（光绪时期上），长沙：湖南人民出版社，1982年，第49页。赫德的"骑马"理论可以最好地说明，"咱们的赫德"终究是"英国人的赫德"。

2 Sir Robert Hart; Richard J Smith; John King Fairbank and Katherine Frost Bruner, *Robert Hart and China's Early Modernization: 1863-1866*, Cambridge, MA and London, Harvard University Press, 1991, p.299.

3 John Otway Percy Bland, *Recent events and present policies in China*, Philadelphia: J.B. Lippincott Company, 1912, p.284.

政策制定者对帝国团结和凝聚力的渴望。

图 3.1 英王乔治五世在德里加冕为印度皇帝以及入城仪式（1912 年）[1]

克莱顿主教（Mandell Creighton, 1843—1901, Bishop of London）在备忘录中写道："这场庆典感人、真诚且具有全民性，远超以往历次庆典……这场意义深远的庆典展示了帝国的伟大（imperial greatness），激发了帝国团结一致的信念，庆典不但给了英国和各个殖民地以启示，甚至整个欧洲也都十分羡慕。"[2]

除了通过重大的节日和官方活动来增强帝国内部的连接之外，国王的加冕礼和英王到帝国各领地的访问也被用来增强人们对帝国的认同和帝国内部的凝聚力。1912 年，英王乔治五世（George V, 1910—1936 年在位），即维多利亚女王的孙子，在访问印度时，就见证了盛大的印度阅兵仪仗队（图 3.1）。一战之前，英属印度军队（British Indian Army）总人数约为 16 万人，主要由英国军

---

1 "A dramatic moment: India learns of the Great Solemnity", *Illustrated London News*, Saturday, 06 January 1912; "Nearing a historic garden of paradise: the Imperial progress", *Illustrated London News*, Saturday, 30 December 1911.

2 "Memorandum by Bishop Creighton", in George Earle Buckle ed., *The letters of Queen Victoria. Third series. Volume. III (1896-1901)*, Cambridge: Cambridge University Press, 1932, p.190.

官指挥和训练。这只数目庞大的军队加上印度超过 2 亿规模的庞大人口，竟然就由数量只有 1000 到 2000 的英国人统治。主要是由于对帝国的认同和对英国王室的忠诚，才使得这 2000 多英国人能实际管理并统治着当时超过 2.5 亿的印度民众。

第二节　英国的自我认同 [1]

　　英国人在发现和探索世界的同时也在发现自身，这是思考和探索本土与异域、自我与他者关系的重要环节。注视者的自我认知以及对自身的定位，注视者与他者之间的对比，会对他国形象的生成、建构产生重大影响。有学者认为"西方文明如果不发现世界，也就不会发现自身" [2]，这一观点比较精辟地指出对外部世界的认知与自我认知之间的关系。在研究英国关于中国知识和观念相关的作品中，毕可思十分关注通商口岸的英国人，乌尔里克·希尔曼关注有关中国知识的生产和复制，罗斯·福尔曼则聚焦于帝国视野下的中国形象。这些研究取得的成绩是毋庸置疑的，但是他们都未将英国的自身形象或自我认知纳入研究视野，没有考虑到注视者的自我认同对他国形象的干扰作用。英国的自我意识是英国认识或"注视"他国的文化心理基础，不考察注视者的自我认同或自我形象，那么对他国的认知及其相关阐释就会出现偏差。法国学者亨利·巴柔指出："所有的形象都源自一种自我意识，它是对一个与他者相比的我，一个与彼此相比的此在的意识。" [3] 自我认知与有关"他者"的形象之间，相辅相成，相互作用。因此，英国的自我认同和自我形象问题也是考察和研究英国主流报刊中国报道不可忽视的一环。

　　近代印刷媒体的发展使得对自我认知的考察成为可能。本尼迪克特认为，

1　对于身份认同问题，史学研究和国际关系研究领域都有过比较多的探讨。认同问题也一直困扰着英国，不仅是英国政府，还包括普通的英国人。英国作为一个历史悠久、文化灿烂且具有重要国际影响力的大国，在历史上，英国的势力一度领先于世界，甚至19世纪都被称为"英国的世纪"，但是其"国家身份认同问题一直没有得到妥善的解决"。（详见潘兴明：《英国国家身份认同：理论、实践与历史考察》，载陈晓律主编：《英国研究》第1辑，南京：南京大学出版社，2009年，第16页）从19世纪80年代开始的爱尔兰自治运动，到20世纪70年代兴起的苏格兰独立运动，再到21世纪初的威尔士主义运动（Welsh independence），这一系列事件表明，数百年来，有关国家的身份认同问题始终困扰着英国。

2　周宁：《天朝遥远：西方的中国形象研究》（上卷），北京：北京大学出版社，2006年，第118页。

3　[法] 达尼埃尔·亨利·巴柔：《从文化想象到集体想象物》，载于孟华编译：《比较文学形象学》，北京：北京大学出版社，2001年，第121页。

报纸和刊物等印刷出版物具有形成和凝聚民族意识、帮助构建想象的共同体等功效，在塑造民族国家的认同中发挥着至关重要的作用。[1] 报纸和期刊从内容上讲，存在着某种片段性和非连续性，尽管存在这种短处，但是报界"凭借那种为社会所共享的新闻价值，从而激发出一种公众能够感知到的国族情感（national 'we-feeling'）"[2]。媒体通过连续不断地建构与塑造"他者"形象，"自我"身份也在形成与建构的过程之中，在这个建构过程中，自我形象得到确认，而与之相对的"他者"身份也被确立。无论它们是有意还是无意，英国主流报刊通过言说中国，也言说了英国自身。

一、进步史观

进步倾向是这一观念的应有之义。18 世纪以来，发端于英国的工业革命、政治革命、社会改革以及个人权利的增长，给欧洲带来了令人瞩目的变化。在这种进步史观之下，"西方社会是一个包括了民主、资本主义、科学、人权、宗教、个体自治"以及"解放人类理性的力量"的综合体。[3]

近代欧洲的迅速发展增强了欧洲人的信心，但也"诱使人们把文明形象化作为一个标尺，由此衡量出欧洲比世界其他任何地区都要进步得多"[4]，雷蒙·道森认为这种假说还存在于欧洲具有重大影响力的思想家如黑格尔、孔德和斯宾塞等人的作品之中。这一进步史观无不强调西方文明（科学、自由、民主、财富）是世界历史发展中无法阻挡的因素，体现为不断进步、前后相继的发展进程。这种进步倾向不仅体现在政治和经济层面，还体现在社会文化和精神层面。

普遍性被认为是进步观念的另一主题。即西方社会的发明创造并不仅仅是为发明者本身使用的，它还是可被推广的，是可以全世界通用的。当然，这种普遍性的倾向（sense of universalism）也与基督教有密切关系。[5] 在英国人看来，将边缘国家、不发达国家整合到以英国为主导的"文明体系"[6] 之中，被视为是

---

1 ［美］本尼迪克特·安德森：《想象的共同体：民族主义的起源与散布》，吴叡人译，上海：上海人民出版社，2016 年，第 43 页、第 58—60 页。

2 James Curran, *Media and Power*, London: Routledge, 2002, p.30.

3 ［丹麦］戴维·格雷斯：《西方的敌与我：从柏拉图到北约》，黄素华等译，北京：世纪出版集团，2013 年，第 33 页。

4 ［英］雷蒙·道森：《中国变色龙：对于欧洲中国文明观的分析》，常绍民、明毅译，北京：中华书局，2006 年，第 94 页。

5 ［英］马丁·雅克：《当中国统治世界：中国的崛起和西方世界的衰落》，张莉、刘曲译，北京：中信出版社，2010 年，第 28 页。英文版见 Martin Jacques, *When China Rules the World: The Rise of the Middle Kingdom and the End of the Western World*, London: Penguin Books, 2009, p.31.

6 在 20 世纪初期的英国报纸和期刊眼中，英国为主导的文明体系不仅包括经济和科学层面，还包括文化与宗教层面。

唯一正当的选择。如果拒绝接受这种体系，则意味着这种国家是停滞的、落后的、堕落的、腐败的。

以在近代欧洲具有普遍意义的"启蒙精神"而言，它也兼具进步倾向。到19世纪，英国的"进步主义"倾向也具有某种普遍性，但它和18世纪法国"启蒙精神"相比，"在对待'东方'的态度上，情况已经不同"[1]。18世纪前后，中国文化经天主教传教士传播到欧洲，被启蒙思想家用来攻击欧洲的旧制度，以解除极端宗教思想和落后体制对人们的桎梏。而到了19世纪，英国由于工业实力、军事力量、科学技术等方面的优势，以及通过统治和管理殖民地所掌握的经验，逐步形成了对东方世界的傲慢心态。

二、以基督教信仰为核心的精神价值

基督教属于比较典型的一神信仰，从思维方式上来看，则是明显的绝对一元论，这类一神教信仰认为"神之外再无其他"，企图进行精神世界上的绝对垄断。基督教信仰还体现出强烈的排他性，以其经典文本摩西十诫为例，第一条戒律就是："我是耶和华你的神……除了我之外，你不可有别的神。"[2]基督教信仰由此自然而然就衍生出"异教"（infidels）、"外邦人"（gentiles）、"未信的民族"等概念，这些都体现出鲜明的二元化特征。这种宗教排他性也会导致对其他宗教、其他信仰的轻视或颠覆。

在19世纪末20世纪初的英国社会中，许多人很大程度上仍将基督教作为衡量文明与否的重要尺度。在那些远赴海外宣教的传教士看来，基督教国家无论是道德水准，还是经济发达程度及社会发展状况都要明显好于其他"异教"国家。于是乎，以是否信奉基督教为标准，许多传教士由此将世界建构为先进与停滞、进步与蒙昧、文明与野蛮这种"二元对立"话语，这种话语不但构成了传教士们的日常生活和传教话语，而且成为他们确认自身归属和坚持自身信仰的重要支撑。

那种带有明显宗教色彩的话语并不专属于传教士们所有，在英国的日常政治活动中，具有浓厚宗教色彩的话语也经常出现。1891年4月10日，来自英格兰达勒姆郡选区（Durham, Barnard Castle）的英国议会议员约瑟·皮斯（Sir Joseph W. Pease，1828—1903）在当天反对鸦片贸易的动议中，仅一次连续发言

---

1 李天纲：《年代记忆》，香港：香港城市大学出版社，2017年，第11页。
2《圣经旧约》，"出埃及记"，第20章，第2—3节。

就提到"基督教原则"（principle of christianity）、"基督教精神"（christianity）、"基督教会"（christian churches）、"基督徒"（christian men）、"基督的领地"（christian lands）、"基督教国家"（christian country）等特征鲜明的宗教词汇共计 20 余次[1]，这些都与英国本身的宗教氛围直接相关。

基督教新教赋予英国民众一种关于自身的定位，明确了英国人在历史和社会发展中的意义和价值，并影响了英国社会对"他文化"的观感。琳达·柯利（Linda Colley）在《不列颠人》中认为，基督教新教"将一个时常处于分崩离析状态的国家联合起来，不仅是要对抗外部的敌人，也是要抑制内部矛盾。此外，在回答'谁是英国人，英国人是否真的存在'（Who were the British, and did they even exist？）这一问题上，基督教新教可能是唯一令人满意和强有力的预期答案"[2]。

三、帝国认同

19 世纪中期以后，英国开始大踏步地走向全球，其扩张范围遍及全球多个地区，在对外探索和征服的过程中不可避免地发生各种冲突，有些地方对英国而言，可能无关紧要；但随着地盘的不断扩大，利益攸关的地区也不断增多，随着帝国对"绝对安全"的追求，英国不可避免地走向了一个庞大的殖民帝国。在欧洲地区，英国在政治层面还是努力尊奉一种名为"势力均衡"的古老学说，并在理论和实践上维持着一种所谓近代外交的"平等模式"。但是在全球范围内，特别是在许多落后的亚洲和非洲地区，不列颠自身利益的实现方式却并非欧洲式的，在这些地区英国更多采取的是炮舰政策。

19 世纪末至 20 世纪初，在许多英国人看来，"帝国主义分子"称谓并不会让人难堪，不列颠的很多人为自己生活在女王治下的帝国而感到自豪。C·P·菲茨杰拉德（C. P. Fitzgerald）认为："不列颠的治理责任遍布世界各地（worldwide responsibility），她所负担的义务不仅是殖民地和海外帝国，还包括传播和保护文明。"[3] 英国历史学家马歇尔也认为："帝国是英国人自身认同的主要组成部分（major component），它不仅有利于整合联合王国，而且也将英

---

1 原文见英国议会论辩实录：*HANSARD*, Commons Sitting Debate, 10 April 1891, vol. 352, cc. 285-304.

2 Linda Colley, *Britons: Forging the Nation 1707–1837*, New Haven and London: Yale University Press, 2012, p.54.

3 George Ernest Morrison and Lo Hui-min, *The correspondence of G. E. Morrison, volume. 1(1895-1912)*, Cambridge: Cambridge University Press, 1976, p. viii.

国人自己与其他欧洲人区分开来。"[1] 这种认同不仅体现在那些长期生活和居住于英国本土的人群中，如《泰晤士报》的外国新闻部编辑吉尔乐。那些长期居住于海外的英国人，如罗伯特·赫德爵士、濮兰德、莫理循及英国商人亨利·奚安门等，无不为帝国利益而奔走。拥有多家报纸的英国报业巨头——北岩勋爵就他认为自己旗下的报纸，如《每日邮报》等，应该利用它们强有力的宣传能力（enormous publicity），在中国事务方面最大限度地维护英帝国（the Empire）的利益。[2]

19世纪末，《泰晤士报》的经营每况愈下，但是该报仍以帝国利益的代言人自居。1896年，伦敦总部的国外新闻部主任吉尔乐（Ignatius Valentine Chirol）给该报驻华记者莫理循的信中如是说："作为一名记者，思考问题的首要出发点是要从维护大英帝国事务的格局出发（subject judged by an Imperial）；其次才是报社编辑从局部问题出发，指定相关题目。"[3] 20世纪初期，无论是自由派报刊，还是保守派报刊，英国的主流报刊总是在一个帝国的视野中进行思考和报道的，帝国仍然是他们思考对外政策等问题的主要出发点。

对于这一时期的英国主流报刊而言，帝国的利益主要有以下方面：

1. 扩张帝国以及维护、整合帝国所具有的各项资源。

2. 帝国的经济体系和帝国治理逻辑。

3. 帝国的价值体系和文明观念。

4. 英国以及帝国的认同。

人们在一般情况下会认为，英国自由党（前身为辉格党）执政时期都会推进自由贸易，注重社会不同阶层之间的合作，关注劳工权益，因而被认为具有较少的帝国主义倾向。但实际上是，19世纪中期以后，英国在工业革命方面的"先发优势"逐渐丧失，美、德、法等国家都迎头赶上了。在进入19世纪70年代以后，特别是在德意志人实现国家统一之后，新德国也快速进行工业化；大西洋另外一边的美国，在内战结束之后，如火如荼地开展全方位的经济和社会重建，这

---

1 P.J. Marshall, "Imperial Britain", *The Journal of Imperial and Commonwealth History*, 23:3(1995), p.385.

2 George Ernest Morrison and Lo Hui-min, *The correspondence of G. E. Morrison, volume. 1(1895-1912)*, Cambridge: Cambridge University Press, 1976, p.391.

3 George Ernest Morrison and Lo Hui-min, *The correspondence of G. E. Morrison, volume.1(1895-1912)*, Cambridge: Cambridge University Press, 1976, p.38. 吉尔乐（Ignatius Valentine Chirol），泰晤士报主编、著名记者、编辑、历史学家和外交家，曾著有《远东问题》等书。吉尔乐是他为自己取的中文名字，他在1896年出版的《The Far Eastern Question》一书的封面写上大大的繁体"吉爾樂"三个字。他对中国的看法十分悲观，对当时中国的发展改革措施抱着怀疑和不信任态度，导致他和驻华记者莫理循之间经常发生意见上的冲突。

些强有力的竞争对手的出现，使英国丧失了在欧洲大陆和美国的竞争优势。这就导致英国工业生产的商品极大地依赖不发达地区，为了扩大海外市场并与竞争对手相抗衡，自由党政府也转向了海外干预政策。[1]19 世纪后半期自由党执政下的英国，为大英帝国攫取的领土面积远远大于保守党执政时期。所以，19 世纪末 20 世纪初，无论是保守党还是自由党，在维护帝国的手段上可能存在一定差异，但是在维护帝国的存续和发展问题上基本能保持一致。

不论是报纸还是期刊，英国报界并没有运用庞大的篇幅阐发过这种自我形象话语，但从报道背后的深层逻辑和社会心理角度来看，媒体报道还是受其较大影响。尤其是在关于"他文化"的报道中，自我形象和自我认同就隐约显现出来。20 世纪初期，英国社会对主流报刊的消费量快速增加，既增加了国家认同的基本框架，也强化了帝国主义的价值观念。英国的海外扩张不仅带来政治和经济上的好处，塑造英国人对世界的看法，还可能会影响他们对自身的看法。

以东亚为例，英国在远东地区的扩张和掠夺行为也影响到英国人的帝国观感。由于英国在亚洲地区的卷入日益加深，除了印度次大陆外，英国还统治着东南亚的海峡殖民地、马来半岛的其他地区，并通过不平等条约侵占中国香港等，因此《泰晤士报》编辑吉尔乐甚至将英国也视为一个"亚洲帝国"（Asiatic Empire）[2]。在近代英国对华的战争行动和经济掠夺中，英国商人、军人及好战的政客固然是政治舞台上的重要角色，但是英国的报界精英人士则从另一个方面，起到了更为深远和持久的影响，部分人还直接参与到影响中英关系发展和英国自身历史的重要事务之中。

第三节　受到威胁的帝国：爱尔兰自治运动

爱尔兰岛距离不列颠群岛位置很近，但自从罗马帝国崩溃以来，爱尔兰就具有不同于不列颠的特色。相传 5 世纪的时候，圣帕特里克将基督教带到爱尔兰，爱尔兰也从此走出了蛮荒时代，从而步入了欧洲基督教世界，但由于相对隔绝的地理位置，爱尔兰的基督教会也长期游离于罗马天主教世界之外；此外，

---

1 Kevin Narizny, *The Political Economy of Grand Strategy*, Ithaca, NY and London: Cornell University Press. 2007, p.233.

2 吉尔乐认为，由于英国在亚洲地区，尤其是东亚地区过多的卷入，并在这一地区享有广泛的军事、政治和商贸利益，因此英国简直可以称得上是一个"亚洲帝国"了。见 Ignatius Valentine Chirol, *The Far Eastern Question*, London: Macmillan and co., ltd., 1896, p.2.

爱尔兰由于其自身的地理和历史原因，一直也没能形成一个比较强大的中央集权国家。因此，欧洲大陆的纷争，以及不列颠群岛上的各种冲突，使得爱尔兰成为欧洲大陆以及不列颠封建强权争夺的对象。先是盎格鲁——诺曼人进入爱尔兰进行小规模骚扰，之后是英格兰国王亨利二世率大军侵入爱尔兰，并在此后占领整个爱尔兰岛。

1801 年的"英爱联合"之后，单单从宗教政策上看，就具有明显的压迫性质。爱尔兰绝大多数人都信仰天主教，英国政府却强制规定，英国国教（圣安立甘宗）为爱尔兰人的国教，这极大地伤害了爱尔兰人的宗教情感。同时，广大的天主教徒享受不到基本的政治和宗教权利，并在社会、经济和教育等方面广受歧视，因此爱尔兰人并非是和英国"联合"，事实上是被英国征服，从而沦为英国的殖民地。

对于英国人的压迫，爱尔兰人不肯逆来顺受，各种反抗斗争此起彼伏。到1829 年，英国议会通过《天主教解放法案》，放弃了长期坚持的强制改变爱尔兰人宗教信仰的做法，这也标志着爱尔兰人的信仰得到一定程度上的尊重。19世纪中期以后，通过议会及选举权的改革，许多爱尔兰天主教徒也进入了英国议会，并有机会发出自己的声音。到 19 世纪末，主要是在爱尔兰岛，有关自治问题的呼声变得越来越高。

在爱尔兰的历史上，19 世纪是一段非常艰难的时期。19 世纪中叶爱尔兰土豆作物欠收，发生了饥荒。一时间，疾病肆虐，哀鸿遍野，数百万人死于饥饿，许多人被迫逃离爱尔兰故土。而对于爱尔兰大饥荒，伦敦动作迟钝，其表现乏善可陈，某种程度上加剧了这场可怕的灾难。大饥荒是爱尔兰人"苦难"叙事中的重要一环，很多人爱尔兰人认为自己正在遭受不列颠人野蛮的殖民统治，并将争取爱尔兰自治甚至独立视为通往自由的必经之路。

爱尔兰大饥荒以及关于大饥荒的历史叙事导致了巨大悲悯情怀，刺激了爱尔兰人民的民族觉醒意识和独立自主意识。一些爱尔兰人认识到，只有通过自身的行动才能拯救自己。1848 年，"青年爱尔兰人"（the young irelander）利用人们对伦敦的不满情绪，同时受到当时欧洲革命这一良好外部形势的影响，在爱尔兰南部的巴林加里（Ballingarry，Ireland）发动起义，但起义很快就遭受失败。

主要是从 19 世纪中期开始，爱尔兰人对伦敦的不满逐步转变为爱尔兰人的民族主义运动，爱尔兰人的反抗此起彼伏，从未停止过。爱尔兰问题成为英帝国内部引起广泛关注的重大问题，它还对英国的政党政治和政府的决策产生较大的影响，某种程度上也影响英国的帝国政策，并成为之后英国历届政府所面临的重大难题。

1897 年，伦敦周围 500 万人参加了规模空前的女王登基 60 周年庆典，整个帝国都沉浸在大英帝国的"荣耀"和"光辉"的时刻，无论是一贯保守的联合主义者，抑或是自称自由主义的左翼，大部分人都在欢呼。只有爱尔兰民族主义者对维多利亚女王的 60 周年庆典表示强烈不满，认为英帝国的统治给爱尔兰人民带来痛苦和灾难。在英国议会下院，爱尔兰民族主义者的代表雷德蒙德（John Edward Redmond，1856—1918）不顾下院同僚们的嘲讽，在议会现场大谈爱尔兰人对维多利亚女王及女王登基 60 周年庆典的看法。雷德蒙德认为"帝国的其他部分处在繁荣、自由之中的时候，爱尔兰人民却处在贫苦和受奴役状态（in poverty and subjection），他们感到愠怒和愤愤不平；他们知道在这个重要的场合（指维多利亚女王登基 60 周年庆典），人们通常会对这种不和谐的声音视而不见的。但作为爱尔兰人民的代表，在这个重要的历史性时刻（a great historical occasion），他们无法忘记在一个号称'繁荣与自由'的帝国统治之下，爱尔兰人所遭受的苦难，因此他们没有心情来参与庆祝这场所谓的庆典"[1]。爱尔兰民族主义者的激烈反应无疑给那些倾心支持帝国的人们浇了一盆冷水。

不仅如此，到 19 世纪末 20 世纪初的南非战争之时，爱尔兰议会党领袖在议会下院发言时公然表示对布尔人的同情，还公开谴责帝国的侵略政策，他们还以爱尔兰人民的"民意代表"自居，在议会中公开表示"坦诚地讲，大部分爱尔兰人都对帝国充满仇恨（hostile to the Empire）。如果我否认这一点，那就是伪善；如果你们忽视这一点，那就是极端愚蠢"[2]。

对大部分不列颠人来说，爱尔兰已被视为英国本土的一部分，是英国国王统治之下不可分割的一部分。自 19 世纪初英爱合并后，爱尔兰已成为联合王国的一个组成部分。因此，19 世纪后半期到 20 世纪初期，爱尔兰问题已经成为帝国内部上下十分关注的问题，爱尔兰问题还让所有的重大政治议题，无论是国内的，还是海外的，都显得黯然失色。英国首相帕麦斯顿曾认为，有关爱尔兰

---

1 *HANSARD*, Commons Sitting Debate, 21 June 1897, vol. 50, cc450-452.

2 *HANSARD*, Commons Sitting Debate, 07 February 1900, vol. 78, c. 832. 原文为"I admit, in the frankest manner, that the feeling of the mass of the Irish people is hostile to the Empire. At this moment it would be hypocrisy for me to attempt to deny it, and it would be the utmost folly for you to attempt to minimise it."

最细小的问题（the smallest outbreak）都会比印度发生的大危机更加容易撼动帝国的权威。[1]

图 3.2　厄尔斯特志愿军的宣传海报和《伦敦新闻画报》的相关报道 [2]

1912 年前后，爱尔兰问题已经成为英国社会中一个十分敏感的雷区，无论是自由党还是保守党的政治家，还是英国的普通民众，爱尔兰问题都牵动着整个社会敏感的神经。1912—1913 年前后，爱尔兰南北双方出现紧张对峙的局面，而双方都进行军事动员和武装游行，北爱地区的厄尔斯特人还从欧洲大陆国家（主要是德国）购进大批武器，爱尔兰的内战一触即发，但是因为第一次世界大战的爆发，内战侥幸得以避免。

爱尔兰问题给英帝国的社会、政治、宪政、君主制度都带来了重大影响。自 1880 年起，到一战之前的英国政府，其中有数届政府都是直接因为爱尔兰问题而倒台的。[3]对自由党和保守党来说，爱尔兰问题是政策上的重大分歧。爱尔

---

1 E. D. Steele, *Palmerston and Liberalism, 1855-1865*, Cambridge: Cambridge University Press, 1991, p.317.

2 "120, 000 Anti-Home-Rule Volunteers: A Rapidly Growing Force", *Illustrated London News*, Saturday, March 14, 1914; p.413; Issue 3908.

3 第三次格莱斯顿内阁（1886 年 2 月—1886 年 7 月）、第四次格莱斯顿内阁（1892 年 8 月—1894 年 3 月）都是因为爱尔兰自治问题导致的困局而垮台。

兰已经加入联合王国 100 余年（自 1801 年起），对许多普通英国民众而言，爱尔兰就是帝国不可分割的一部分。因此，自治运动和爱尔兰自治法案的起草、辩论、表决使很多人在情感上难以接受。对一些顽固的联合主义者来说，爱尔兰自治是难以想象也无法接受的，英国宪政框架内的政治斗争失败之后，他们试图直接以武力对抗自治运动。

第四节　1911—1912 年英国公众的君主制焦虑

爱尔兰人对英国的抵制和反抗一直没有停止过，19 世纪 80 年代，爱尔兰无地的农民进行游行抗争，要求取得属于自己的土地，而且规模不断地扩大，爱尔兰的民族主义者也借此机会，希望在政治上掌握更大的权力，因此也要求自治。1886 年，执政的自由党 W.E. 格莱斯顿政府提出爱尔兰自治法案，以缓和爱尔兰的内部纷争，但遭到保守势力的坚决反对而未能通过。1892 年前后，自由党再次执政，第二次提出爱尔兰自治法案，这个在议会下院勉强通过的法案遭到上院的否决，在此打击之下，W.E. 格莱斯顿也宣布退出政坛。

对于爱尔兰自治运动，英国的主流报刊对此展开了一场声势浩大的"口诛笔伐"。早在第一个自治法案被提出之前，1882 年 5 月 20 日的《笨拙》周刊，就以《爱尔兰弗兰肯斯坦》（*The Irish Frankenstein*）为标题（图 3.3），并配上大幅的图片，爱尔兰自治被刻画为一个戴着黑色眼罩的怪物——弗兰肯斯坦，手里还拿着一个血淋淋的匕首，而一旁戴着礼帽的英国绅士正瑟瑟发抖。"弗兰肯斯坦"（frankenstein）自从出现于 19 世纪英国作家玛丽·雪莱的科学幻想小说之后，玛丽·雪莱创造的英语新词汇"弗兰肯斯坦"在西方世界被广泛使用，通常用来形容那些最终毁了它的创造者的东西。将爱尔兰形容为"弗兰肯斯坦"表明《笨拙》周刊对爱尔兰自治的抵制态度。

《旁观者》周刊认为"爱尔兰自治"是一个历史上从未存在过的事物，在50—90 年以前，爱尔兰的政治人物都是想着怎么和英格兰加强联系，而不是与英格兰分离，因此《旁观者》周刊认为"所谓的"爱尔兰自治缺乏历史依据，是一场充满偏见的政治运动。[1]《泰晤士报》的社论认为，W.E. 格莱斯顿政府出台的自治议案"已经遭到英国公众广泛的谴责"，该社论还指出，即便是苏格兰的报纸，

---

1 "The Irish People and Home-Rule", *The Spectator*, London Vol. 63, Iss. 3187, (Jul 27, 1889), p.103.

也认为格莱斯顿的想法"有毒和不切实际"。[1]《每日邮报》指出，格莱斯顿经常将美国的联邦体制挂在嘴边，但是联合王国的历史和现实情况与北美大陆千差万别，而且该报还认为，格莱斯顿将帝国之中主张联合主义的人排除在政府之外，这将使自由党政府越发极端，并导致灾难性后果（evil results）。[2]

图 3.3 爱尔兰弗兰肯斯坦（《笨拙》周刊，1882 年）

1 "MR. GLADSTONE'S Home Rule scheme already", *The Times* (London, England), Saturday, Apr 10, 1886; p.11; Issue 31730.

2 "The Outlook", *Daily Mail* (London, England), Tuesday, March 31, 1908; p.6; Issue 3734.

　　进入 20 世纪，爱尔兰的内部矛盾和冲突并未得到解决，而英国也面临着各种困扰。从外部情况看，英国的工业生产效率和工业产值在西方世界中的位置不断下滑，军事上则面临着德国的挑战。从内部情况看，英国的工业化和城市化仍在继续，产业工人开始成为重要的政治力量，英国的保守势力对政局的掌控也不像以前那么得心应手。在这一形势之下，爱尔兰的民族主义力量再一次高涨。1906 年，自由党的 H.H. 阿斯奎斯在爱尔兰民族主义政党势力的支持下，顺利组阁，部分是因为政治利益交换，部分是为了缓和爱尔兰的紧张局势。1912 年初，自由党 H.H. 阿斯奎斯内阁再一次提出有关爱尔兰自治的法案，也被称为第三个《爱尔兰自治法案》，该法案在议会下院勉强通过，但是在议会上院（贵族院）遭到否决。而执政的自由党首相阿斯奎斯对议会上院发出威胁，要求上院不要否决议会下院通过的《爱尔兰自治法案》，否则他将请求国王加封数百名贵族进入上院，以寻求自治法案的通过。此外，他还推动议会改革，以便将更多的权力集中到议会下院手中。爱尔兰北部地区的新教徒担心自己在未来的自治政府中处于劣势，强烈反对爱尔兰自治，要求留在一个统一的联合王国之内。围绕着自治法案的通过与否决、英国议会上院与下院的权力关系、北爱地区厄尔斯特人的武装反抗等议题，英国国内展开了激烈的争论。

　　1911 年 4 月，《泰晤士报》指出，围绕自治法案，议员们、政客们相互攻击，这极大地扭曲了帝国的政策和目标，首相阿斯奎斯的政策让现实情形更加恶化。[1]《观察家报》认为，联合主义者应该热切地表达他们的政治意愿，表达他们对王室和议会的忠诚以及反对自治法案的坚定决心。[2] 此外，1911 年 8 月 6 日，《观察家报》以《战斗到最后一刻——来自英国民众的声音》为标题，在第三版连续登载了五篇读者来信，强烈反对自由党政府的爱尔兰政策和议会改革方案。[3]

　　《每日邮报》认为爱尔兰自治后将会面临严重的财政问题，很可能是"搬起石头砸自己的脚"。[4]《每日电讯报》的评论文章认为，"自由党政府通过政治欺骗手段，认为他们自己可以操纵自治进程，并完成实施。如果他们不撞南

---

1 "Home Rule and False Imperialism", *The Times* (London, England), Wednesday, Oct 16, 1912; p.7; Issue 40031.

2 "Dangers of Home Rule", *The Observer* (1901- 2003), 02 Apr 1911, p.11.

3 Walter F. Kreling, "Fight to The Last, Overwhelming Support from Unionists Voice of The Bank and File", *The Observer* (1901- 2003), 06 Aug, 1911, p.3.

4 T. M. Kettle, "Could Ireland Pay her Way?", *Daily Mail* (London, England), Monday, January 16, 1911; p.6; Issue 4609.

墙不回头（blindly towards the precipice），就将导致一场内战（civil war）"[1]。1913 年，就在英国议会下院对自治法案表决之际，《旁观者》周刊认为，首相阿斯奎斯推动的所谓"爱尔兰自治"方案，完全无视爱尔兰东北地区厄尔斯特人的需求和感受，在议会和政府都对这一至关重要的议题采取逃避政策，因此阿斯奎斯的方案是不讲道义的暴政，最终将遭到彻底的失败。[2]《每日邮报》还从英德竞争和日益复杂的国际形势出发，引用了德国著名的"铁血宰相"俾斯麦的格言："如果自由党格莱斯顿的爱尔兰自治方案最终成功的话，那么他就将成为英国的掘墓人（the digger of England's grave）。"[3]1912—1914 年前后，英国自由党政府推动的爱尔兰自治，除了导致爱尔兰南北双方的武装对立外，还发生了军官拒绝执行来自伦敦命令的"卡勒兵变"，这些都严重危及联合王国的宪政架构和君主体制，且极有可能导致联合王国陷入一场内战。

一、"君主立宪"抑或"民主共和"

清末时期，许多中国人对于西式政体的看法一开始的确存在浪漫想象的成分。在进入 20 世纪，尤其是日俄战争之后，经过当时进步人士、开明官僚的推动和国内报界的渲染，"君主立宪"逐渐成为当时国人心目中救国救民的最佳方案。清王朝统治的最后三年，无论是大小官员，还是开明士绅，抑或引领舆论的报界，"立宪"已经成为它们日常活动中的标志性话语。

从某种意义上讲，武昌起义之后的南北对立或者南北和议，都围绕着一个中心问题而展开，即中国未来是实行君主立宪还是民主共和。武昌起义后，南北双方时而剑拔弩张，时而谈判议和。不过南北双方谈判的重点不是战区的划分，或者地盘的争夺，而主要围绕着中国的政治前途问题——是君主立宪还是民主共和。一般来说，南方革命党人是力主实行民主共和制度，而北方的官僚、士绅等则认为君主立宪体制最为适合当时的中国国情。一些社会名流如章太炎、严复等也极力主张实行君主立宪，以维护中国庞大的疆域和各个民族之间的团结。严复曾警告说："如果他们（指革命党人）轻举妄动并且做得过分的话，中国从此将进入一个糟糕的时期，并成为整个世界动乱的起因。直截了当地说，

---

1 "Summary", *The Daily Telegraph* (London, England), Tuesday, August 13, 1912, Issue 17881, p.8.

2 "The Home Rule Debate", *The Spectator*; London Vol. 111, Iss. 4437, (Jul 12, 1913), p.44.

3 "Bismarck on Home Rule", From Our Own Correspondent, *Daily Mail* (London, England), Wednesday, April 26, 1911; p.7; Issue 4695.

按目前状况，中国是不适宜于有一个像美利坚共和国那样完全不同的、新形式的政府的。"[1]

武昌起义之后，南北双方打打谈谈，互有胜负，袁世凯在接管清廷的大权之后，曾表示要尽快消灭南方革命势力。但是袁本人也有自己的小算盘，他一方面巩固自己在北方的势力，另一方面试图将武力与"和谈"并用，以扩大对全国整体局势的掌控能力。

此外，袁世凯还善于利用"共和主义"与"君主立宪"之争以扩大自身影响。1911 年 12 月 8 日，袁世凯向多位即将前往上海进行谈判的代表们发表讲话时声称，"君主制度，万万不可变更，本人世受国恩，不幸局势如此，更当捐躯图报，只有维持君宪到底，不知其它"[2]。对于袁世凯的这一举动，有人认为不过是政治伎俩，有的人认为是袁氏想提高谈判价码以攫取最高权力，也有人认为此时的袁世凯依然是在维护君主立宪。当然，南方革命势力在谈判中也有妥协，但坚持以实行民主共和制度为谈判底线，这一点是毋庸置疑的。孙中山先生在当选为临时大总统之后就明确表示："如清帝实行退位，宣布共和，则临时政府决不食言，文即可正式宣布解职，以功以能，首推袁氏。"[3]

总体上看，武昌起义之后的南北和谈，尽管存在地盘、人员以及军事资源方面的争执，但"制度之争"是和谈之中最为重要、争议最大的环节。曾在袁世凯时期担任总统府秘书长的张国淦认为"孙中山在辛亥革命时所注意的中心问题是推翻清朝"[4]；《资政院第十一次会议纪略》中也有相关记录，"乃者乱事迭起，将及一月，其所以不能即平者，即君主、民主两问题未决之故"[5]。

二、英国国内的君主制焦虑

1911 年，中国发生革命的消息很快传到了英国，少数报纸一开始还给予了热情洋溢的评价。武昌起义后的第三天（10 月 13 日），《苏格兰人》报就这样评论："腐朽的统治阶级（指清朝皇室）不能满足人们对政治、经济和社会发展的要求和期望，新军领导的革命力量已经掌握了相当的实力。中国人的共和主

---

1 孙应祥，皮后锋编：《严复集》补编，福州：福建人民出版社，2004 年，第 303—304 页。

2 张国淦编：《近代中国史料丛刊续编》第 26 辑，《辛亥革命史料》，台北：文海出版社，1976 年，第 289 页。

3 孙中山著，中国社会科学院近代史研究所中华民国史研究室等编：《孙中山全集》第 2 卷（1912），北京：中华书局，1982 年，第 23 页。

4 刘萍，李学通主编：《辛亥革命资料选编》第四卷（上册），北京：社会科学文献出版社，2012 年，第 309 页。

5 刘萍，李学通主编：《辛亥革命资料选编》第四卷（上册），北京：社会科学文献出版社，2012 年，第 207 页。

义在阵痛中分娩，而大清皇帝的龙袍如若敝履。"[1] 这是英国报纸《苏格兰人》对武昌起义积极、热情的评论，但是情况很快就发生了变化。

关于中国发生的革命运动，其具体细节并不是英国主流报刊关注的焦点。1911年下半年这场席卷中国南方的革命运动蓬勃发展，中国内部开始出现了君主立宪和共和制度的争论，制度之争一度成为南北双方谈判的主要议题，而这在英国国内也引起了激烈讨论。实际上，英国主流报刊对中国内部制度之争的态度鲜有像《苏格兰人》表现得那么轻松、那么热情的。

20世纪初期，无论是自由派媒体，还是保守派媒体，帝国仍然是他们思考问题的重要出发点。对于1911年前后中国辛亥革命过程中出现的体制之争，英国主流报刊的看法简单总结就是："君主体制的凝聚作用"有利于将中国人团结起来，从而避免国家走向土崩瓦解。

> 整个世界在政府治理这一问题上迈出了一大步。开明、进步的统治者肯定希望采取和平的方式来尝试不同的政府治理实践。在当今世界，众多的历史大事件不断上演，中国的统治者想必也看在眼里。……我们必须指出的是，在土耳其和波斯，推翻的是专制的暴君（the despotic），而不是君主制度（monarchical idea）。……我们毫不怀疑波斯的事情（指专制君主被推翻）将会对清政府主导的立宪运动进程产生影响，同时，我们希望中国的革命党人不要误判形势，而对世界上其他地方所发生的事情进行错误解读（misread），这只会加速危机的到来，不仅会摧毁他们自身，也可能导致他们的帝国被推翻。
>
> ——《教务杂志》1909年8月刊 [2]

> 中国人终于召开了国民大会，清政府宣布宪法重大信条十九条，正式实行君主立宪（Constitutional Monarchy），大清皇朝的安全得到保障。诸君不得不承认，英国宪法乃是各国宪法之母（mother of Constitutions）。中国新近颁布的立宪宪法显然对英国宪法有明显的借鉴。
>
> ——《泰晤士报》1911年11月4日 [3]

共和体制将会取得成功的前景是难以想象的，只要翻翻中国的历史，

---

1 *The Scotsman*, Friday 13 October 1911, p.6.

2 "The Overthrow of the Sbab", *The Chinese Recorder*, August 1909, Vol. XL, Issue 8, p.424.

3 "The Chinese National Assembly", *The Times* (London, England), Saturday, Nov 04, 1911; p.8; Issue 39734.

就会知道这绝无可能。因为这里没有共和体制的天然基础，如果强行实施，将不可避免地走向军事独裁。

          ——《曼彻斯特卫报》1911 年 10 月 19 日 [1]

  目前的情况下，最起码应该成立一个立宪政府，清王朝享有形式上的统治权（有限权力），但要有权威和影响力。最新的情况也难逃外国观察家的眼睛，那就是整个国家已经出现土崩瓦解的征兆。失去君主制这一至关重要的凝聚力量，蒙古等地区很可能会走向分离。

          ——《每日电讯报》1911 年 12 月 19 日 [2]

  采取何种政治体制只是个抽象的问题，这对英国而言无关紧要。只要"天子"（the Son of Heaven）还在皇帝宝座上，丢失蒙古和满洲等北方省份的风险将能有效避免。但采取共和体制将有分裂的危险，奥斯曼土耳其帝国发生革命后迅速丢掉的黎波里（Tripoli）和波斯尼亚（Bosnia）就是前车之鉴。

          ——《每日邮报》1912 年 1 月 3 日 [3]

  中国的共和政体尚未建立，但是清帝的退位诏书将很快发布，届时将成立共和政府并由人民选举出大总统。对这一惊人的政治实验，我们表示怀疑。……新体制（指共和制度）将面临极大的困难，这些本来可以通过君主体制来加以克服的。各个地方省份以及政府的地位和权力问题现在面临着很大的争议，很可能导致新一轮的军事冲突，而这也极易招致外国干涉。

          ——《泰晤士报》1912 年 1 月 16 日 [4]

  1912 年 2 月初，清朝皇帝下诏退位，并将"帝国全境的统治权交给了全国人民，即前帝国的全体臣民与民国全体国民"[5]。1912 年 3 月初，孙中山公布《中华民国临时约法》作为国家的临时基本法，它在中国历史中第一次将"主权在民"的思想立入法规。从此，民主共和的观念开始逐步深入人心，帝制"复辟"等闹剧始终不得人心。即便是在清朝皇帝退位之后，在英国主流报刊的眼中，

---

1 "The Revolt in China", *The Manchester Guardian (1901-1959)*, 19 Oct 1911, p.6.

2 *The Daily Telegraph* (London, England), Tuesday, December 19, 1911, Issue 17677, p.10.

3 "The Outlook", *Daily Mail* (London, England), Wednesday, January 03, 1912; p.4; Issue 4911.

4 "The Chinese Republic", *The Times* (London, England), Tuesday, Jan 16, 1912; p.9; Issue 39796.

5 杨昂：《清帝〈逊位诏书〉在中华民族统一上的法律意义》，《环球法律评论》，2011 年第 5 期。

共和制度仍然是一项与中国国情不兼容的制度。

　　莫理循博士在《帕尔摩报》（Pall Mall Gazette）上告诉英国的公众，他们"做出了自己的选择"，当然做出这种选择的人就是那些能从中得到实际利益的人。但我们还是认为，儒家文化和共和主义很难和谐共存。

　　　　　　　　　　　　　　　——《旁观者》周刊 1912 年 9 月 21 日 [1]

　　对中国人而言，一个旧的皇朝消失了，但是新生的共和国却经常显得有点无所适从。中国曾经是一个有皇帝的王朝，如今已经转变为共和国，但是革命无法消除许多世纪所沉淀下来的东西。中国如今不是还有皇帝和摄政王的嘛（当时还住在紫禁城），退位诏书我们暂且不论，就这件事所带来的影响，人们充满疑虑。与此同时，对于共和制度能否真正地增进人民的福祉，我们也表示怀疑。

　　　　　　　　　　　　　　　——《泰晤士报》1912 年 9 月 24 日社论 [2]

　　直到最近，在外国人中仍然流行一种观点，中国不适合实行共和政体，而且它的最终解体也只是个时间问题。一个软弱、腐朽且带着许多中古时代特征的帝国在当今世界是难以维护其统治地位的，况且它已经烟消云散，但许多外国人依然认为，帝制（the Empire）保留了中国文明中最为精致的部分，消灭了它（指帝制），也就意味着砍掉了中国巨人（Chinese giant）的头颅，只剩下垂死的躯壳，瘫倒在地。

　　　　　　　——《为共和而战》（The Fight for the Republic in China，1917）[3]

　　一定程度上讲，英国对他者和他文化的看法，也反映了英国对自身和其所处世界的看法，反之亦然。英国报刊对中国局势的深度关切，关心的是英国的利益，而不是中国革命本身。英国大部分报刊都对革命者们的共和倾向进

1　"The Situation in China", *The Spectator*, London Vol. 109, Iss. 4395, (Sep 21, 1912), p.397.

2　"China and Her Future", *The Times* (London, England), Tuesday, Sep 24, 1912; p.5; Issue 40012.

3　B. L. Putnam Weale, *The Fight for the Republic in China*, New York: Dodd, Mead and Company, 1917, p.371. 本书作者署名帕特南·威尔（B. L. Putnam Weale），但这个名字只是辛博森（Bertram Lenox Simpson，1877—1930）的笔名。辛博森 1877 年生于宁波，父亲辛盛（C. L. Simpson）是当时中国海关（宁波）税务司（在当时被称为洋关的关长），辛博森先后在中国海关和英国《每日电讯报》（The Daily Telegraph）驻北京记者站工作。辛博森在近代中国有着十分丰富的政治经历。他于 1916 年被黎元洪聘为总统府顾问；1922—1925 年兼任张作霖的顾问；1930 年春，辛博森又出任《北平导报》的经理，同时兼任阎锡山的顾问。1930 年年末，辛博森不幸遇刺身亡，死因成谜。辛博森不但有丰富的政治经历，而且具有报社记者的敏锐眼光，对事情的观察有着独特的视角，因此他的相关作品成为人们研究 20 世纪上半期中国历史的重要参考资料。

行批评，对君主立宪制度大为赞赏，因为在当时英国国内严峻、复杂的政局之下，英国报刊对推翻帝制的中国革命进行积极报道，很有可能会被认为是要支持爱尔兰自治，这总体上不太符合当时英国国内总体上偏向保守的社会基调。

中国的辛亥革命（推翻帝制）的成功意味着，君主制度即使在具有悠久历史传统和深厚文化底蕴的国家（英国也是）也可能被推翻，毕竟君主制度在中国的延续超过 2000 年，深深地沉淀和渗透到中国历史和文化之中，对于当时的国人而言，君主制度不仅仅体现在至高无上的皇帝诏令（也称圣旨）或威严的帝国婚丧嫁娶仪式上，还体现为传统文化、人伦道德和国民信仰的重要组成部分。

从英国自身的情况来讲，君主体制是不列颠以及大英帝国至关重要的黏合剂。就像约翰·沃尔顿所说的："无论是战时还是和平，皇室都是英国国家认同中最强大的组成部分。由于它的存在，英国才可能超越苏格兰、威尔士等地域界限、劳工阶层和其他中产阶层的社会分层，并通过仪式、庆典和重大纪念日来凝聚为一个坚强整体。"[1] 王室在维系帝国认同中发挥了不可替代的作用，它作为一种符号化的象征体系和情感纽带，维系了帝国臣民的忠诚和团结。马克思和恩格斯也敏锐地看到了英国王权所具有的重要意义，"英国宪法没有君主政体是不可能存在的……去掉王权，整个这一座人造的建筑物便会倒塌。英国宪法是一座颠倒过来的金字塔，塔顶同时又是底座。所以君主这一要素在实际上变得愈不重要，它在英国人的眼光中的意义就愈重要"[2]。

但是爱尔兰的民族主义者，并不是一般意义上的反对伦敦的殖民统治；爱尔兰民族主义者中的激进派，不仅谴责和反对大英帝国，他们还反对君主制度。因此，爱尔兰自治法案在英国是高度敏感的事务，爱尔兰自治法案在英国议会上院和下院之间引起敌对情绪，北爱尔兰地区的新教徒（厄尔斯特人）征召志愿军准备武力反对爱尔兰自治，不仅曾经不可一世的大英帝国面临崩解的危险，连英国人长期以来无比自豪的君主制度也受到威胁。在爱尔兰自治法案中，伦敦还是保留了对其内政和外交的控制权，但即便如此，许多帝国的拥护

1　John K. Walton, "Britishness", in Chris Wrigley ed., *A Companion to Early Twentieth-Century Britain*, Malden and Oxford: Blackwell Publishing, 2003, pp.520-521.

2　天津市社会科学界联合会、中共中央编译局马恩室编：《马克思恩格斯学说集要》（下册），天津：天津人民出版社，1995 年，第 2982 页。

者依然对此表示强烈的反对。在威斯敏斯特，英国议会上院（贵族院）多数人对任何形式的爱尔兰自治都表示无法接受。在爱尔兰，反对爱尔兰自治的新教徒（厄尔斯特人）和联合主义者还进行了军事武装，并建立了厄尔斯特志愿军，试图用武力扑灭爱尔兰自治运动。英王乔治五世一开始也不同意签署爱尔兰自治法案，曾考虑使用国王权力进行否决。首相阿斯奎斯在给英王乔治五世的信中告诫国王，英国君主制度有着悠久的传统，君主的地位是大不列颠民族生存和发展的重要保障。[1] 但是国王直接否决下院三读[2]通过的议案将导致英国君主和英国议会意志的直接对抗，可能引起部分民众的强烈反对，后果恐怕不堪设想。

对于那些对帝国持赞扬态度的英国人来说，失去爱尔兰将最终导致失去整个帝国。1912 年，厄尔斯特 40 万新教徒一起在《厄尔斯特神圣联盟合约》（the Ulster Solemn League and Covenant）上签名，表明他们想留在英国—爱尔兰联合王国中，许多北爱尔兰新教徒准备武装反抗爱尔兰的自治行动，并征召志愿军。南方的爱尔兰人也不甘示弱，开始大规模征召军事人员，并进行武装大阅兵，一场内战看起来已不可避免。

1912 年前后，英国国内公众对君主制和帝国的焦虑达到顶峰。当日本提出和英国这两个君主立宪国，联合干预并支持清政府的君主立宪体制时，英国还是犹豫了一阵子。英国驻华公使朱尔典在发给外交大臣格雷的密电中也认为，中国人试图建立共和制度（a republican form of government），很可能是一个冒险的尝试（a hazardous experiment）。[3] 只是慑于会直接和南方革命党人敌对，加上英国不愿意给中国人民留下一个顽固的"保皇派"形象，最后只得宣布中立。

英国的保守报刊对共和主义的敌视态度在一幅图片（图 3.4）中得到明显体现。1910 年 12 月，《图像杂志》以《暴跳如雷的"共和主义"：世界中心地带的动荡》（Republics on the rampage: Centres of the world's unrest）为标题，

---

1 David Charles Douglas and William Day Handcock, eds., *English historical documents, Volume.* X *(1874-1914),* London: Routledge, 2010, p.49.

2 英国议会（包括上院和下院）对于一般议案的处理程序被称为"三读"流程。"一读"阶段主要是提出议案并宣读其标题；"二读"阶段是对议案的内容及原则展开辩论，如议会通过该议案，之后再度宣读该议案标题；"三读"阶段将最终决定一项议案是否通过，若通过议案，第三度宣读议案标题。

3 F.O. 371/1095(45368). Sir J.Jordan to Sir Edward Grey, Peking, November 14, 1911. 原文来自国家图书馆馆藏英国外交档案缩微胶片。也可参见章开沅等编：《辛亥革命史资料新编》（八），武汉：湖北人民出版社，2006 年，第 101 页。

描述出大西洋两岸，当时世界的中心地带正被共和主义势力搅得天翻地覆的局面。

如图 3.4 所示，大西洋两岸的国家纷纷陷入动荡，乌拉圭发生革命，墨西哥发生叛乱，危地马拉发生针对外国人的暴乱，巴西发生海军动乱，首都遭到无畏级战舰的炮击，法国、葡萄牙和西班牙都出现大规模的工人罢工和社会动荡，图片暗指当前世界一片混乱，特别是在共和政体之下。如果要寻求一片宁静之地，只有在君主政体之下才能获得。[1] 这幅图片也隐含着对英国社会动荡的忧虑，即社会持续动荡可能导致君主政体走向崩溃，并最终被共和政体取而代之。

图 3.4 暴跳如雷的"共和主义"[2]

---

1 "Republics on The Rampage: Centres of the World's Unrest", *The Graphic*, Saturday 03 December 1910.

2 "Republics on The Rampage: Centres of the World's Unrest", *The Graphic*, Saturday 03 December 1910.

　　20世纪初期，爱尔兰自治运动是对英国的帝国主义、殖民主义政策的一个重大挑战，一定程度上，它还威胁到英国的君主制度。在爱尔兰民族主义者眼中，自治不仅是爱尔兰人民数百年来不断抗争的自然结果，还关乎民族情感。对普通的爱尔兰民众而言，脱离英国进行自治，不仅关乎自身的政治和经济利益，还有利于更好地维护自己的天主教信仰。

　　但是在许多英国人眼中，一个加入联合王国已有100多年的地区要求自治，实在让人难以接受。1911年10月，《泰晤士报》援引一封来自爱尔兰克朗梅尔郡治（Clonmel，Ireland）普通人的信件，来信措辞严厉，认为正是格莱斯顿之类政客的政治投机行为，才导致英国内部的危机，来信认为爱尔兰自治是"帝国走向崩解（the disintegration of the Empire）"[1]的第一步。来信还感伤地认为，爱尔兰自治好比是公元3世纪时罗马帝国从达契亚（Dacia，喀尔巴阡山与多瑙河之间的古代王国，大致上相当于今天罗马尼亚的中西部地区）的撤退，正是这次撤退，揭开了罗马帝国最终瓦解的序幕。

　　1912年5月15日《笨拙》周刊中有一张引人注目的图片（图3.5），标题为《爱尔兰自治会是苏格兰的榜样吗？》，爱尔兰人和苏格兰人是近亲，风俗习惯比较接近，他们的语言也十分相近，从归属上来说同属凯尔特语族的盖尔语（Gaelic），相比之下，属于日耳曼族的英格兰人要疏远得多。爱尔兰自治问题已经在英国本土范围内引起分裂，并招致军事对抗，那么苏格兰自治简直是无法想象的事情。爱尔兰自治从大的方面来说，是挑战了英帝国的帝国主义和殖民政策，从小的方面来说，冲击了英国许多个体民众的帝国认同和个人情感。

　　英国人对大英帝国本身的看法、对君主立宪制度的看法都会影响到他们对中国发生的革命运动的看法以及对国体变更的态度。1912年前后，正是英国国内对爱尔兰自治问题、议会改革等问题焦虑不安的时刻，因此英国国内以保守倾向为主导的主流报刊对于中国发生推翻帝制的革命运动，也就很难做出积极评价。

---

1 R. Bagwell, "The Real Meaning of Home Rule", *The Times* (London, England), Wednesday, Oct 18, 1911; p.9; Issue 39719.

HOME RULE FOR SCOTLAND: A FORECAST.

PRIME MINISTER (to Caledonia "stern and wild"). "IT'S TRUE I PROMISED YOU I WOULDN'T LET THE GRASS GROW UNDER MY FEET; BUT—WELL, YOU KNOW WHAT GRASS IS."

[To a deputation of Scots Members who demanded Home Rule for Scotland Mr. ASQUITH gave assurance that he "would not let the grass grow under his feet."]

图3.5　爱尔兰自治（Home Rule）会是苏格兰的榜样吗？（1912年）

本章小结

　　1911年前后的辛亥革命不仅吸引了英国报刊的关注，还引起了世界的关注。和十年前义和团运动时期列强的态度相比，这次中国内部的剧烈变动总体上没有受到列强的武力干涉。对于中国从帝制到共和的转变，英国大多数报刊都持一种怀疑和批判态度，其主要原因不在中国，而是英国内部事务的变动。

　　从一定程度上讲，英国对他者和他文化的看法，也反映了英国对自身和其所处世界的看法，反之亦然。英国报刊对中国局势的深度关切，关心的是英国的利益，而不是中国革命本身。1912年前后，正是爱尔兰自治法案在大英帝国范围引起讨论甚至是对抗的时刻，当爱尔兰自治法案在英国议会上院和下院引起双方强烈敌对的时候，不仅曾经不可一世的大英帝国面临崩解，连英国人长期以来无比自豪的君主制度也受到威胁。因此，英国国内的政治危机与英国主流报刊对中国革命运动所持的消极态度不无关系，英国主流报刊对中国形势的报道和解读暗含英国国内政治的需要及英国国内保守势力的政治议程。

第四章　英国报刊与20世纪初的中英关系

通常在有关国家之间关系的研究中，政治和外交关系等被认为是最为重要的主题。但是一国对他国所持有的观感、认知和形象等文化因素也会对国家之间的关系产生重大影响。传统的以地缘政治、国家之间的权力关系等视角来思考问题，"可以告诉我们各国精英怎样思考和采取形象；而以文化为着眼点，就意味着我们要从历史和公众意识的角度来说明特定人群的价值观、态度和偏见问题"[1]。主流报纸和刊物，通过议程设置的导向功能，对"事实"呈现方式的加以掌控，依托社会中现有的文化、政治和宗教等背景因素，加上不断的强化和重复功能，就能在社会中形成主流的认知和判断，并达成某种社会共识。这也就为政府的政策实施提供了某种参考，尽管双方不会存在某种——对应的关系，但是报刊引导的社会舆论和社会共识仍然会对政策制定者有着重要影响。

各种报纸、期刊、政论及学术作品都在表达自己的观点，并提出对策和建议。因此，对于英国议会议员和政府高层来讲，报纸的文章和相关评论、杂志的意见甚至畅销书作品，都是他们关注的对象[2]，《泰晤士报》还成为很多英国议会议员获取信息的直接来源。因此，报刊杂志又会对政治活动和相关决策产生影响。20世纪初期，英国的政策制定者通常要在帝国利益、商业贸易、宗教使命及基本的社会价值等范围内思考问题，首先，它必须符合英国人的认同框架，才能具有说服力；其次，它要照顾到的利益面较广，因此只能采取一种相对平衡的手法，很多时候就不得不求助于外交辞令。对于英国主流报刊与政治的关系，卡尔·马克思对英国人罗·娄的"英国人民靠阅读'泰晤士报'参加对自己国家的管理"的观点进行修正，马克思认为这种观点只有在涉及英国的对外政策的时候才是正确的。[3]马克思的看法也反映出当时《泰晤士报》等报纸对英国政治的重要影响。

---

1 ［英］马丁·雅克：《当中国统治世界：中国的崛起和西方世界的衰落》，张莉、刘曲译，北京：中信出版社，2010年，第190页。

2 1909年9月22日，议员劳埃德·乔治在当天辩论《地方税收特许证法案》（local taxation licences）之时，表示自己已经从《泰晤士报》上得知了相关消息，参见 HANSARD, Commons Sitting Debate, 22 September 1909, vol.11, c. 573。1909年3月30日，议会下院议员、爱尔兰司法部长詹姆斯·坎贝尔（Mr James Campbell）在有关《爱尔兰土地法案》（Irish Land Bill）的辩论中，涉及对沃特福德议员所提议案的看法，詹姆斯·坎贝尔表示最后不需要看议会辩论的结果，只要看看《泰晤士报》的观点就可以了，参见 HANSARD, Commons Sitting Debate,30 March 1909, vol. 3, c. 213。由此可见，《泰晤士报》等英国主流报刊对英国政治的影响之大。

3 ［德］卡尔·马克思：《伦敦"泰晤士报"和帕麦斯顿勋爵》，见中共中央马克思恩格斯列宁斯大林著作编译局编译：《马克思恩格斯全集》第一版第15卷，北京：人民出版社，1963年，第335页。

第一节　英国报界精英与 20 世纪初的中国

一

对于 20 世纪初期的中国和东亚世界，政治、时局、外交等形势错综复杂。那么这些英国的新闻从业人员包括编辑和记者们，他们是如何报道中国的，或者说，中国应该以什么样的形象呈现给英国及西方社会的公众，这些都与报刊编辑和记者们对英国的政治经济利益的关注、对宗教和文化使命的思考、对帝国的前途和命运（或英帝国的霸权）的关切息息相关。本节选择莫理循、濮兰德和吉尔乐作为研究对象，主要是因为他们在 20 世纪初期中英关系史上一系列重大事件中，起到了独特的作用。

莫理循出生于澳大利亚的一个苏格兰移民家庭。他年少的时候就十分具有冒险精神，曾孤身一人穿越澳大利亚的内陆大沙漠，他在大学期间主攻医学，之后于爱丁堡大学获得医学博士学位。莫理循来到中国后广泛游历，曾沿着长江逆流而上，经中国西南到达缅甸仰光，在此期间，他完成了《中国风情》（*An Australian in China*）一书并于 1895 年出版。该书也为他赢得了声誉，之后他顺利加盟《泰晤士报》，开始担任该报驻北京常驻记者。

濮兰德（John Otway Percy Bland，1863—1945）是爱尔兰人，1863 年出生于马耳他岛，与出生于 1862 年的莫理循是同龄人。濮兰德 1883 年来到中国，先考入中国海关，一度担任海关总税务司罗伯特·赫德的私人秘书。1896 年，他辞去海关职务之后，担任上海英租界工部局秘书长一职，并兼任《泰晤士报》驻上海记者。1906 年，濮兰德离开英租界工部局，转到一家卡特尔企业——中英银公司（British and Chinese Corporation）[1] 任职，负责铁路贷款以及谈判事务。濮兰德在《泰晤士报》的兼职工作一职持续到 1911 年。此外，他还著有《李鸿章传》《中国：真遗憾》等书，他与巴克斯合著的《慈禧外传》曾在西方引起了轰动，1910 年出版之后的 18 个月内再版了 8 次，并登上《纽约时报》畅销书排行榜，但此书也备受争议。濮兰德在中国生活的时间长达 30 年，既有宦海沉浮，又有商界运筹，既能舞文弄墨，也善于左右逢源，相比莫理循对中国语言文字的陌生，濮兰德可能算是真正的"中国通"，濮兰德不仅在官方和商界颇有影响，

---

1 中英银公司（British & Chinese Corporation, Ltd.），或简称为中英公司，是近代历史上，由英商汇丰银行及怡和洋行等出资创办的一家贷款、投资公司，在近代中国铁路史上，该公司作为英国金融资本的代表，一直试图攫取中国铁路的控制权。

他还精通中文。目前，关于濮兰德的研究极少，而关于莫理循的研究不但有较多的英文和中文专著，而且有为数不少的论文。

吉尔乐（Ignatius Valentine Chirol，1852—1929），青少年时期曾在德国、法国游历过，精通德语和法语。1872—1876年间，吉尔乐为英国外交部工作，之后他加盟《泰晤士报》，先后任驻外记者和外国新闻部编辑，并进入报社管理层，他还积极参与英国高层的政治活动，并长期与英国外交部保持密切联系。吉尔乐的政治倾向偏保守，经常以英帝国利益的"捍卫者"自居；他在与莫理循的通信中多次告诫这位远在北京的记者，要以帝国利益和英国的外交政策作为思考问题和新闻报道选题的首要考虑因素。吉尔乐长期对中国持一种"停滞""腐朽"的看法，他在1903年出版的《中东问题或印度防御上的政治难题》（*The Middle Eastern Question or Some Political Problems of Indian Defence*）一书中写道："在过去的半个世纪中，中华帝国正走向没落，其四肢已经烂掉（rotting away），或许中国人的生命力还在本部十八省的心脏部位苟延残喘（survive in the heart of the eighteen provinves）。"[1]他还出版了《远东问题》《塞尔维亚和塞尔维亚人》《德国和德国的恐俄症》等涉及国际关系问题方面的专著。

19世纪后半期，英国和沙俄的争夺十分激烈，中国不幸沦为帝国主义列强的角力场。以慈禧太后为首的"后党"被一些英国政治家认为是亲俄派，一些欧洲观察家也持有类似观点。由于英国和沙俄当时在战略上的敌对，作为英帝国主义利益的拥趸者，吉尔乐天然地就对慈禧太后等"亲俄派"没有好感，因此吉尔乐、濮兰德等人在戊戌变法期间支持维新派，并在政变失败后协助康有为等人逃亡海外。数年之后，清政府开始了一场声势和规模都堪称浩大的改革，但因为是在慈禧太后等人主导之下进行的，这场改革遭到吉尔乐和濮兰德等人的抹黑和攻击。

二

自1898年的戊戌变法开始直到武昌起义，在这十余年时间，改革始终是当时清政府朝野上下的重要议题。对那些密切关注中国政局动向的外国记者而言，这也是他们重点关注的事项。本节主要以《泰晤士报》为例，试图探究该报社内部人员对清末时期改革的看法以及背后的原因。

---

1 Ignatius Valentine Chirol, *The Middle Eastern Question or Some Political Problems of Indian Defence*, London: J. Murray, 1903, p.399.

戊戌变法期间，莫理循和他的上司吉尔乐对于这场突如其来的变法看法存在着差异。吉尔乐认为，维新派改革符合英国的利益，因为吉尔乐作为英国偏保守的帝国主义分子，对中国以皇帝的名义进行改革十分赞赏，这也符合他们渐进和保守的世界观。因此，吉尔乐在给莫理循的信件中，明确地表示："维新派的目标就是我们的目标（the aims of the reformers were our aims），他们的计划也许没什么问题，就是不切实际和太过激进，但是看看将旧秩序一扫而光的日本明治维新，以前不也是得到过类似的评价吗？"[1]濮兰德对维新派人士也比较同情，此时的他正担任上海英租界工部局秘书，他曾利用自己在政治上的影响力，在英国驻上海代理总领事白利南（Byron Brenan）的干预下，协助康有为逃亡海外。

戊戌变法前后，莫理循对维新派主导的变法运动并不热心，他在给吉尔乐的信中，称大清皇帝为"可怜的蠢货"（英文原文中用词十分粗俗），而称慈禧为"不可一世的老妇人"[2]，对于慈禧突然发动政变，逮捕了一大批维新派人士，吉尔乐和濮兰德等人到处奔走营救之时，莫理循毫不理会，以至于濮兰德等人怀疑莫理循是站在"后党"（the empress party）一边的。莫理循不得不在给濮兰德的信中解释，"自己所写的通讯仅仅是以事实为依据，且他本人对后党并无同情之心"[3]，他还在信中说明他本人和其他人一样，也是赞同清政府的变法的，他还强调自己眼中的中国民众是指千千万万的内陆地区的老百姓，而不仅仅是那些在"欧风美雨"影响下的沿海居民。

20世纪初，日本和沙俄在中国的东北地区展开激烈的角逐，双方在修筑铁路、开采矿山及扩大"势力范围"等问题上互不相让，矛盾不断升级。莫理循对日本与沙俄之间的矛盾洞若观火，1902年《英日同盟》协定签署以后，他从英帝国与俄罗斯帝国总体上是战略竞争对手这一视角出发，推动日本向沙俄开战。当然，此时的莫理循是站在日本这边的。日俄战争爆发之后，许多外国观察家将这场战争称之为"莫理循的战争"。由于对日俄战争的精确预测，以及对战

1 George Ernest Morrison and Lo Hui-min, *The correspondence of G. E. Morrison, volume. 1(1895-1912),* Cambridge: Cambridge University Press, 1976, p.105.

2 George Ernest Morrison and Lo Hui-min, *The correspondence of G. E. Morrison, volume. 1(1895-1912),* Cambridge: Cambridge University Press, 1976, p.106.（原文对光绪帝和慈禧太后的描述分别为"poor little Emperor was an ass"和"grand old woman"）

3 George Ernest Morrison and Lo Hui-min, *The correspondence of G. E. Morrison, volume. 1(1895-1912),* Cambridge: Cambridge University Press, 1976, p.97.

争的推波助澜，莫理循成为当时英国和西方世界公认的中国问题权威。

光绪帝、慈禧太后还在西安避难的时候，就发布《变法上谕》，启动了清末新政改革。1902 年慈禧太后一行返回京城之后，又发布了一系列的变法谕令，推动改革的继续前行，但是根本性的制度改革并没有多大进展。直到日俄战争之后，1906 年 9 月，清廷颁布《宣示预备立宪谕》，变法涉及制度层面，改革进入了一个比较关键的时期。随着清政府新政改革的推进，莫理循、吉尔乐和濮兰德对改革的立场和看法也有不同，某些方面甚至针锋相对。

1906 年 9 月 1 日，清朝政府终于颁布了仿行立宪的诏令，之后又颁布改革官制的上谕，清政府总算是走出了预备立宪的第一步，莫理循对此表示十分欣慰。1906 年 9 月 3 日《泰晤士报》发表了一篇没有署名的社论，从内容上看，应该是受到莫理循的观点的影响。

> 这份诏令给遥远的未来，提供了一个可以期望的愿景。如果一切真如皇帝诏令所说，官制改革将使朝廷官员和普通老百姓之间的敌对消于无形，那么，立宪政治的最终实施，还是要等上一段时间的。对于这个诏令的意义，无论怎么看，都是对当前腐败官僚阶层的直接挑战。
>
> ……
>
> 在中国社会的各个阶层之中，仍然充溢着对美好目标的真诚渴望。这说明中国人的民族意识开始觉醒。只要这种意识能良好地自我发展下去，无论怎样，我们要做的就只有保持同情了。但是这些新的思想必须冲破那种由无知和敌视外国人的意识构成的坚强堡垒，他们还必须同那些腐败的满人官僚作斗争，因为那些人什么都不做，只会阻碍改革事业且从中渔利。在这些思考的基础上，我们还要得到证明，那就是变法诏令中各项承诺最终要落到实处。当它们（变法诏书）被付诸实施之时，中国将真正地走上进步之路，如此我们会感到由衷的喜悦。
>
> ——《泰晤士报》1906 年 9 月 3 日 [1]

莫理循对立宪运动以及禁烟运动都表示出乐观、积极的态度。但是吉尔乐和濮兰德对这些一概表现出悲观的看法。吉尔乐在致莫理循的个人信件中对清政府的变法改革做出很不信任的评价，"或多或少，清政府的改革可能有一些

---

1 *The Times* (London, England), Monday, Sep 03, 1906; p.7; Issue 38115.

爱国主义的成分，但更多的是横加阻拦以及贪污腐化"[1]。对于清政府的这场改革运动的发展前景，他也十分不看好，多次重复清政府统治下的帝国"正在没落，而它的四肢正在烂掉"的陈词滥调，这种看法不仅出现在他的《中东问题》专著中，他的另外一本专著《远东问题》（*The Far Eastern Question*，1896）也有类似看法。[2]吉尔乐不仅认为清政府的官僚阶层是不可救药的，就连当时被许多国家驻华公使们一致看好的改革派官僚，如唐绍仪和袁世凯等，他也很不以为然。

1909 年，各省陆续开始成立咨议局，这也是预备立宪的步骤之一。1909 年11 月 23 日《泰晤士报》的一篇名为《中国：各省咨议局》的新闻报道（很可能出自濮兰德之手）指出，"90% 的满人和 75% 的汉人知识分子都反对改变'现行制度'（established order）"[3]，文中还以张之洞为例，说他可以找出 5 个理由甚至是 50 个理由来证明清政府官员大都反对给广大民众以民权和政治自由，该报道将张之洞的言论作为证据很可能是因为张之洞在《劝学篇》中说过"民权之说无一益而有百害"[4]的话。就在当天，《泰晤士报》还有一篇未署名的社论文章，题目为《中国的自治政府》，似乎出自吉尔乐之手，对中国的立宪运动大加嘲讽，这篇社论文章还直接引用该报当天（指 1909 年 11 月 23 日）新闻中的原文："本报记者的观点一针见血，90% 的满人和 75% 的汉人知识分子从未有过支持变革的想法，恐怕最轻微的想法他们也没有，因为对他们而言，当下的制度是舒适和有利的。"[5]濮兰德和吉尔乐一道，一唱一和，不但对清政府的改革态度消极，而且猛烈攻击清政府最高统治者和官僚阶层。

> "狡猾的"慈禧太后在一股力量的支持下，得以掌控宪政改革的发展方向，这股力量还搅得全国不得安宁，实际上，正是基于相似的动力，每隔一定的时间，就将这个国家拖入变革的危机中去，这种动力是一种演变的力量，如果它暂时还不是革命性的，那么它就将改造国家，或者摧毁国家。

以上一段话很可能是濮兰德对清政府宪政改革的看法，总体上是一种比较

---

1 George Ernest Morrison and Lo Hui-min, *The correspondence of G. E. Morrison, volume. 1(1895-1912),* Cambridge: Cambridge University Press, 1976, p.373.

2 Ignatius Valentine Chirol, *The Far Eastern Question*, London: Macmillan and co., ltd., 1896, p.117.

3 "China"，(From Our Correspondent.). *The Times* (London, England), Tuesday, Nov 23, 1909; p.5; Issue 39124.

4 （清）张之洞原典，《张之洞权经》，马道宗解译，北京：台海出版社，2003 年，第 305 页。

5 "Self-Government in China"，*The Times* (London, England), Tuesday, Nov 23, 1909; p.11; Issue 39124.

悲观的态度。但报社编辑吉尔乐也不忘在社论中，呼应濮兰德的"悲观论"。

　　欧洲人总是过于轻率地推测清政府内部事务发展的可能方向。满人和守旧的满清官员们的揣测可能是对的，那就是皇帝诏书中的改革事宜永远都不会得到落实，或者说，即便他们声称要采取改革措施，也只是一场骗局。

　　但是莫理循并不这么认为，他在一篇名为《中国：各省咨议局》（ *China: The Provincial Assemblies* ）的文章中细致地描述了山东省咨议局的开会情况，"这个会议召开的过程有着审慎的决策意识，如果看到这些神情严肃的士绅，秩序井然地商议每一项重要议案的时候，人们会以为咨议局在中国已经存在很长时间"[1]。莫理循对中国咨议局制度的建立表示十分欣慰，认为这是改革取得实质性进展的重大标志。

　　吉尔乐和濮兰德都具有十分浓厚的"保皇"情结，濮兰德的"保皇"情结在清帝退位以后，还没有消退。濮兰德在 1912 年出版的《中国近况和英国在华的政策》一书中，仍然幻想着由袁世凯的军事独裁进而转到君主立宪制度，而且他认为这种转变还是有其可能性的。[2] 所以戊戌变法中他们支持"帝党"，认为光绪帝的"百日维新"正是将中国引向英国和日本式君主立宪政体的最佳时机，吉尔乐在给莫理循的信件中声称维新派的倒台不符合我们（指英国）的利益，正是他们政治倾向的一种直接反应。但是到 20 世纪初，清政府又一次进行变法改革，改革进程都是在慈禧太后主导下进行的，这在吉尔乐和濮兰德看来，"后党"是不可能做出真正的改革的，所以，他们对清末的这场改革更多的是无情的鞭笞，而不是像莫理循那样，虽有批评，但也有较多的同情甚至是正面的褒扬。

　　无论莫理循对清政府的改革如何乐观，他身上体现出来的也永远不会都是玫瑰色，帝国主义分子的霸道作风时有体现。莫理循虽然出生在澳大利亚，也成长在澳大利亚，但是加入《泰晤士报》以后一直以英国政府和英国媒体事业在华代言人的角色自居。1906 年前后，中英之间在粤汉铁路和广九铁路上

1　"China: The Provincial Assemblies" , *The Times* (London, England), Thursday, Jan 20, 1910; p.5; Issue 39174.

2　John Otway Percy Bland, *Recent events and present policies in China*, Philadelphia: J.B. Lippincott Company, 1912, p.177.

有所争执，莫理循认为英国的利益没有得到满足，他在给吉尔乐的信中认为，"每次极具风度地向中国人提出要求，都遭到婉言谢绝，直到我们将炮舰（our gunboats）开来之前，这种情况仍将持续。因此，将炮舰开来（指开到广州）将被证明是十分必要的"[1]。从某种意义上讲，莫理循等对中国的"同情"和"友好"可能是帝国主义的另外一种方式，姑且认为这是一种策略，而非站在中国人的立场上思考问题。

莫理循和吉尔乐之间存在着不少的观点冲突，两人对远东问题、英日同盟等的看法甚至出现了对立。伊科·伍德豪斯认为莫理循出生在英国的自治领澳大利亚，从西太平洋地区地缘政治的角度，天然地就认为日本的扩张是对澳大利亚的威胁，因此莫理循是为了澳大利亚的国家安全考虑才积极反对日本。他还认为吉尔乐因为长期工作和生活于伦敦，因此认为对付德国的扩张才是至关重要的问题，其他问题也都要为这一问题服务。[2]但笔者认为日俄战争以后，莫理循和吉尔乐对"英日同盟"的看法迥异及莫理循对日本的敌对态度，与其出生于澳大利亚的身份关系不大，主要还是和当事人现实的历史处境有关。首先，莫理循并非一开始就认为日本是威胁。19世纪末期，英俄之间争斗不已，沙俄在中亚和东北亚地区都咄咄逼人，莫理循站在日本一边，为日本摇旗呐喊，推动日本去抵制沙俄在东北亚的扩张。因此，莫理循对日本的态度并不是吉尔乐所说的"一贯顽固地敌视日本"，而是根据不断变化着的政治现状，为维护英帝国利益而做出及时的调整。其次，有英国学者认为，至少要到第二次世界大战前后，那些移居到海外的英国移民，仍然视自己为"英国人"（Englishmen）。[3]因此，那种认为20世纪初，苏格兰裔的莫理循出于维护澳大利亚的国家利益，从澳大利亚地缘政治角度出发而敌视日本人的观点，可能显得有些牵强。实际上，他对日本的敌视是随着当时国际形势和远东地区地缘政治的实际变化而做出的，是出于维护英国作为一个帝国的利益。无论是从莫理循本人的个人信件、日记，还是那些已经公开发表在报纸上的文章，很难看出莫理循有站在

---

1 George Ernest Morrison and Lo Hui-min, *The correspondence of G. E. Morrison, volume.1(1895-1912)*, Cambridge: Cambridge University Press, 1976, p.378.

2 Eiko Woodhouse, *The Chinese Hsinhai Revolution: G. E. Morrison and Anglo-Japanese Relations, 1897-1920*, London: RoutledgeCurzon, 2004, pp.17-18.

3 Simon J. Potter, Empire, "Cultures and Identities in Nineteenth- and Twentieth-Century Britain", *History Compass*,5:1 (2007), p.57.

澳大利亚的立场上进行政治、外交活动的痕迹。最后，吉尔乐老派持重，是伦敦报界和政界的消息灵通人士，但他长期浸染于"办公室政治"之中，对传统的结盟、条约等外交手段得心应手；相比莫理循，他对传统的外交关系、条约政治等更为依赖。莫理循作为常驻远东地区的一线记者，接触到社会的方方面面，并且多次深入重大事件的现场进行报道，对政治形势的变化十分敏感，对形势的判断并不拘泥于所谓的"条约""同盟"关系，而是从亲身经历中得出认识。

19世纪末期，莫理循在正式成为《泰晤士报》驻华首席记者之后，就看出了沙俄企图独霸中国满洲一带的野心，因此他就极力鼓动日本对抗沙俄，并且为日本"进步"形象做了很多重要工作。但是日俄战争结束之后，日本在朝鲜半岛及南满地区恣意妄为，莫理循通过对当时中国东北地区的实际调研，发现日本在满洲地区的所作所为完全背弃所谓"门户开放"精神，不断排挤英国、美国在当地的工商业利益、政治利益，严重影响英国在东北亚地区的地缘政治构想和发展前景，因此莫理循积极推动将日本的野心和侵略行径公之于众。对于吉尔乐这一类以伦敦为据点，远离国际政治前沿地带的政客而言，对莫理循依据实际情况得出的"超前观点"无动于衷，甚至进行抵制都是完全有可能的。莫理循在《泰晤士报》驻京记者的位置上，认清时局，善于沟通，在20世纪初期中英双方的交往上起到了不可替代的作用，他虽然没有正式的官方职务，但是从对中英关系和国际政治的影响力上看，一定程度上可能还要强于英国驻清公使朱尔典爵士。

从戊戌变法到20世纪初清王朝的改革，莫理循、吉尔乐和濮兰德的观点都是十分鲜明的，其中不乏意见冲突。在吉尔乐的视野里，中国只是一个列强争权夺利的名利场，不但落后和停滞，而且只能作为配角而存在。而在莫理循的眼中，中国正在酝酿着大变局，一场被称之为"觉醒"的运动正在进行之中，中国具有独特的历史文明和政治文化特征，正在向正常、稳定发展的轨道上运行。但在当时的历史情境下，维护帝国利益被认为是许多英国人的共享价值观念之一。总体上看，莫、吉、濮三人还是站在同一战线上的，他们的通信内容也反映出，既有观点和意见上的交锋，也有某种妥协。可以说，他们还是站在维护英帝国霸权的同一条阵线上的。

以莫理循为例，他的某些行动（如反对日本在南满地区对中国主权的侵害）可能主观愿望是维持英国的政治和商业利益，维护"门户开放"原则，但是客观效果上，对当时的清政府是有利的。对于这一类情形，其动机简而言之就是，对中国可能有利，但是对英国更加有利。

第二节　英国报刊对社会舆论的影响

关于舆论（英语中以"public opinion"为对应词），人们都意识到舆论的重要性，对于什么是舆论却从来没有达成一致的意见。但舆论主要还是反映了人们对某一事件的看法，主要可分为公众舆论和新闻舆论，早在清末时期，对舆论现象的研究和阐释就与报业的发展同步进行。梁启超就特别关注新闻报刊舆论对公众舆论的引导和改造，认为"新闻舆论是'舆论之母'"[1]。20世纪初，报纸和期刊显然是制造和形成舆论极其重要的阵地，不仅包含社会精英、知名人士对国内外重大事件的评论，还有普通市民、小商人及海外传教士等通过读者来信栏目和其他专栏参与重大问题的讨论。报刊是民众了解国家政策和国内外重大事件的渠道，也是对重大事件发表看法的公众平台，报刊形成的舆论也时常会影响到政府的政策走向。

一

英国是世界上最先出现报纸的地方之一，在进入工业革命时代，英国报刊行业的发展是首屈一指的。进入近代早期，英国逐步确立君主立宪的政治制度，工业经济不断得到发展，海外的不断扩张和海外贸易的增长对社会信息的需求日益增大，这种社会发展的进程为英国报纸的发展提供了非常良好的条件，其传播载体也从手抄型的小报逐步过渡到大型商业报纸，这些都十分有利于英国近代经济和贸易活动的开展，英国报刊的发展也见证了英国近代政治发展和社会进步的历程。

除了每日发行的日报外，具有一定发行周期的刊物也对英国的舆论起到重要的引导作用。英国发行的许多期刊有一个相对明确的自身定位和市场细分，许多期刊都有自己的目标人群。如以插图见长的《伦敦新闻画报》《图像杂志》（The Graphic），以讽刺和幽默见长的《笨拙》周刊（Punch）、《旁观者》周刊，以政论分析和书评见长的《每季评论》和《爱丁堡评论》。一些专业性期刊的目标群体是有大学教育背景的中产阶级群体和专业人员，但19世纪末至20世纪初，

---

1 张成良：《新闻舆论：概念源流与内涵解读》，《中国社会科学报》2017年3月16日。

英国在海外帝国走向鼎盛的时期，政论类和书评类的期刊，不仅在中产阶级和上层政治人物那里受到欢迎，在具有一定文化程度的工人阶级群体中也颇受关注。期刊的文章一般篇幅相对较长，提供对某些事件和社会现象比较全面的分析，且对问题的解读也相对深入，因此其政治倾向也就更加明显，对重大事件的看法一般不是模糊化处理，而是观点明确，立场鲜明。对于政府的态度，期刊的编辑们也时常对政府建言献策，有时候也免不了尖锐的批评。先后担任过《双周评论》（Fortnightly Review）和《帕尔摩报》（Pall Mall Gazette）编辑的约翰·莫利经常这样夸耀："一家知名刊物编辑的重要性堪比 25 名议会下院议员。"[1] 从整体上看，20 世纪初，英国主流报刊是表达政治观点、反映民众看法及凝聚社会共识的最佳平台。

对于报社而言，经济效益固然是他们要考虑的重要因素，但报刊还要考虑到社会效益和政治影响力。19 世纪末 20 世纪初，英国报刊的帝国主义意识十分浓厚，一些比较狂热的帝国主义分子如北岩勋爵，通过打造报业集团来实现自己的个人野心和政治抱负。北岩勋爵于 1896 年创办大众化的廉价报纸《每日邮报》，大获成功，他接着于 1903 年成立《每日镜报》，到 1905 年又收购极端保守的老牌大报《观察家报》，更为重要的是他于 1908 年成功地收购《泰晤士报》，19 世纪末至 20 世纪初，北岩勋爵通过一系列运作，最终建立起一个"传媒帝国"，毫无疑问，这个"传媒帝国"真正起到了作为英帝国（British Empire）喉舌的作用。在布尔战争中，北岩勋爵的"传媒帝国"常常呼应英国政府的对外政策，为英国的帝国扩张行动摇旗呐喊，对英军在布尔战争中野蛮、残酷的行为多有遮掩，这一行为连远在大洋彼岸的美国人都看不下去了，《大西洋月刊》曾有评论认为，《每日邮报》等在布尔战争中的所作所为，表明"权力与政治干扰了多数人的思考，本应成为多数人耳目的报纸却被国民意愿（national thought）所掌控"[2]。

约瑟夫·张伯伦，19 世纪晚期著名的"自由帝国主义者"，英国杰出的政治家，作为英国自由党的台柱子，曾被丘吉尔称之为能在英国政坛"呼风唤雨"，在自由党内部具有很高的威望和强大的号召力。但因为反对自由党首相格莱斯顿推行的爱尔兰自治政策，而另外组建自由统一党。到 19 世纪末 20 世纪初，

---

1 Andrew S. Thompson, *Imperial Britain: The Empire in British Politics, c. 1880-1932*, Harlow, UK.: Pearson Education Limited, 2000, p.66.

2 Alfred G. Gardiner, "the 'Times'", *The Atlantic Monthly*, January 1917, p.113.

英国面对来自欧洲、北美及亚洲日本等工业国家的竞争，其在工业领域和世界经济中的主导地位也逐渐消失，英国越发感受到来自内部和外部的挑战，在部分英国的政治精英中，对资本主义的自由主义世界经济秩序的信心开始动摇。约瑟夫·张伯伦这位昔日自由主义的旗手，眼光敏锐，其倾向也日益保守，逐渐与保守党越走越近。20世纪初，从维护帝国统一和持续繁荣的角度出发，约瑟夫·张伯伦抛弃了自由贸易的理念和政治主张，主张实行关税保护，建立帝国关税同盟。1903年5月，张伯伦在伯明翰发表著名的《伯明翰宣言》，主张改变现有的自由贸易政策，以整个大英帝国为单位设立共同关税，这场运动又被称为关税改革运动。

关税改革运动引发了一场全民大讨论，各种政治势力都纷纷登场，或支持，或反对。《观察家报》（The Observer）、《晨报》（Morning Post）、《每日快报》（Daily Express）和《国家评论》（National Review, London），在有关帝国关税改革运动的重要议程上，给予张伯伦明确的支持。[1]尽管有《曼彻斯特卫报》等的反对，但作为《观察家报》的编辑加文、《国家评论》的编辑马克西等人，通过报纸和期刊的舆论引导和劝服，将张伯伦的关税改革运动解读为确保帝国进入新时代的关键环节，并将决定英帝国在世界上具有什么样的地位。一些支持张伯伦关税改革的报纸通过舆论导向，引发了英国民众对帝国前途和命运的思考，因此关税改革运动初期还是有群众基础的。在1905年保守党的年会上，张伯伦提交的政策主张，得到党内大多数人的呼应。但是到1906年，随着保守党在大选中的失利及张伯伦本人不幸中风，这场以"帝国特惠制"为目标的关税改革也告一段落。

这场政治讨论也影响到了普通公众参与政治、表达政治的意愿。主流报刊将政治意愿和主张传递到社会，报刊的读者来信、评论等相互之间也存在观点上的交锋。当某一重要议题在社会公众之间进行传播的时候，个人会受到多种因素影响，很可能会寻求与主流的群体意见保持一致，导致那些优势的看法愈优，而弱者愈弱，逐渐形成了某种具有导向性的社会舆论，并形成对政策制定者的压力，也是他们在制定政策之时不得不考虑的重要因素。

---

1 Andrew S. Thompson, *Imperial Britain: The Empire in British Politics, c. 1880-1932*, Harlow, UK.: Pearson Education Limited, 2000, p.70.

二

英国报刊不仅影响到英国本土的舆论形成，进而影响到政策制定者，它还通过其他途径，影响到万里之遥的中国。清末时期，报业得到一定的发展，报刊的出现和扩大不仅有利于开启民智，还形成社会舆论，传播了新的理念和思想。这一时期，中国国内最具影响力的中文报刊如《申报》《大公报》《时报》《苏报》等都大量译介英国的报纸，主要有《泰晤士报》《每日电讯报》《曼彻斯特卫报》。通过发行量较大以及极具社会影响力的中文报纸的译介，英国的主流报刊也得以进入中国的舆论界，成为一种重要力量，并且参与到中国社会内部的改革和发展进程中来。

《申报》原名为《申江新报》，创立于 1872 年，终刊于 1949 年，历时 77 年，出版时间之长，社会影响之广泛，是同一时代报纸中少有的。《申报》还记录、见证了清末和民国时期中国的整个发展历程，被誉为研究中国近代史的"百科全书"。《大公报》创刊于 1902 年，至今已有超过百年历史，是中国发行时间最长的中文报纸之一。清末民初时期已经是当时最具影响力的报纸之一。

《申报》对《泰晤士报》的译介通常以"英京伦敦太晤士报云"或"昨日伦敦来电云本日太晤士报箸一论说略谓"等开头，而《大公报》通常以"伦敦消息云据太晤士报载称"和"又电据太晤士报"为文章开头。[1] 国内报界一方面是为了注明消息来源，表明信息的可靠性，另一方面也可能与清政府对报界的管控有关，因此当时国内的报界对一些涉及内政与外交的敏感事务，只能以"西报"的报刊观点为引子，来表达自己对时局的看法，或者干脆大段翻译"西人"报刊原文，以表达自己不便表达的观点。清末时期，国内报界《申报》《大公报》《时报》《苏报》等大规模直接译介英国主流报刊，此外，部分欧洲大陆和北美报刊的消息也经由英国《泰晤士报》等转载，再到中文转译，这导致英国主流报刊的影响力要明显强于其他国家。报界在清末时期的社会变革中起到了重大的作用，因此从某种程度上讲，英国主流报刊也对清末中国的时局产生了重要影响。

但另一方面，英国的主流报刊又以一种强势的话语或国际舆论的压力，对中国内政横加干涉。莫理循在给《泰晤士报》的上司吉尔乐的信中就直截了当

---

1 20 世纪初，中国国内报界通常将英国伦敦的《泰晤士报》(The Times) 译为"太晤士报"，《申报》和《大公报》即是如此。

地表示，"中国人对《泰晤士报》的报道十分在意。……《泰晤士报》威胁说英国可能派炮舰（British vessels）去珠三角一带维持秩序，这明显导致了总督被撤换，正是源于这种类似的压力，上海的一些事务正出现'改进'"[1]。

《申报》和《大公报》有关《泰晤士报》的译介主要以政治、外交、军事等为主，从1902年到1912年，《申报》有关《泰晤士报》的译介文章数量接近千条，《大公报》有关英国《泰晤士报》的译介文章也超过百篇。《申报》和《大公报》的译介文章涉及政治、外交、军事、商贸和民生等方面，但以外国列强的对华外交政策、列强之间的相互关系以及欧美各国政治与外交的新动向等题材为主，这可能与当时中国所面临严重的政治、外交危机有关。

这一时期，国内报界《申报》《大公报》《时报》《苏报》等受限于消息来源及国际影响力等因素，对列强之间的关系甚至是列强之间的矛盾、列强对在华特权的攫取和列强之间的秘密勾结这一类报道，相当部分依赖于对西方主流报刊的翻译和介绍。表4.1（译介内容大部分照录原文，长文仅作删减处理）中的译介文章反映出，1909—1910年间，日本、沙俄无视中国的主权，在满洲、蒙古等地区不断扩大侵略，中国北方局势岌岌可危。这些译介内容自英国等西方国家报刊的内容经过"近代中文第一报"《申报》的传播，相当程度上强化了国内开明知识分子和青年学生的危机感和对中国即将被瓜分的忧虑，对当时的国人而言，能通晓立宪的真正含义或理解宪政理念精髓的人很少，但是对国家领土权益的关切，实在是普通人都能体会得到的。

表4.1　1909—1910年《申报》对英国《泰晤士报》等报纸的译介文章举要

日期	版次	标题	内容	来源
1909.02.05	20	英报评论小村之演说	《泰晤士报》载称日本外务大臣小村伯爵演说称"远大之政纲"，且声称尊重"门户开放"政策。	《泰晤士报》
1909.02.07	26	西报忠告日本	《泰晤士报》评论称小村伯爵的演说虽让英国人欣喜，然而日本人在新法铁路（新民屯—法库门铁路）上的态度显然与"门户开放"政策和机会均等主义不符。	《泰晤士报》

---

1 George Ernest Morrison and Lo Hui-min, *The correspondence of G. E. Morrison, volume. 1(1895-1912)*, Cambridge: Cambridge University Press, 1976, p.388.

续表

日期	版次	标题	内容	来源
1902.02.28	11	西报译要	《泰晤士报》载美国政府对当前哈尔滨中俄之情状颇为注意。	《泰晤士报》
1909.03.26	10	西报译要	《泰晤士报》载称中国政府照会日本政府,将满洲中日争端交海牙和平会公断。	《泰晤士报》
1909.03.30	10	日人对于满洲交涉之意见	《泰晤士报》载中国政府已照会美国政府谓已请日本政府将间岛[1]铁路各问题移交海牙和平会公断。	《泰晤士报》
1909.04.01	5	英日对于满洲交涉之意见	《泰晤士报》称日本已照会中国外务部不允将满洲问题移交海牙公断。	《泰晤士报》
1909.08.03	5	西报译要	《泰晤士报》载新任美国驻华公使克兰君[2]近与美国总统塔孚脱[3]在白宫讨论美国对华政策。	《泰晤士报》
1909.08.11	10	中外对于安奉交涉之态度	《泰晤士报》载同日纽约电云美政府对于安奉铁路之变局拟主持公道其志仅在保全远之太平。	《泰晤士报》
1909.08.12	3	论安奉铁路问题	伦敦《泰晤士报》犹许日本于满洲举动为合大体,英国无间,然且谓甲辰一役日本损失不少,微日本则满洲久入俄人掌握中,岂复为中国所有?	《泰晤士报》
1909.08.14	27	满洲日人横行之一斑	《泰晤士报》云有某英人于西八月三号(华历六月十八日)在长春通衢之中无辜为日本携枪警察殴击,该警员不特傲然无礼,且警署并不追惩罪人,日人如此之态度,足为其在满洲排外举动之一斑。	《泰晤士报》

1 间岛,中国称之为"假江"或"江通",位于图们江北岸,最初是指吉林省延边和龙市光霁峪前的一处滩地,属于中国领土。因为朝鲜人民越过边界开垦之故,导致近代历史上这一区域曾发生过有关归属主权的争议。宋教仁曾撰写《间岛问题》一书,坚定地捍卫了中国领土主权。可参见姜维公,刘立强主编:《中国边疆研究文库·初编 东北边疆》第5卷,哈尔滨:黑龙江教育出版社,2014年,第186—192页。
2 此处的克兰君应为美国人嘉乐恒(William James Calhoun),1910年4月至1913年2月担任美国驻华公使。
3 此处应为威廉·霍华德·塔夫脱(William Howard Taft,1857—1930),1909—1913年为第27任美国总统。

日期	版次	标题	内容	来源
1909.08.20	26	美国报章拒英之言论	《泰晤士报》纽约访事电称纽约报章之一部分，现利用粤汉铁路债欵所起之变端，大声疾呼谓英国将为美国对华政策挫败，并谓英日两国现协力同谋，抗拒中国及其友邦之美国。	《泰晤士报》
1909.08.23	10	西报译要	《泰晤士报》一千九百零五年十二月间所订之北京秘约，系为修改扑资茅之和平条约[1]中日条约及英日联盟协约，而使日本获有反对蒙古筑路之权利，则日本并吞东蒙一事始为今日所应讨论之问题也。	《泰晤士报》
1909.10.10	10	西报译要	《泰晤士报》云俄政府已照会中政府谓一八八一年中俄所结之约将次满期，愿与中国重订新约，惟满洲各事均未载在旧约，将来必须另行提议。	《泰晤士报》
1910.02.15	6	西报译要	英国《每日新闻》载称日本之意见实破坏中国满洲之主权自由，报亦谓日本之举动将为远东种种之祸胎，该报并谓自此日本不得再以日本与俄争战为保中国主权之宣言欺世矣。	《每日新闻》[2]
1910.02.03	4	满洲铁路中立策近闻	《泰晤士报》载称日俄两国同一措词，拒绝满洲铁路中立之议，实使美国大失其望。	《泰晤士报》
1910.05.29	26	英人反对日本新税则	维尔考克司君投函《泰晤士报》详表式以示日本新税则将使英国之利益大受其累，日本之英国商行因以辍业者为数必众。	《泰晤士报》

1 此处应为《朴茨茅斯条约》(Treaty of Portsmouth)，在美国的调停下，日俄双方于1905年9月5日签署，条约的签订宣告了日俄战争的结束。

2 《申报》译介的"每日新闻"很可能是指 The Daily News (UK)，创刊于1846年，1930年与《新闻纪事报》News Chronicle) 合并，原报名停止使用。参见 David Butler and Anne Sloman, eds., *British Political Facts, 1900-1975(4th)*, London and Basingstoke: Palgrave Macmillan, 1975, p.378.

续表

日期	版次	标题	内容	来源
1910.07.09	3	日俄新约之外论	《泰晤士报》则谓此约可为世界政治上绝重要之事件足征两国于远东之交际已决意妥实定议此种条约能使日俄英美四国美满之邦交消除障碍益加亲密。	《泰晤士报》
1910.08.28	10	英报关于日韩合邦之评论	伦敦《每日新闻》谓日本以残酷手段实行并吞，此实为东方帝国主义厉待之前驱云。	《每日新闻》
1910.10.06	10	西报译要	伦敦《每日邮报》载有论说题曰中国贱价之铁路，承认中国睡梦已醒，观于近日中国对于路政之措施，实足证示中国己知公私两字，且以诚道为适用之政策，此次该路（指京张铁路）之成效将鼓励华人努力更进云。	《每日邮报》

清末最后三年，声势浩大、席卷全国的国会请愿运动（以当时的东三省地区最为激烈），固然有立宪派人士的推动，但这场运动能有如此大的声势，主要还是普通国民在当时内忧外患的刺激下，所做出的应激性选择。在这场声势浩大的请愿运动中，部分国人还做出了"削发、断指、血书"等壮烈举动。1910 年 10 月，著名的《国会请愿代表孙洪伊等上资政院书》中，有"日俄缔结新约，英法凤有成言，诸强释嫌，协以谋我。日本遂并吞朝鲜，扼我吭而拊我背；俄汲汲增兵，窥我蒙古；英复以劲旅捣藏边；法铁路直达滇桂；德美旁观，亦思染指。瓜分之祸，昔犹空言，今将实见"[1] 等内容，这些文字比较明显地借鉴了英国主流报刊等外刊的内容，见表 4.1（为更好地反映当时的情况，译介内容中的长文仅作删减处理）。

因此，《泰晤士报》《每日新闻》等英国主流报刊揭露日本和俄国在 1910年前后对中国"满蒙"地区的密谋，经国内大报的转译和传播，形成舆论，很大程度上强化了国人对"亡国灭种"这一可怕前景的担忧，成为清末"速开国会"这一席卷全国政治请愿运动的重要催化因素。

---

[1]《国会请愿代表孙洪伊等上资政院书》，《新闻报》，1910 年 10 月 18 日，第 2 版。

第三节　认知、形象、政策

形象和政策之间的关系很大程度上与自我认同有关。首先，对英国主流报刊而言，自我认同在一种共享的社会价值观的背景下，可以起到引导社会舆论的作用，而报刊等媒体还可以起到构建和强化认同的功用。[1] 其次，自我认同在媒体生产有关中国的知识和建构有关中国形象的过程中，也扮演着重要的角色。从社会心理学角度来说，国家认同被认为是一种指导行动的信念，有关实际行动的规范也和这种认同互相关联。[2] 最后，从国家认同和国家利益的角度来思考，报界编辑和记者、报业组织的所有者和政策制定者都有着某种程度上对英国和帝国的相似认同。媒体通过连续不断地建构与塑造"他者"形象，才能有效地确立个体认知与国家认同之间的连接关系，从而潜移默化地形成对国家的认同感。

一个国家所持有的对他国的形象通常会影响该国所做出的政治决定，这在历史上是时有发生的。美国历史学家霍华德·比尔就指出，20世纪初期的西奥多·罗斯福总统对中国人所持有的"落后民族"（backward people）的看法损害了美国在远东政策的有效性，而这种影响持续了约半个世纪之久。[3] 第二次世界大战前后，日军入侵中国的残暴行为，以及日本在东南亚战场上的野蛮行为，给美国人留下了极为负面的印象。罗斯福总统称日本人是"毫无人性的野蛮人（inhuman barbarism）"，随着太平洋战争的爆发，日美双方陷入苦战，美国的官员和报界直接将日本人描述为"猴子（monkey）"，甚至是"老鼠、蟑螂和其他害虫（rats, cockroaches and other vermin）"。据统计，在1945年，大约85%的美国公众对罗斯福总统向日本投掷原子弹的决定表示赞成；有看法认为，二战期间，美国的主流媒体及公众所持有的有关日本人残暴、战争狂热的形象

---

1 关于媒体与国家认同的关系的研究，已有比较经典的研究案例。这里以艾伯特·柯瑞宁的研究为例，他以非裔美国人所办报纸为研究对象，这家媒体重点报道对象一般有两个：一是宣扬非洲裔美国人的重大成功和感人事迹；二是抨击美国社会对非洲裔美国人的歧视。除了经常报道美国社会非裔社区获得的成就外，该报纸还配上卡通插图；这些插图表达出对美国白人制定的种族歧视政策的强烈不满。该报的拥有者认为，通过提升非洲裔的自我意识，强调黑人兄弟之间的认同感，不仅可以提升非洲裔的种族自信，还能帮助非裔美国人在美国社会中获得更加平等的地位。参见：Albert Kreiling, "The Commercialization of the Black Press and the Rise of Race News in Chicago", in William Samuel Solomon and Robert Waterman McChesney eds., *Ruthless Criticism: New perspectives in U.S. communication history*, Minneapolis, MN: University of Minnesota Press, 1993, pp.176-203.

2 Milton Rokeach, *Beliefs, attitudes, and values: a theory of organization and change*, San Francisco: Jossey Bass, 1968, p.113, p.124.

3 Harold R. Isaacs, *Scratches on Our Minds American Images of China And India*, New York: The John Day Company, 1958, p.402.

也是美国政府最终决定向日本投掷原子弹的重要原因。[1]

一

　　大众传播媒体在媒体报道框架和报道策略的影响下，有选择性地集中报道和突出表现某一主题，通常能够以潜移默化的方式影响人们对某一事件甚至是某一国家的态度和看法。当今时代的大众媒体影响巨大，主流媒体如报刊、互联网、广播和电视不仅垄断了全球新闻和信息的流动，甚至还掌握着国际社会的话语权力。回到20世纪初期，这一时期的媒体的主要形式是报纸和期刊等平面媒体，其形式远比当今时代单一，内容远没有如今丰富，但是在生产和引导舆论，建构"他文化"的形象中，主流报刊发挥着主导性作用。

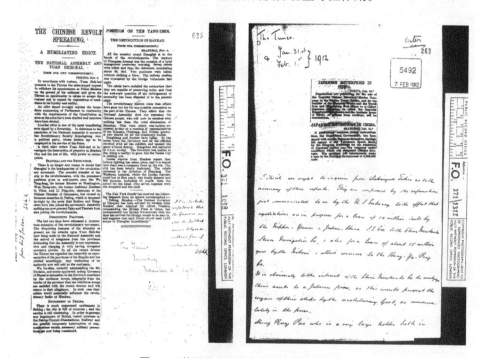

图4.1　英国外交档案中的《泰晤士报》[2]

　　美国学者米歇尔（W. J. T. Mitchell）认为，形象和认同之间的关系十分密切，形象有利于国家认同的存在和延续（the preservation of national identity）。[3]有学

---

1 据统计，在1945年，大约85%的美国公众对罗斯福总统向日本投掷原子弹的决定表示赞成，尽管这一比例在之后的岁月里缓慢下降了。可参见 Nicholas D. Kristof, "Hiroshima: A special report.; The Bomb: An Act That Haunts Japan and America", *New York Times*, AUG. 6, 1995.

2 F.O.371/1898（263）；F.O.371/1312（625）.

3 William J. Thomas Mitchell, *Iconology: image, text, ideology, Chicago*, IL: University of Chicago Press, 1987, p.35.

者认为，媒体作为形象生产、复制和传播的主体，它和政策制定者都共享着相似的意识形态框架，因为相互之间还存在着协调和互动。[1]开创英国报业垄断历史的北岩勋爵（Lord Northcliffe，1865—1922）曾明确地告诉媒体的从业人员："《每日邮报》应该利用它们强有力的宣传能力，在中国事务方面最大限度地维护英帝国的利益。"[2]这说明至少在北岩勋爵眼里，英国的主流报业巨头和英国的政策制定者之间是共享着某种相似的国家认同或国家利益观念的。一定程度上可以这样认为，以国家认同感为基础，对社会舆论和社会意识形态进行引导，政策制定者和报刊等主流媒体相互影响，最终达到整合社会不同阶层及维护国家政治和社会稳定的目的。

图4.2　英国外交档案中的《每日邮报》和《每日电讯报》[3]

此外，英国外交部的档案中时常可以发现英国主流报刊的身影（图4.1与图4.2），笔者认为，这些报刊的观点和倾向可能会直接影响决策者的看法和意图，

---

1 Hongshan Li and Zhaohui Hong, *Image, Perception, and the Making of U.S.-China Relations*, Lanham, Md.: University Press of America, 1998, p.3.

2 George Ernest Morrison and Lo Hui-min, *The correspondence of G. E. Morrison, volume.1(1895-1912)*, Cambridge: Cambridge University Press, 1976, p.391.

3 F.O.371/10925（64）; F.O.371/10925（4）.

甚至会影响政策的形成。

20世纪初期英国主流报刊中的中国形象、英国人的中国观念等，一方面会影响到英国人对自身的认识及对英国世界地位的认识，另外一个方面，有关中国的形象又会参与到英国人相关政策的探讨和辩论过程，并影响到政策制定者的判断和相关决策。

二

近代中英关系肇始于鸦片战争前后，这一时期，英国的报刊在这一独特的时空背景下，不自觉地扮演了重要角色，推动了历史进程的发展。有学者认为，鸦片战争前后，有关文明与野蛮的争论成为"来华西人思考对华关系的基本逻辑"，而在广州口岸一带的英文报刊，则扮演了"塑造来华西人之舆论，并力图影响以英国为主的西方国家政府对华政策的角色"[1]。鸦片战争前后，怡和洋行的创办人及鸦片贩子詹姆士·马地臣（James Matheson）和威廉·渣甸（William Jardine）[2] 就深谙此道，1839年前后中英关系持续紧张，渣甸离开中国东南沿海，准备返回英国向国会议员和政府开展游说工作，马地臣明确告诉渣甸，"取得国内主流报纸（leading newspaper）的支持，对我们的事业发展是大有裨益的"[3]，这反映出英国的大商人对报刊舆论的极端重视。对这些英国商人、外交家及好斗的国会议员来说，他们并非看重报刊内容和报刊舆论本身，他们注重的是报刊舆论对国家政策的制约和引导作用。从后来中英关系发展的进程来看，鸦片战争前后，英国人认为清政府抵制欧洲人奉行的国际关系"游戏规则"，因此是排外的、不友好的及停滞落后的，这种形象一定程度上对英国挑起鸦片战争起到了推波助澜的作用。

鸦片战争前后，清政府统治下的中国社会发展停滞和官员腐败的形象时常出现在英国主流报刊之中，一定程度上，这种形象也成为英国社会精英观察和思考中国的重要制约因素。

---

1 吴义雄：《在华英文报刊与近代早期的中西关系》，北京：社会科学文献出版社，2012年，第116页。

2 怡和洋行（英语：Jardine-Matheson & CO.LTD.，旧名渣甸洋行）是著名老牌英资洋行，也是英国在远东地区实力雄厚的英资财团，怡和洋行的历史也是中英关系发展史中的一个缩影。19世纪前期，苏格兰裔英国人威廉·渣甸（William Jardine，1784—1843）及詹姆士·马地臣（James Matheson，或译"孖地臣"，1796—1878）在亚洲从事鸦片和茶叶生意，赚得第一桶金后，于1832年在广州联合成立渣甸洋行（怡和洋行的前身），以发展地产、港口和贸易业务起家，其后不断壮大，一度成为香港最大的英资财团。

3 Alain Le Pichon, *China Trade and Empire: Jardine, Matheson & Co. and the Origins of British Rule in Hong Kong, 1827-1843*, Oxford: Oxford University Press, 2006, p.369.

　　1895 年，中日甲午战争结束以后，清政府的衰败愈加暴露无遗，日本发动的侵略战争给中国人民带来了巨大灾难，尤其是日军在旅顺进行了惨无人道的大屠杀，数以万计的无辜中国人倒在侵略者的屠刀之下。最早报道日本在旅顺进行大屠杀的是《纽约世界报》（New York World）的记者詹姆斯·克里曼（James Creelman），克里曼于 1894 年 12 月 12 日，在《纽约世界报》上报道日军在中国旅顺进行大屠杀的实况，将这一被日本刻意掩埋的真相公之于众。不久之后，1895 年 1 月 8 日，英国《泰晤士报》一篇题为《旅顺陷落之后的暴行》（*The Atrocities After The Fall of Port Arthur*）[1]的新闻报道揭露了日军在旅顺的残暴行径，国际社会一片哗然。

　　但是日本巧妙地利用国际、国内的宣传工具，当然也少不了在外交上对英美等国施加压力，试图将日军暴行的负面国际影响降到最小。在《泰晤士报》发表揭露日本暴行的文章仅两周后，该报社的态度就出现了 180 度的大转弯。1895 年 2 月 1 日，《泰晤士报》发布了一篇特约报道，报道一开始就表示"对日本人的行为我没有权力妄加评论，我只能让事实来说话"，随后表示"总体上看，日本人表现出自控力和仁慈"；对于清政府一方的表现，该报老调重弹，一再展示清政府落后、残暴的刻板形象。该报道至少两次提到许多中国军人乔装成平民，报道还提到清政府一方的残酷行为，如"日本人一旦落入对方手里，活着的时候会遭受酷刑，死了之后还要被分尸"[2]。该报还特意在当天刊登了一封读者来信，来信援引路透社记者的亲身经历，否认日军有任何屠杀行为，而且将清政府一方对俘虏进行"酷刑和分尸"（mutilated and tortured bodies）[3]的流言作为日军制造暴行的理由。《泰晤士报》的这一举动不但祖护了日本的残暴行为，而且恶化了英国公众对清政府的负面观感。与此同时，《泰晤士报》国际新闻部编辑吉尔乐依然重弹他的"中华帝国正走向没落，其四肢已经烂掉（rotting away），或许中国人的生命力还在本部十八省的心脏部位苟延残喘（survive in the heart of the eighteen provinves）"[4]的"老调"，这一悲观和偏激的中国观感

1　"The Atrocities after the Fall of Port Arthur", From our special correspondent. *The Times* (London, England), Tuesday, Jan 08, 1895; p.6; Issue 34468.

2　"The Port Arthur Atrocities", From our special correspondents, *The Times* (London, England), Friday, Feb 01, 1895; p.4; Issue 34489.

3　A. C. SHAW, "To the Editor of The Times", *The Times* (London, England), Friday, Feb 01, 1895; p.4; Issue 34489.

4　Ignatius Valentine Chirol, *The Middle Eastern Question or Some Political Problems of Indian Defence*, London: J. Murray, 1903, p.399.

不仅体现在他的专著中，还体现在他主持的《泰晤士报》社论和他与报社记者们的私人通信中。吉尔乐对中国一贯僵化、偏激的看法，莫理循曾表示过强烈不满，他认为吉尔乐的这种看法是错误的，"以'中华帝国正在没落，其四肢已经烂掉'这一说法为依据的对华政策应该进行调整（modify）"[1]。

英国的《泰晤士报》还在社论中将中国与日本进行对比，日本被描述为"渴求的、进步的"（restless and progressive），中国依然被描述为"停滞的、内向的"（stationary and inert）[2]。大体上看，19世纪末20世纪初，英国主流报刊对日本的"进步"持褒扬态度，对当时中国的落后则以批评为主。这也不可避免地对英国政策决定者的某些决定产生影响。1898年，李鸿章、张之洞向英国提出中、英、日三国结盟的建议，张之洞等人还热情洋溢地去拜会窦纳乐爵士，但这位英国驻华公使在向英国外交大臣索尔兹伯里侯爵的密电中称，"中国对增强这种同盟的力量毫无用处（China contributes nothing to the strength of the alliance），建议不予考虑"[3]。

自鸦片战争以来，鸦片问题就成为影响中英关系发展的重大问题。英国顽固地坚持向中国输出鸦片，不仅严重损害英国人在中国的形象，还给中英关系的发展制造了障碍。尽管早在第一次鸦片战争之前，英国国内的新教教派贵格会、议会中的许多议员都表示反对政府继续这项不道德的贸易，但对英国政府而言，道德问题并不是制定政策的首要考虑因素，英国政府仍然将对华政策和追逐鸦片利润绑定在一起。20世纪初期，英国主流报刊关于鸦片贸易中的"冲突"话语，强调对立，强化公众对清政府禁烟法令和执行法令的官员阶层的不信任感，从而转移公众对鸦片的危害及英国参与贸易对英国的危害等问题的关注，并减轻道德负担，同时也为了缓和国内以及国际上对英国从鸦片中牟利这一可耻行为的压力。长期以来，英国政府敢冒天下之大不韪，进行罪恶的鸦片贸易，英国主流报刊建构的"自由贸易"和"冲突"话语在其中起到了重要的呼应作用。

清末时期的禁烟运动也是中国人开始觉醒的重要标志，禁烟运动除了改变部分社会群体的精神面貌外，报界不屈不饶的反鸦片姿态扩大了报业的社会影

---

1 George Ernest Morrison and Lo Hui-min, *The correspondence of G. E. Morrison, volume.1(1895-1912)*, Cambridge: Cambridge University Press, 1976, p.567.

2 *The Times* (London, England), Tuesday, Oct 21, 1879; p.7; Issue 29704.

3 F.O. China（1334）. Sir C. MacDonald to the Marquess of Salisbury, Peking, March 18, 1898.

响，开明士绅和青年学生聚会演讲，倡导禁烟，开启了民众动员的新模式，为中国蓬勃发展的民族主义运动积蓄力量，禁烟运动和当时的其他近代化改革一起，构成了英国主流报刊上"中国觉醒"话语的重要组成部分。英国眼中的"中国觉醒"具有两面性：一方面，清政府引进西学，进行政治制度、经济、教育和军事等全方位改革，走英国人认为的"进步"道路，这是英国人认为"觉醒"的积极一面，这显示出英国人一贯所具有的文明优越感；另一方面，由于中国庞大的人口、丰富的资源及中国人民所具有的勤劳、坚韧的品质，通过改革将变得愈加强大，一个稳步前进的中国加上一个技术先进的日本，将会改变东西方文明之间的力量对比。因此，在英国人看来，这种"觉醒"又被认为具有威胁性，是英国人要严加防范的，在这里，中国作为"他者"，又成为英国人建构自身认同、维护帝国、强化地缘文明观念不可缺少的部分。

  20 世纪初期，英国主流报刊有关"中国觉醒"的流传和扩散，罗伯特·赫德在其中起到了重要作用。赫德最开始就是英国外交部派遣的来华外交人员，先后在香港、宁波和广州的英国使领馆工作，因此，赫德的早期职业生涯就与中英关系紧密联系起来，随着他加入粤（广州）海关[1]及后来成为清政府的海关总税务司，赫德在晚清时期的中英外交中的影响也越来越大，他在 1885 年曾被英国政府任命为英国驻华公使，尽管赫德最后拒绝了这一任命，但是也反映了他对当时中英关系所具有的重要影响力。赫德通过积极参与清政府的各项外交谈判（参与中英《缅甸条款》、《香港鸦片贸易协定》、中英《藏印条约》等）不断增强他的影响力，而且他还通过中国海关驻伦敦办事处，扩展他在英国国内的影响。

  义和团运动结束后不久，赫德的"五十年以后，就将有千百万团民排成密集队形，穿戴全副盔甲，听候中国政府的号召"[2]这句话被十多家英美的报纸和期刊引用过，借以表达它们各自对"觉醒"的中国的看法。他还在论文集《这些从秦国来：中国问题论集》（*These from the land of Sinim : essays on the Chinese question*）中对"黄祸"一说并不赞同：

  所谓的"黄祸"到底是什么呢？中国人是一个富有聪明才智和教养的民族，冷静、勤勉，他们在语言、思想和情感方面同质化，而且有着自

---

1 1859 年，赫德辞去英国驻广州领事馆的翻译官职务并加入中国海关，之后很快出任粤（广州）海关副税务司。
2 吕浦、张振鹍等编译：《"黄祸论"历史资料选辑》，北京：中国社会科学出版社，1979 年，第 148 页。

己独特的文明。

……

中国人已经沉睡了太久，但是最终还是醒来了，每一个中国人都被一种情感所激励，这就是"中国是中国人的中国，将外国人赶出去"（China for the Chinese and out with the foreigners）。义和团运动无疑是清政府刺激下的产物，但它已经领悟了人民群众的想象力，将会像燎原之火，席卷中国大地。简而言之，这是一个群众自发的爱国运动（patriotic volunteer movement），其目标是中国强盛起来——实现中国人自己的计划。[1]

到 1908 年，赫德休假离职回国，他欣然接受英国多家媒体如《每日邮报》《晨邮报》等的采访，他不但对清政府正在进行的改革信心满满，而且对那些中国发展起来将成为威胁的观点进行批驳。

实际上，赫德并不是唯一对中国在 20 世纪初期的变化表示乐观的人。乔治·莫理循担任《泰晤士报》驻北京记者期间，在传播"中国觉醒"的这一新形象上，出力甚多，在清末时期的中英关系史上留下了浓墨重彩的一页。1907 年冬季，莫理循回到英国休假，他就中国国内的新变化和民族主义运动对"中国协会"等具有较大影响力的政治团体发表演讲，向英国政界元老、新闻界巨头及商界巨子公开宣扬他所认为的中国已经"觉醒"。[2] 对于英国国内对中国改革的怀疑论调及对中国国内群众爱国运动（如 1905 年的"抵制美货"）的敌视，莫理循试图进行纠正，他还在演讲中提到，如果"英国是英国人的英国，加拿大是加拿大人的加拿大"的提法没有问题，那么中国人提出的"中国是中国人的中国（China for the Chinese）"就不应该被视为是狭隘的排外运动。[3]

清末时期，随着国内各项改革的推进，新的思想也在国内萌生并不断发展，以青年学生和进步人士为代表，民族主义思潮在中国兴起，"拒外债，废成约，收路自办"成为当时社会的一种共识，这对当时的清政府而言，既是机会，也是挑战。爱国意识的增强显示了中国人民的力量，也表明中国社会开始走向真正的觉醒，但对于清政府而言，"拒外债，废成约，收路自办"意味着与列强

---

1 Sir Robert Hart, *These from the land of Sinim: Essays on the Chinese question*, London: Chapman & Hall, 1901, pp.51-52.

2 George Ernest Morrison and Lo Hui-min, *The correspondence of G. E. Morrison*, volume. 1(1895-1912), Cambridge: Cambridge University Press, 1976, pp.436-437.

3 "The China Association", *The Times* (London, England), Wednesday, Nov 06, 1907; pg. 12; Issue 38483.

的利益发生直接冲突，也将导致政治和外交难题。

1905 年初，由于美国华美合兴公司背弃《粤汉铁路借款合同》和《粤汉铁路借款续约》，将股权违规转让给比利时公司，消息传出，舆论哗然，湘、鄂、粤三省的乡绅和市民发起声势浩大的请愿活动，要求废约，经过交涉最终成功赎回路权。在中国人民请愿力争路权之时，英国国内也传出要和美国一道向清政府施压的呼声，但是英国驻华公使萨道义在致外交大臣爱德华·格雷的电报中表示，"强烈要求清朝中央政府压制地方省份的不同意见，将损害清朝中央政府的权威"，他还认为湘、鄂、粤三省人民发动的请愿活动"是由那些从国外留学回来的青年学生自发形成的，它显示了中国人的'民族团结'（national solidarity）意识"[1]，英国公使萨道义还表示反对英美联合向清政府施压以达到逼清政府就范的目的，认为这将给其他列强树立不好的示范，将进一步损害清王朝中央政府的权威。清末时期中国人民爱国意识的增强和"觉醒"的形象一定程度上也会影响到英国的政策制定者，从而采取一种看似"安抚"的政策。

1911 年前后的辛亥革命不仅吸引了英国报刊的关注，还引起了世界的关注。和十年前义和团运动时期列强的态度相比，这次中国内部的剧烈变动总体上没有受到列强的武力干涉。甚至在革命发生之初，清政府的宪法十九信条还受到英国报刊的热烈呼应。由于义和团运动的前车之鉴，辛亥革命期间，英国报刊十分关注英国人的人身安全、财产安全及英国的相关利益问题。这些经常作为新闻报道的标题。《苏格兰人报》《星期日泰晤士报》《诺丁汉晚报》《阿伯丁每日新闻报》等都对在华英国人和欧洲人的人身和财产安全做了比较乐观的报道。《星期日泰晤士报》《诺丁汉晚报》《阿伯丁每日新闻报》还对一些捕风捉影的信息，如外国人遭遇"大屠杀"等毫无根据的流言进行了澄清和批驳。[2]因此，客观上讲，武昌起义之后，英国报刊对在华外国人安全状况的积极报道，为中国当时南北双方的谈判，创造了有利的环境。武昌起义爆发之后，由于英国主流报刊对在华外国人的处境呈现比较积极的描述，1911 年 10 月 26 日，英国外交大臣爱德华·格雷在给英国驻外使节的信中认为，目前英国的在华活动

---

1 F.O. 371/27. Sir E. Satow to Sir Edward Grey, Peking, February 19, 1906. 原文来自国家图书馆馆藏英国外交档案缩微胶片。

2 "British Interests in China", *The Sunday Times* (London, England), Sunday, October 15, 1911; p.11; Issue 4619; *The Manchester Guardian (1901-1959)*,19 Oct 1911: p.6; *The Nottingham Evening Post* (Nottingham, England), Friday, March 02, 1906; p.6; Issue 8582; *Aberdeen Daily Journal* (Aberdeen, Scotland), Wednesday, February 21, 1906; p.5; Issue 15943.

采取了一种自我克制的态度(restricting our action in China)并且将继续这一政策。[1]

英国报刊对中国局势的深度关切，关心的是英国的利益，而不是中国革命本身。英国大部分报刊都对革命者们的共和倾向进行批评，对君主立宪制度表示赞赏。辛亥革命之后不久，驻华公使朱尔典在致英国外交大臣的机密电报中表示，对于当前的复杂局面，他认为外国人的多数看法是，最好的解决办法是保留某种形式的满洲朝廷(figure-head of the manchu dynasty)，并建立立宪政府，共和主义的政府形式完全不适合中国。[2]1912 年前后，爱尔兰自治引发英国国内民众的焦虑和不安，爱尔兰岛还出现军事上的南北对峙；与此同时，清王朝倒台，帝制时代落幕，中国内部随后也出现了社会动荡和政局不稳。因此，英国国内以保守倾向为主导的新闻界对于中国发生推翻帝制的革命运动，也就很难做出积极评价。英国的主流报刊对中国形势的报道和解读，暗含英国国内政治的需要及英国国内保守势力的政治议程。

三

19—20 世纪之交的中国，进入了一个彻底沉沦的时期，多个列强侵略中国之后索取的巨额赔款，是套在中国人民身上的沉重枷锁。在列强发动的侵略战争中，清政府屡遭败绩，这些都使得中国人的民族自信心遭到严重伤害，中国传统文化的规范与导向作用极端萎缩，这是一个"沉沦"的时期，无论是中国政府，还是中国人民，这一时期国际上的形象都跌入了谷底。对于英国而言，中国长期被动挨打的角色，极其无助的国际处境及日益衰败的国内治理，都会使英国的政策制定者认为，与中国走得太近不会是合适的政策选项。当然英国不乏对中国表示同情的重要人物，但是同情心从来不会主导国家之间的关系。

从另一个方面来看，20 世纪初期的中国，虽然整体上是十分虚弱的，但是中国有着广袤的领土，数量庞大的人口，相对牢固的文化认同（儒家文化），以及历史悠久的大一统政治传统，这些都是中国走出"沉沦"，走向发展和复兴的强大基础。义和团运动和反帝爱国运动显示出中国人民坚决斗争的勇气，清政府也遭到沉重打击，顽固守旧的势力丧失了对朝政及时局的把控，清政府最高统治集团也认识到"取外国之长，乃可补中国之短；惩前事之失，乃可作

---

1 F.O. 371/1094(43207). Sir Edward Grey to Sir C. Macdonald.Foreign Office, October 26, 1911. 也可参见章开沅等编：《辛亥革命史资料新编》（八），武汉：湖北人民出版社，2006 年，第 95 页。

2 F.O. 371/1095(45368). Sir J.Jordan to Sir Edward Grey, Peking, November 14, 1911.

后事之师；欲求振作，当议更张"[1]，就此开始了一场缓慢但是仍具成效的变革。

对于形象和政策之间的相互关系，科林·马克林认为，"一个国家对另外一个国家所采取的政策往往会影响它对对方的看法，反之亦然。也就是说，形象，或者更确切地说心理上构建出的对他者的形象，也会影响政策。"[2]。几个世纪以来，英国和中国双方关系的性质从友好关系变为敌对关系有过多次转换。在近代英国社会中，往往存在各种各样的、有时候甚至是相互对立的中国认知，但在这些纷繁复杂的观念中，有许多常常是与人们的普遍的政治观点，与他们对遥远的东方世界的看法，对英国国际地位的理解等紧密相连，从而构成了一般意义上的英国关于中国的形象。鸦片战争之后，中国问题（the China problem）[3]经常在英国国内政策辩论中起着重要的作用。所有这些有关中国的形象在不同程度上影响着那些英国上层精英对中国的看法，也影响着英国的对华政策。所以，了解和探究英国的中国形象的生产、复制、扩散直至接受这个过程就显得十分重要，这也是正确理解和把握中国和英国之间关系的重要环节。著名学者杜维明认为："对不同文化之间相互形象（mutual perceptions）的研究，有利于形成不同文化之间能够共享的那种包容性和连贯性的价值倾向。"[4]因此，对那些在历史上曾经有着密切联系而且在当今现实政治中互相影响的国家来说，对彼此认知和形象进行研究具有十分重要的意义。

本章小结

英国主要报刊中的文本，被英国政府及立法机构直接当作第一手资料进行

1《清代外交档案汇编》：外交档案文献 / 清季外交史料之西巡大事记 / 卷三 /（外交档案文献），第34页，总页号：35962。

2 ［澳］马克林：《我看中国：1949年以来中国在西方的形象》，张勇先，吴迪译，北京：中国人民大学出版社，2013年，第2页。英文版可以参见 Colin Mackerras, *Western perspectives on the People's Republic of China: politics, economy and society*, Hackensack, NJ: World Scientific, 2015, p.1.

3 The China Problem 是英国学者在论述近代中英关系之时经常出现的一个话题。知名历史学者冯兆基（Edmund S. K. Fung）和加拿大汉学家文忠志（Stephen Lyon Endicott）等人认为，近代时期的中国问题就是一个问题的两个方面。从国际上看，中国在不平等条约的压迫下，丧失了部分主权和独立自主的地位，因此中国人的努力方向，则是摆脱这一束缚；从国内上看，就是要从中古时期的帝国废墟上，恢复国家认同，建立起秩序稳定、军力强盛的现代民族国家。参见 Edmund S. K. Fung, *The Diplomacy of Imperial Retreat: Britain's South China Policy, 1924-1931*, New York: Oxford University Press, 1991, pp.13-14; Stephen Lyon Endicott, *Diplomacy and enterprise: British China policy, 1933-1937*, Manchester: Manchester University Press, 1975, pp.1-3.

4 Tu Wei-ming, "Chinese Perceptions of America," in Michel Oksenberg and Robert B. Oxnam, eds., *Dragon and Eagle: United States-China Relations: Past and Future*, New York: Basic Books, 1973. p.87.

使用。英国外交档案中经常出现《泰晤士报》《每日电讯报》《每日邮报》的剪报，为政治决策提供直接参考。

在英国人看来，只有学习西方，并实行向西方"靠拢"的政策取向才会被认为是"觉醒"的。1905年之后，清末立宪运动的进展也让英国人颇感沾沾自喜，在英国人看来，毕竟英国才是君主立宪制度的开山鼻祖，有时候他们还自封为所谓的"宪政之母"[1]。20世纪初，清政府进行了政治、经济、教育、军事等多方面的改革，"停滞"的中国形象很大程度上受到冲击，中国国内的新政改革对英国而言，意味着市场的扩大和开放，这些都有利于英国的利益。对此，在20世纪初期的十年间，英国总体上对中国采取一种实用主义的"安抚"政策。

20世纪初期，英帝国的拥趸者们试图维持一整套有关种族、宗教、自身文化认同和"文明使命"等意识形态观念，并竭力为其辩护。在英国对华的政策中，关键的问题并不是某个政治家和重要人物的看法，而是隐藏于英国政党体制、文化认同、宗教情怀等方面背后的利益需求，而英国主流报刊正是这一利益需求的最佳代表。英国关于中国的形象总是要试图和特定的政治、经济、社会甚至是宗教目标相契合，同时也试图保护和确认英国人有关帝国存续、社会价值和宗教认同等基本观念。

---

1 "The Revolution in China", *The Times* (London, England), Monday, Nov 06, 1911; pg. 9; Issue 39735.

结　语

2014 年 3 月 27 日，中国国家主席习近平在法国巴黎出席中法建交 50 周年纪念大会并发表重要讲话。习近平主席在讲话期间提到拿破仑的"睡狮论"："拿破仑说过，中国是一头沉睡的狮子，当这头睡狮醒来时，世界都会为之发抖。"[1]拿破仑的"睡狮论"在中国流传甚广。[2]

紧接着，习近平主席在演讲中称："中国这头狮子已经醒了，但这是一只和平的、可亲的、文明的狮子。"[3]习近平主席的这一番话隐隐回应了 100 多年前曾纪泽《中国先睡后醒论》的基调。曾纪泽认为"觉醒"之后的中国，不会对他国有野心，因为"盖中国从古至今，只为自守之国，向无侵伐外国之意，有史书可证"[4]。习近平主席的演讲表明了中国的和平发展理念，有力地批驳了部分西方媒体炮制的"中国威胁论"论调。

然而，一些西方媒体和政客十分固执，总是带着傲慢与偏见来看待中国问题。他们将自身的标准作为唯一标准来看待和解读中国，忽视中国自身的文明传统和历史文化，也完全忽略中国的国情及中国和西方所处发展阶段的不同。

20 世纪初期，报纸和杂志是最为重要的社会大众媒体，是公众最重要的信息来源，同时还主导着对他国形象的生产、流通和扩散。社会大众通常情况下并不是通过到异国进行游历而取得直接经验，大多数人还是通过报纸和期刊等素材来获得对异国的认知。19 世纪末 20 世纪初，保守派的大报《泰晤士报》和

1　习近平：《在中法建交五十周年纪念大会上的讲话》，《人民日报》，2014 年 3 月 29 日，第 2 版。

2　关于拿破仑是否有过中国是"睡狮"的言论，西方学界存在争议，国内学界也没有比较统一的看法。例如，中国社会科学院施爱东研究员在《拿破仑睡狮论：一则层累造成的民族寓言》一文中认为，"关于拿破仑预言中国是一头睡狮，一旦醒来将震撼世界的传说，是顾颉刚所谓'层累造史'的典型个案"。（可参见施爱东：《拿破仑睡狮论：一则层累造成的民族寓言》，《民族艺术》，2010 年 3 期）有关拿破仑是否讲过中国是"睡狮"，笔者在此不再赘述。

3　习近平：《在中法建交五十周年纪念大会上的讲话》，《人民日报》，2014 年 3 月 29 日，第 2 版。

4　（清）于宝轩编：《皇朝蓄艾文编》（一），台北：台湾学生书局，1965 年影印本，第 243 页（原书第 34 页）。

高举自由主义的《曼彻斯特卫报》被认为是英国比较具有公信力的媒体，它们自身的历史就代表着英国的新闻发展史，它们还是一部英国从不列颠岛屿走向一个庞大殖民帝国的历史。本书在研究对象选取上，兼顾不同政治取向和社会层次，既有精英报纸如《泰晤士报》和《每日电讯报》，又有平民型（或大众型）报纸如发行量第一的《每日邮报》，既有左翼的《曼彻斯特卫报》，也有右翼的《观察家报》和中间偏右的《每日邮报》，研究其中的涉华报道，尽可能地把握那些在英国国内主流报刊中最容易引起社会共鸣的事务，从大方向上观察英国报刊的中国形象。

英国的中国形象中，既包含有英帝国秩序中的中国问题，也包含着对东西方关系及地缘文明的关切和忧虑。早在大航海时代，对财富的渴望，对商业利益的追求，这些都使中国在英国的地缘文明视域中占有重要位置。在帝国主义者对外征服的时代，中国不幸沦为殖民列强扩张和侵略的牺牲品。到19世纪末20世纪初，中国人逐渐萌发了民族情绪和爱国热情，清政府在遭到国内外的连续冲击之下，也试图开始进行全方位的改革，一方面，这场改革一定程度上符合英国主流意识形态的想象和预期，许多方面是按照西方现代性面貌进行的"改造"，因此以"觉醒"的中国的姿态出现在英国主流报刊上；另一方面，"觉醒"的中国在英国看来又具有"威胁性"。因此，20世纪初期英国主流报刊眼中的"中国觉醒"，不仅反映了英国人自认为的文明优越感和"进步"的普遍性，还揭示出英国人眼中二元对立的地缘文明观念。1912年前后，英国自身面临严重困境，爱尔兰危机已经威胁到帝国的存续，英国的君主立宪体制也受到挑战，与此同时，清王朝倒台，帝制时代落幕，中国内部随后也出现了社会动荡和政局不稳。英国国内以保守倾向为主导的新闻界对于中国发生推翻帝制的革命运动，总体上态度消极。英国的主流报刊对中国形势的报道和解读暗含英国国内政治的需要及迎合英国国内保守势力的政治议程。

英国的中国形象不会产生于真空之中，对中国的态度常常伴随着英国对自身的思考。英国主流报刊中的中国形象也是英国对经济、民族、革命、工业化及大英帝国世界地位思考的一个反映。英国有关中国的媒体形象及政策制定在很大程度上与英国的自我认同和帝国兴衰直接相关。英国关于中国的形象，既有对地缘政治、东西方关系的思考，也有通过对中国形象的建构，表达其对自身的认同。

英国主流报刊总是在自身概念体系内解读、阐释中国来传达关于"他文化"

的意义，并将自身的标准作为唯一标准来看待和解读其他国家，而忽视各个国家自身的文明传统和历史根基，也完全忽略不同国家发展阶段的差异性。19 世纪 80 年代，当清政府以"自强"和"求富"为目标的洋务运动如火如荼地开展之时，曾纪泽的《中国先睡后醒论》不断地被英文世界横加指责，前英国公使阿礼国认为清政府的洋务运动只进行技术革新，而不进行政治改革，"中国已醒"名不副实。20 世纪初年，清政府为挽救政权，确保自身统治地位，进行改革，主要有废科举、兴西学、练新军、改官制、立宪政等，英美主流报刊对此几乎一致地冠以"中国觉醒"，从某种程度上讲，这场改革是试图按照西方现代性面貌所进行的"改造"。在英美主流报刊的视野中，这种改革符合其主流意识形态的想象和预期，即通过政治制度、思想文化上的改革，向西方靠拢，而使得中国"更像西方"，因此才会获得西方世界的"赞赏"。这也说明，早在晚清时期，西方媒体就开始对中国进行文化和思想上的扩张与渗透。从历史上看，近代时期，英国等西方世界采取武力或渗透等手段将自身标准强加给不发达国家和地区，并没有带来这些国家和地区的发展与进步，即便是爱尔兰这种地处西方世界中心地带的被征服地区，在 19 世纪 50 年代前后竟然出现了惨绝人寰的大饥荒，更不用说那些在西方列强剥削和压迫下的其他地区了。20 世纪 50 年代至 60 年代，西方的殖民和压迫秩序逐步崩塌，不发达国家和地区逐步走上自立和自强。在东亚地区，新兴经济体主要依靠自身的精神资源和人力资源，加之以对外开放的姿态，逐步走向富足和繁荣。

　　本书主要是以英国的视角来分析和探讨英国的报刊材料，但是并不意味着忽视中国人民反抗帝国主义、殖民主义压迫的主动精神。20 世纪初期，中国人民在反对帝国主义政治、经济、宗教及文化压迫的运动中逐渐觉醒，并开展了一场影响深远的革新运动，较为明显地改变了中国社会的精神和政治风貌。长期以来，中国有着广袤的领土，数量庞大的人口，坚韧的文化认同，以及历史悠久的大一统政治实体，从任何一个角度来说，中国都不仅是区域性的大国，同时还是一个世界性大国。无论是鸦片战争之后，还是辛亥革命之初，中国遭受了外来的入侵和勒索，但是并没有被西方列强所鲸吞、同化或征服，这与广大中国人民自强不息的斗争精神和寻求自由的使命感息息相关。今天的中国已经走到了发展和崛起的"十字路口"，在摒弃教条主义的同时，也没有采取全盘西化的发展路数，而主要是在依据中国自身发展经验的基础上，逐步走出的一条具有中国特色的社会主义发展道路。20 世纪 90 年代西方社会流行的"中国威胁论"和"中国崩溃论"，西方媒体在这种论调的生成和扩散中，起到了主导作用。随着中国实力的不断增强和在全球秩序中话语权的不断提升，中国形象仍将是媒体舆论的关注焦点。在一个国家形象显得日益重要的当今时代，需要破除西方社会的文化和意识形态偏见，注重中国改革开放现实中迸发出的创新精神以及中国自身的创造力，这才是新时代塑造中国形象的关键所在。

当前，在国际话语场域和国际形象塑造方面，中国一定程度上还处在被压制、被扭曲的位置。习近平总书记多次强调指出："要注重塑造我国的国家形象，重点展示中国历史底蕴深厚、各民族多元一体、文化多样和谐的文明大国形象，政治清明、经济发展、文化繁荣、社会稳定、人民团结、山河秀美的东方大国形象，坚持和平发展、促进共同发展、维护国际公平正义、为人类作出贡献的负责任大国形象，对外更加开放、更加具有亲和力、充满希望、充满活力的社会主义大国形象。"[1]随着综合实力的快速增长和国际地位不断提高，中国正日益走近世界舞台中央。这要求我们加快构建有中国特色的对外话语体系，塑造有利于自身发展、有利于增进国家利益的中国国际形象，向全世界展现一个真实立体全面的中国形象。

首先，是对中国国际形象进行历史性考察和研究，从更大的时空背景对中国近代以来对外话语和国际形象的历程、波动、演变及演变背后的逻辑进行深入研究。当前的中国日益走近世界舞台中央，在国际事务中发挥不可替代的重要作用，同时中国和平崛起的国际舆论环境在一定程度上受到西方世界有关中国形象的较大影响。中国的崛起在国际上尤其是在西方世界那里引起了不同的反响，部分西方媒体和政客对中国的崛起存在误读或偏见，许多误读还有着比较明显的文化或历史痕迹。例如，2015年英国部分媒体炮制所谓"磕头"论调，与其说是误读，倒不如说是别有用心的炒作和曲解。因此，对近代以来中国在国际社会中的形象变迁进行考察研究，回顾中国形象在西方的波动起伏和演变逻辑，分析其中的"变"与"不变"，研究挖掘其历史演变背后的内在动因。

其次，是挖掘中国特色的特征和优势，多层次、全方位展示中国形象。中国作为一个具有深厚历史底蕴和文化资源的文明古国和大国，具有许多独有的特色和优势，这些都是我们讲好中国故事、传播好中国形象的重要源泉。

1 习近平：《建设社会主义文化强国 着力提高国家文化软实力》，《人民日报》，2014年01月01日，第1版。

以清王朝末期中国在西方世界的形象为例，当时的许多英美媒体都力图构建出一幅所谓"停滞的中国"形象，但还是有一些外国人（部分是传教士）来华游历，他们不仅仅到通商口岸城市，还深入内地，甚至是西北和西南极其偏僻的乡村，留下了数量众多的游记、日记和小说，声称他们发现了另一个中国，在"远离那些衰微与疲惫的高雅文化（effete high culture）的偏远地区"，外国人发现许多保留了"质朴和刚毅的气概（pristine manliness）"的中国民众，并试图构建出一种"清新鲜活"的中国形象。

这种具有浪漫主义以及"乌托邦"气质的中国形象在清王朝终结以后依旧被传承了下来，部分西方人将视角转向农村，转向偏远的地区，而正是这些地区，在历史大潮的洗礼下，逐步转变为中国新民主主义革命运动中的决定性力量。赛珍珠的《大地》中透露出质朴的大地、坚毅的中国农民、诗意的中国形象影响和感染到了美国以及欧洲的许多人。20世纪30年代美国记者埃德加·斯诺的《红星照耀中国》向全世界展示了一个在西北偏远、条件恶劣的农村地区艰苦奋斗的中国，一个在中国共产党领导下，充满希望、充满活力的中国。这些都表明，中国并不缺乏好素材、好故事，关键是要注重讲好中国故事的方式方法，以传播受众能够抓得住、听得懂的讲述方式，讲好中国故事。

再次，是探索中国对外形象传播和话语体系构建的叙事逻辑，力求"宏大叙事"与"个体体验"相结合。

用好中国底蕴丰厚、特色鲜明的历史文化资源，经济腾飞和社会进步的现实资源，人的文明素养和社会文明程度显著提高和人的全面发展的精神资源，讲好精彩、生动、鲜活的中国故事，是一个重大而又迫切的时代任务。习近平总书记指出："要采用贴近不同区域、不同国家、不同群体受众的精准传播方式，推进中国故事和中国声音的全球化表达、区域化表达、分众化表达，增强国际传播的亲和力和实效性。"[1]

传统上，我们对外话语传播和中国国际形象构建上，比较注意诉诸宏大叙事，侧重政治事务、重大活动和重要人物等，相关的叙事距离普通大众的生活和体验有一定距离，往往达不到预期的效果。无论是"美国梦"还是"实现中华民族伟大复兴的中国梦"，都是个人和个体的梦想汇聚而成，一个个特征鲜明、生动活泼的个体梦想、成功故事、生命体验，这些普通个体的精彩故事往往可

---

1 习近平：《加强和改进国际传播工作 展示真实立体全面的中国》，《人民日报》，2021年06月02日，第1版。

以超越时空、超越国界，引起各地、各国人民的共鸣和认同。

因此，在对外话语传播和形象构建上，要把宏大叙事与个体体验有机结合起来，小切口、大视野，有效增强对外传播的感染力和亲和力，不断推进中国国际形象构建的有效性。

最后，是探索构建中国特色的对外话语体系和国际形象塑造路径。

文化传播和形象研究表明，形象的传播并不是客观现实的镜子式的再现，受众由于其自身的文化背景、受教育水平、阅历及兴趣点等因素，感知、理解是有选择性的。因此，可以开展对相关国家重要媒体的新闻文本、研究论文、畅销书籍、重点期刊、web 页面、社交媒体文本的大数据文本挖掘、话语分析、内容分析等，以考察探究中国对外话语体系和中国形象在海外的传播效果和接受程度，通过深度访谈、调查等方式方法，对于中国的传播话语体系的效果做出反馈和评价，比较海外不同媒体对同一事件或现象的评价，以及单一媒体在不同的历史时期有关中国观的认知，进行相应的分析研判，做出应对措施。

中国故事能不能讲得好，中国形象能不能够传播好，关键还是要看受众愿不愿意听，听不听得懂，要时刻具备换位思考的意识，在阐述方式、语言风格、表述手法乃至形象塑造等方面，最好能够与受众的日常生活发生一定关联和连接，才能够形成互动，产生共鸣。

注重传播受众的视野和文化背景，要注意采用海外受众习惯于接受的阐述手法、语言风格、表达形式和再现方式，注重在传播中的背景因素和隐形因素中表达深层次的文化代入，注重塑造有温度有底蕴的中国形象，而不是单线和简单地灌输。

还可以对西方主要媒体有关中国的报道方式方法进行借鉴。即在观点阐述上照顾到不同方面的立场或相关方的看法，注重让参与的各方都能表达自身意愿、相关主体都能发出声音，在对某一重大实践的解读或叙述中，给受众提供不同方面、不同角度的阐述，既有积极的正面的立场，也要表达存在的不足或挑战，相比单一直接的结论性评价，这样相对容易获得受众的信任和接受。

参考文献

（外文姓名按照姓氏字母排序，中文姓名按照姓氏笔画排序）

　　本书所用年代较近的英文书籍，少部分收藏于学校图书馆，其他大部分通过国内高校的馆际互借功能得以借阅原书。标16—19世纪出版年者，多为扫描版，主要为网站下载的珍稀本扫描版，或国内高校购买的电子书数据库档案。英国近代报纸（newspaper）和期刊（periodical）多来自国内相关高校图书馆所购买的英文报刊全文数据库，或英国报刊自建的历史档案数据库，譬如，英国《卫报》（The Gudian）已经在官方网站上开通了历史数据库，国际互联网使用者注册后，通过信用卡支付十多英镑（约一个月费用）即可浏览、下载所需文献资源。

（一）英文文献

Newspaper（报纸）

Aberdeen Daily Journal

City A.M. (London, England)

Post Magazine

The China Mail

The Daily Mail

The Daily Telegraph

The Financial Times

The London Gazette

The Manchester Guardian

The New York Times

The North-China Daily News (1864-1951)

The North-China Herald and Supreme Court & Consular Gazette (1870-1941)

The Nottingham Evening Post

The Observer

The Scotsman (1817-1950)

The Sunday Times

The Times (London, England)

The Washington Post

Magazine（期刊和杂志）

Blackwood's Edinburgh Magazine

Edinburgh Review

Funny Folks

Illustrated London News Historical Archive

Nineteenth Century and After

Punch Historical Archive (1841-1992)

Quarterly Review

Review of Reviews

The Asiantic Quarterly Review

The Atlantic Monthly

The Chinese Recorder (1867-1941)

The Contemporary Review

The Geographical Journal

The Graphic

The North American Review

The Spectator

Microfilm（缩微胶片）

Kesaris, Paul L., Great Britain, Foreign Office, ed., *Confidential British Foreign Office Political Correspondence China Series (1906-1919)*, Bethesda, MD: A microfilm project of University Publications of America, 1997. （中国国家图书馆总馆南区缩微文献阅览室收藏）

Documents（原始文献）

Altholz, Josef L., *Selected Documents in Irish History*, London and New York, Routledge, 2015.

Buckle, George Earle ed., *The letters of Queen Victoria. Third series. Volume. III (1896-1901)*, Cambridge: Cambridge University Press, 1932.

Butler, David and Anne Sloman, eds., *British Political Facts, 1900-1975(4th)*, London and Basingstoke: Palgrave Macmillan, 1975.

Gee, Henry and William John Hardy, eds., *Documents Illustrative of English Church History*, London and New York: Macmillan, 1896.

Hutchinson, H. N., J. W. Gregory and R. Lydekker, eds., *The Living Races of Mankind: A popular illustrated account of the customs, habits, pursuits, feasts & ceremonies of the races of mankind throughout the world*, Vol.1, London: Hutchinson & Co., 1901.

Morrison, George Ernest and Lo Hui-min, *The correspondence of G. E. Morrison, volume.1(1895-1912)*, Cambridge: Cambridge University Press, 1976.

Morrison, George Ernest and Lo Hui-min, *The correspondence of G. E. Morrison, volume.2(1912-1920)*, Cambridge: Cambridge University Press, 1976.

Newton, Thomas Wodehouse Legh, 2nd Baron, *Lord Lansdowne: A Biography*, London: Macmillan and CO., St Martin's Street, 1929.

Walrond, Theodore and Arthur Penrhyn Stanley eds., *Letters and Journals of James, Eighth Earl of Elgin*, London: John Murray, 1872.

Great Britain Parliament. House of Commons, *The History and Proceedings of the House of Commons from the Restoration to the Present Time*, vol. Ⅵ, London, Printed for Richard Chandler, 1742.

United States Congress: *The Executive Documents of the House of Representatives for the First Session of the Fiftieth Congress (1887-1888)*, Washington: Government Printing Office, 1889.

The annual register, or a view of the history, politics, and literature, for the year 1780, London: printed for J. Dodsley, 1781 [1782].

Secondary Sources（二手材料）

Althusser, Louis, *Lenin and Philosophy and Other Essays*, New York & London: Monthly Review Press, 2001.

Anand, Dibyesh, *Geopolitical Exotica: Tibet in Western Imagination*, Minneapolis: University of Minnesota Press, 2007.

Anson, George, *A voyage round the world in the years MDCCXL, I, II, III, IV*, London: John and Paul Knapton, 1748.

Arkush, David and Leo O. Lee eds., *Land Without Ghosts: Chinese Impression of America from the Mid-Nineteenth Century to the Present*, Berkeley, CA.: University of California Press, 1989.

Bell, Allan and P. Garrett, *Approaches to Media Discourse*, Malden, MA: Blackwell, 1998.

Berelson, Bernard, *Content Analysis in Communication Research*, Glencoe, IL: The Free Press, 1952.

Bickers, Robert, *Britain in China: Community, Culture and Colonialism, 1900-49*, Manchester and New York: Manchester University Press, 1999.

Bickers, Robert, "Revisiting the Chinese Maritime Customs Service, 1854 - 1950", *The Journal of Imperial and Commonwealth History*, 36/2 (2008).

Bickers, Robert, *Ritual and Diplomacy: Macartney Mission to China 1792-1794*, London: Wellsweep Press, 1993.

Bickers, Robert, "Shanghailanders: The Formation and Identity of the British Settler Community in Shanghai 1843−1937", *Past & Present*, No. 159 (May, 1998).

Bishop, Peter, *The myth of Shangri-Ia: Tibet, travel writing and the western creation of sacred landscape*, Berkeley and Los Angeles: University of California Press, 1989.

Bland, John Otway Percy, *Recent events and present policies in China*, Philadelphia: J.B. Lippincott Company, 1912.

Bond, George J., *Our share in China and what we are doing with it*, Toronto: The Missionary Society of the Methodist Church, 1911.

Boulger, Demetrius C., *The Life of Sir Halliday Macartney*, London: John Lane the Bodley Head, New York: John Lane Company, 1908.

Bradley, Peter T., *British maritime enterprise in the New World: from the late fifteenth to the mid-eighteenth century*, Lewiston, NY: Edwin Mellen Press, 1999.

Brown, Arthur J., *New forces in old China: an inevitable awakening (Second edition)*, London and Edinburgh: F.H. Revell company, 1907.

Brown, Arthur J., *New forces in old China: an unwelcome but inevitable awakening*, London and Edinburgh: F.H. Revell company, 1904.

Browne, Edward G., *The Persian Revolution of 1905-1909*, London: Cambridge University Press, 1910.

Burton, Graeme, *Media and Society: Critical Perspectives*, Maidenhead: Open University Press, 2005.

Cao, Qing, *China under Western Gaze: Representing China in the British Television Documentaries 1980-2000*, New Jersey and London: World Scientific, 2014.

Cartee, Karen S. *Johnson, News Narratives and News Framing: Constructing Political Reality*, Lanham and Oxford: Rowman & Littlefield Publishers, 2005.

Cavallaro, Dani, *Critical and cultural theory: thematic variations*, London and New Brunswick, NJ: The Athlone Press, 2007.

Ch'en, Jerome, *China and the West: Society and Culture 1815-1937*, London: Hutchinson, 1979.

Chang, Elizabeth Hope, *Britain's Chinese Eye: Literature, Empire, and Aesthetics in Nineteenth-Century Britain*, Stanford, CA: Stanford University Press, 2010.

Chen, Shih–Wen, *Representations of China in British Children's Fiction, 1851-1911*, Farnham and Burlington: Ashgate, 2013.

Chirol, Ignatius Valentine, *The Far Eastern Question*, London: Macmillan and co., ltd., 1896.

Chirol, Ignatius Valentine, *The Middle Eastern Question or Some Political Problems of Indian Defence*, London: J. Murray, 1903.

Chomsky, Noam, "What Makes Mainstream Media Mainstream", *Z Magazine*, October, 1997.

Chow, Phoebe, *Britain's Imperial Retreat from China, 1900-1931*, London & New York: Routledge, 2016.

Clendinnen, Inga, "Fierce and Unnatural Cruelty: Cort é s and the Conquest of Mexico", *Representations*, Vol. 33(Winter, 1991).

Clifford, Nicholas R., *"A Truthful Impression of the Country": British and American Travel Writing in China, 1880-1949*, Ann Arbor, MI: University of Michigan Press 2001.

Cohen, Paul A., "Reviewed Work: Britain in China: Community, Culture and Colonialism 1900−1949 by Robert Bickers", *The Journal of Asian Studies*, Vol. 59, No. 2 (May, 2000).

Coleridge, Samuel Taylor, *Letters of Samuel Taylor Coleridge*, Vol. I , Boston and New York: Houghton, Mifflin and Company, 1895.

Curran, James, *Media and Power*, London: Routledge, 2002.

Curzon, George Nathaniel, 1st Marquess of Kedleston, *The place of India in the empire: Being an address delivered before the Philosophical Institute of Edinburgh*, London: John Murray, 1909.

Darwin, John, *Unfinished Empire: The Global Expansion of Britain*, London: Penguin Books, 2012.

Davies, Norman, *Europe: A History*, New York: Oxford University Press, 1996.

Davis, John Francis, *The Chinese: a general description of the empire of China and its inhabitants*, two volumes, New York: Harper & brothers, 1836.

De Mendoza, J. Gonz á lez, *The history of the great and mighty kingdom of China and the situation thereof*, Vol. I , Trans. Robert Parke, London: Hakluyt Society, 1853.

De Odoric, Pordenone, "The Travels of Friar Odoric", in Henry Yule and Henri Cordier, eds., *Cathay and the way thither: being a collection of medieval notices of China*, vol.2, London: Hakluyt society, 1913.

De Quincey, Thomas, *Confessions of an English opium-eater (With a Critical and Biographical Introduction by Ripley Hitchcock)*, New York: D. Appleton and Company, 1899.

Defoe, Daniel, *Serious Reflections During the Life and Surprising Adventures of Robinson Crusoe*, London: W. Taylor., 1720.

Defoe, Daniel, *The farther adventures of Robinson Crusoe*, London: W. Taylor., 1719.

Dickens, Charles, *The Mystery of Edwin Drood*, London: The Queensway Press, 1870.

Dodin, Thierry and Heinz Rather, eds., *Imagining Tibet: Perceptions, Projections, & Fantasies*, Boston: Wisdom Publications, 2001.

Dorogi, Thomas Laszlo, *Tainted Perceptions: Liberal-Democracy and American Popular Images of China*, Lanham, MD: University Press of America, 2001.

E. D. Steele, *Palmerston and Liberalism, 1855-1865*, Cambridge: Cambridge University Press, 1991.

Edwardes, Michael, *East-West Passage: The Travel of Ideas, Arts, and Inventions Between Asia and the Western World*, New York: Taplinger Publishing Co., 1971.

Ellis, Henry, *Journal of the Proceedings of the Late Embassy to China*, London: John Murray, 1817.

Ellis, John, *Visible Fictions: Cinema, Television, Video*, London & New York: Routledge, 1992.

Endicott, Stephen Lyon, *Diplomacy and enterprise: British China policy, 1933-1937*, Manchester: Manchester University Press, 1975.

Entman, Robert M., *Projections of Power: Framing News, Public Opinion, and U.S. Foreign Policy*, Chicago and London: University of Chicago Press, 2004.

Fairbank, J. K., *China Perceived: Images and Policies in Chinese-American Relations*, New York: Random House, 1976.

Fang, Karen, *Romantic Writing and the Empire of Signs: Periodical Culture and Post-Napoleonic Authorship*, Charlottesville, VA: University of Virginia Press, 2010.

Fang, Yew-Jin, "Reporting the Same Events? A Critical Analysis of Chinese Print News Media Texts", *Discourse & Society* (Volume: 12 issue: 5, 2001).

Fitzgerald, John, *Awakening China: politics, culture, and class in the Nationalist Revolution*, Stanford: Stanford University Press, 1996.

Forman, Ross G., *China and the Victorian imagination: empires entwined*, New York: Cambridge University Press, 2013.

French, Paul, *Through the Looking Glass: China's Foreign Journalists from Opium Wars to Mao*, Hong Kong: Hong Kong University Press, 2009.

Fu, L., P.S. Lao, Jean Bryson Strohl and Lorand B. Szalay eds., *American and*

Chinese Perceptions and Belief Systems: A People's Republic of China-Taiwanese Comparison, New York: Plenum Press, 1994.

Fung, Edmund S. K., *The Diplomacy of Imperial Retreat: Britain's South China Policy, 1924-1931*, New York: Oxford University Press, 1991.

Gallagher, John and Ronald Robinson, "The Imperialism of Free Trade", *The Economic History Review*, New Series, Vol. 6, No. 1 (1953).

Gamson, William A. and Andre Modigliani, "Media Discourse and Public Opinion on Nuclear Power: A Constructionist Approach", *American Journal of Sociology*, Vol. 95, No. 1 (Jul., 1989).

Gelber, Harry G., *The Dragon and the Foreign Devils: China and the World, 1100 B.C. to the Present*, NewYork: Walker & Company, 2007.

Given, Lisa M., *The Sage encyclopedia of qualitative research methods*, Los Angeles, CA: Sage Publications, 2008.

Goffman, Ewing, *Frame Analysis: An Essay on the Organization of Experience*, Boston: Northeastern University Press, 1986.

Goldstein, Jonathan and Jerry Israel, America Views China: American Images of China Then and Now, Bethlehem: Lehigh University Press, 1991.

Gordon-Cumming, *Constance Frederica, Wanderings in China*, Edinburgh and London: W. Blackwood, 1888.

Gregory, John S., *The West and China since 1500*, Basingstoke and New York: Palgrave Macmillan, 2002.

Griffiths, Dennis, *Fleet Street: Five Hundred Years of the Press*, London: The British Library, 2006.

Hall, Stuart, "The West and the Rest: Discourse and Power", in Bram Gieben, Stuart Hall, and Bram Gieben, eds., *Formations of Modernity (Understanding Modern Societies: An Introduction)*, Cambridge: Polity Press, 1993.

Hall, Stuart, *Representation: Cultural Representations and Signifying Practices*, London: SAGE Publications, 1997.

Hao, Gao, "The Amherst Embassy and British Discoveires in China", *History*, vol. 99, Issue 337, 2014.

3遥远的帝国

197

参考文献

Harris, Zellig S., "Discourse Analysis", *Language*, Vol. 28, No. 1 (Jan. – Mar., 1952).

Hart, Robert, Sir, 1st Bart., *These from the land of Sinim: Essays on the Chinese question*, London: Chapman & Hall, 1901.

Hart, Robert, Sir, 1st Bart.; Richard J Smith; John King Fairbank and Katherine Frost Bruner, *Robert Hart and China's Early Modernization: 1863-1866*, Cambridge, MA and London, Harvard University Press, 1991.

Herder, Johann Gottfried, *Outlines of a philosophy of the history of man*, Trans.T. O. Churchill, London: Printed for J. Johnson, 1800.

Hevia, James L., *English Lessons: The Pedagogy of Imperialism in Nineteenth Century China*, Durham and London: Duke University Press, 2003.

Hillemann, Ulrike, *Asian Empire and British Knowledge: China and the Networks of British Imperial Expansion*, Hampshire and New York: Palgrave Macmillan, 2009.

Hobson, J. A., *Imperialism: A Study*, London: George Allen and Unwin, 1902, p.150.

Hodder, Rupert, *In China's image: Chinese self-perception in Western thought*, New York: St. Martin's Press, 2000.

Holcombe, Chester and B. Broomhall, *China's past & future: Britain's sins and folly*, London, Morgan & Scott, 1904.

Hou, Chi-ming, *Foreign Investment and Economic Development in China, 1840-1937*, Cambridge, MA: Harvard University Press, 1965.

Huntington, Samuel P., "The Clash of Civilizations?", *Foreign Affairs*, Vol. 72, No. 3 (Summer, 1993).

Ingram, Edward, "Great Britain's Great Game: An Introduction", *The International History Review*, Vol. 2, No. 2 (Apr., 1980).

Isaacs, Harold R., *Scratches on Our Minds American Images of China and India*, New York: The John Day Company, 1958.

Jacques, Martin, *When China Rules the World: The Rise of the Middle Kingdom and the End of the Western World*, London: Penguin Books, 2009.

Jensen, Klaus Bruhn and Nicholas W. Jankowski, *A Handbook of Qualitative Methodologies for Mass Communication Research Communication*, London and New

York: Routledge, 1991.

Jespersen, Christopher T., *American images of China, 1931-1949*, Redwood City: Stanford University Press, 1996.

Jones, David martin, *The image of China in western social and political thought*, New York: Palgrave, 2001.

Kaul, Chandrika, *Reporting the Raj: The British Press and India, c.1880-1922*, Manchester and New York: Manchester University Press, 2004.

Keller, Wolfgang, Ben Li and Carol H. Shiue, *China's Foreign Trade: Perspectives from the Past 150 Years*. (Unpublished Paper)

Kenny, Kevin ed., *Ireland and the British Empire*, Oxford: Oxford University Press, 2005.

Kunczik, Michael, *Images of nations and international public relations*, New York, NY: Routledge, 2016.

Landor, Arnold Henry Savage, *Tibet and Nepal*, London: A. & C. Black Soho Square, 1905.

Latourette, Kenneth Scott, *The history of early relations between the United States and China, 1784-1844*, New Haven, CT: Yale University Press, 1917.

Le Pichon, Alain, *China Trade and Empire: Jardine, Matheson & Co. and the Origins of British Rule in Hong Kong, 1827-1843*, Oxford: Oxford University Press, 2006.

Lebow, Richard Ned, *White Britain and Black Ireland: The Influence of Stereotypes on Colonial Policy*, Philadelphia: Institute for the Study of Human Issues, 1976.

Li, Hongshan, and Zhaohui Hong, *Image, Perception, and the Making of U.S.-China Relations*, Lanham, MD: University Press of America, 1998.

Li, Jing, *China's America: The Chinese View of the United States, 1900-2000*, Albany, NY: SUNY Press, 2012.

Lippmann, Walter, *Public Opinion*, New York: Harcourt, Brace and Company, Inc., 1922.

Little, Richard and Steve Smith, eds., *Belief Systems and International Relations*, Oxford: Blackwell in association with BISA, 1988.

Lyall, Alfred C., Sir, *Asiatic Studies: religious and social*, London: J. Murray, 1884.

Macartney, George, Earl, edited by J. L. Cranmer–Byng, *An Embassy to China: Being the Journal Kept by Lord Macartney During His Embassy to the Emperor Ch'ien-lung, 1793-1794*, London: The Folio Society, 2004.

Mackerras, Colin, *Western Images of China*, New York: Oxford University Press, 1989.

Mackerras, Colin, *Western perspectives on the People's Republic of China: politics, economy and society*, Hackensack, NJ: World Scientific, 2015.

Mandeville, John, Sir, *The travels of Sir John Mandeville: The version of the Cotton Manuscript in modern spelling*, London and New York: The Macmillan Company, 1900.

Manning, Paul, *News and News Sources: A Critical Introduction*, London: Sage Publications. 2001.

Marris, Paul and Sue Thornham, eds., *Media Studies: A Reader (second edition)*, Edinburgh: Edinburgh University Press, 1999.

Marshall, P.J., "Imperial Britain", *The Journal of Imperial and Commonwealth History*, 23:3(1995).

Martin, W. A. P., *The awakening of China*, London: Hodder & Stoughton, 1907.

Matthes, Jörg and Matthias Kohring, "The Content Analysis of Media Frames: Toward Improving Reliability and Validity", *Journal of Communication*, June 2008.

Maugham, William Somerset, *On a Chinese screen*, London: William Heineman, 1922.

Mclean, David, "Finance and 'Informal Empire' before the First World War", *The Economic History Review*, Vol. 29, No. 2(May, 1976).

Mehra, Parshotam, "In the Eyes of Its Beholders: The Younghusband Expedition (1903–04) and Contemporary Media", *Modern Asian Studies*, Vol. 39, No. 3 (Jul., 2005).

Mill, John Stuart, *On Liberty*, London: John W. Parker and Son, 1859.

Mitchell, William J. Thomas, *Iconology: Image, text, ideology*, Chicago, IL: University of Chicago Press, 1987.

Mosher, Steven W., *China misperceived: American illusions and Chinese reality*, New York: Basic Books, 1990.

Mungello, D.E., *The Great Encounter of China and the West, 1500-1800*, Lanham and Oxford: Rowman & Littlefield Publishers, 2005.

Myers, Henry A., *Western Views of China and the Far East (Volume 2): Early Modern Times to the Present*, Hong Kong: Asian Research Service, 1984.

N. Leech, Geoffrey, *Semantics: the study of meaning (second edition)*, Harmondsworth & New York: Penguin Books, 1981.

Narizny, Kevin, *The Political Economy of Grand Strategy*, Ithaca, NY and London: Cornell University Press. 2007.

Nield, Robert, *The China Coast: Trade and the First Treaty Ports*, Hong Kong: Joint Publishing (H.K.) Co., Ltd., 2010.

Oksenberg, Michel, and Robert B. Oxnam, *Dragon and Eagle: United States-China Relations: Past and Future*, New York: Basic Books, 1973.

Pan, Zhongdang and Gerald M. Kosicki, "Framing Analysis: An Approach to News Discourse", *Political Communication*, Volume 10, 1993.

Parisi, Peter, "Toward a 'philosophy of framing': Narrative strategy and public journalism", *Journalism & Mass Communication Quarterly*, Vol. 74(1997).

Potter, Simon J.,"Empire, Cultures and Identities in Nineteenth- and Twentieth-Century Britain", *History Compass*, 5:1 (2007).

Potter, Simon James, *Newspapers and Empire in Ireland and Britain: Reporting the British Empire, C.1857-1921*, Dublin, Ireland: Four Courts Press, 2004.

Pritchard, Earl Hampton, Anglo-Chinese relations during the seventeenth and eighteenth centuries, New York: Octagon Books, 1970.

Putnam Weale, B. L., *The fight for the republic in China*, New York: Dodd, Mead and Company, 1917.

Ricoeur, Paul, *History and Truth*, Trans. Charles A. Kelbley, Evanston, IL: Northwestern University Press, 1965.

Robbins, Helen Henrietta Macartney, *Our First Ambassador to China: An Account of the Life of George, Earl of Macartney, with Extracts from His Letters, and the Narrative of His Experiences in China, as Told by Himself, 1737-1806*, Cambridge:

Cambridge University Press,1908.

Röhl, John C. G., *The Kaiser and His Court: Wilhelm II and the Government of Germany*, Cambridge& New York: Cambridge University Press, 1994.

Rokeach, Milton, *Beliefs, attitudes, and values: a theory of organization and change*, San Francisco: Jossey Bass, 1968.

Rose, John Holland, ed., *Cambridge History of the British Empire: Volume 2, The Growth of the New Empire 1783-1870*, Cambridge: Cambridge University Press, 1940.

Rousseau, Jean Jacques, *The Social Contract and Discourses*, London: J. M. Dent & Sons, 1913 (First published 1762).

Rowbotham, Arnold H., "The Impact of Confucianism on Seventeenth Century Europe", *The Far Eastern Quarterly*, Volume 4, Issue 3, 1945.

Said, Edward W., *Orientalism*, New York: Vintage Books, 1979.

Schlesinger, Philip, Reviewed Work: "From production to propaganda?", *Media, Culture, and Society*, Vol. 11 (1989).

Scott, David, *China and the International System, 1840-1949*, Albany, NY: State University of New York Press, 2008.

Shambaugh, David L., *Beautiful Imperialist: China Perceives America, 1972-1990*, Princeton, NJ: Princeton University Press, 1993.

Sîmon, G. Eugene, *China: Its social, political, and religious life*, London: Sampson low, Maeston, Searle, & Kivincton, 1887.

Smith, Adam, *The Wealth of Nations: An Inquiry into the Nature and Causes of the Wealth of Nations*, Chicago, IL: University of Chicago Press, 1977, p.105.

Solomon, William Samuel and Robert Waterman McChesney, Ruthless Criticism: New perspectives in U.S. communication history, Minneapolis, MN: University of Minnesota Press, 1993.

Spence, Jonathan D., *The Chan's Great Continent: China in Western Minds*, New York and London: W. W. Norton & Company, 1999;

Staunton, George, Sir, *An authentic account of an embassy from the King of Great Britain to the Emperor of China*, London: W. Bulmer and Co., 1797.

Stokes, Jane, *How to Do Media and Cultural Studies*, London: SAGE

Publications, 2003.

Temple, William, *The Works of Sir William Temple, bart.*, Vol, 3, London, printed by S. Hamilton, 1814.

Thetela, Puleng, "Critique Discourses and Ideology in Newspaper Reports: A Discourse Analysis of the South African Press Reports on the 1998 SADC's Military Intervention in Lesotho", *Discourse & Society* (Vol 12, Issue 3, 2001).

Thompson, Andrew S., *Imperial Britain: The Empire in British Politics, c. 1880-1932*, Harlow, UK.: Pearson Education Limited, 2000.

Turner, Oliver, *American Images of China: Identity, Power, Policy*, London & New York: Routledge, 2014.

Van Dijk, Teun A., *News as Discourse*, Hillsdale, NJ: Lawrence Erlbaum Associates, 1988.

Van Ginneken, Jaap, *Understanding Global News: A Critical Introduction*, London: SAGE Publications, 1998.

Van Gorp, Baldwin, "The Constructionist Approach to Framing: Bringing Culture Back In", *Journal of Communication*, December 2006.

Waddell, L. A., *Lhasa And Its Mysteries: With A Record of The Expedition Of 1903-1904*, London: John Murray, 1905, pp. 1−2.

Wang, Jianwei, *Limited Adversaries: Post-Cold War Sino-American Mutual Images*, Oxford and New York: Oxford University Press, 2000.

White, Hayden, "Historiography and Historiophoty", *The American Historical Review*, Vol. 93, No. 5(Dec., 1988).

Williams, Raymond, *Keywords: A Vocabulary of Culture and Society*, New York: Oxford University Press, 1985.

Wodak, Ruth and Michael Meyer, eds., *Methods of Critical Discourse Analysis*, London, Thousand Oaks and New Delhi: Sage Publications, 2001.

Woodhouse, Eiko, *The Chinese Hsinhai Revolution: G. E. Morrison and Anglo-Japanese Relations, 1897-1920*, London: RoutledgeCurzon, 2004.

Wotton, William, *Reflections upon ancient and modern learning*, London: printed by F. Leake, 1694.

Wright, Hamilton, "The International Opium Commission", *The American*

Journal of International Law, Vol. 3, No. 3 (Jul., 1909).

Wrigley, Chris ed., *A Companion to Early Twentieth-Century Britain*, Malden and Oxford: Blackwell Publishing, 2003.

Wu, Ting-Fang, "The Significance of the Awakening of China", *The Annals of the American Academy of Political and Social Science*, Vol. 36, Supplement: Commercial Relations Between the United States and Japan, July, 1910.

Young, L. K., *British Policy in China, 1895–1902*, Oxford: Oxford University Press, 1970.

Younghusband, Francis Edward, Sir, *India and Tibet: A history of the relations which have subsisted between the two countries from the time of Warren Hastings to 1910; with a particular account of the mission to Lhasa of 1904*, London: John Murray, 1910.

Zhang, Biwu, *Chinese Perceptions of the U.S.: An Exploration of China's Foreign Policy Motivations*, Lanham, Maryland: Lexington Books, 2012.

Zhang, Hong, *America Perceived: The Making of Chinese Images of the United States, 1945-1953*, Westport, CT: Greenwood Publishing Group, Inc., 2002.

Zhang, Longxi, "The Myth of the Other: China in the Eyes of the West", *Critical Inquiry*, Vol. 15, No. 1 (Autumn, 1988).

Zhang, Shunhong, *British Views on China: At the Dawn of the 19th Century*, Beijing: China Social Science Publishing House, 2011.

（二）中文文献

史料

《申报》

《新闻报》

《大公报》

《外交报》

《东方杂志》

《辽史》卷 37，志第七，地理志一。

《明史》卷三百二十五列传第二百十三，外国六，和兰。

《光绪朝东华录》，中华书局 1958 版，1984 年重印。

《中华民国史事纪要》，初稿 中华民国元年（1912）正月至六月。

《李鸿章全集》第六册，卷十九，长春：时代文艺出版社，1998 年。

《郭嵩焘日记》第三卷（光绪时期上），长沙：湖南人民出版社，1982 年。

《马克思恩格斯全集》第一版第 15 卷，北京：人民出版社，1963 年。[1]

《马克思恩格斯全集》第二版第 1 卷（上），北京：人民出版社，1995 年。

《马克思恩格斯全集》第二版第 31 卷，北京：人民出版社，1998 年。

《马克思恩格斯文集》（第 2 卷），北京：人民出版社，2009 年。

《马克思恩格斯文集》（第 4 卷），北京：人民出版社，2009 年。

《清代历朝起居注合集》：清德宗／卷七十五／光绪三十二年八月／（清德宗）。

《筹办夷务始末（咸丰朝）》卷七十一，咸丰十年十一月至十二月，民国十八年故宫博物院影印本。

《清代外交档案汇编》：外交档案文献／清季外交史料之西巡大事记／卷三／（外交档案文献）。

《清代外交档案汇编》：外交档案文献／清代历朝外交奏折选编／乾隆朝／（民国故宫编·选自民国十九年故宫《史料旬刊》外交奏折部分）

（清）张之洞原典，《张之洞权经》，马道宗解译，北京：台海出版社，2003 年。

中国社会科学院新闻研究所编：《马克思恩格斯论新闻》，北京：新华出版社，1985 年。

天津市社会科学界联合会、中共中央编译局马恩室编：《马克思恩格斯学说集要（下册）》，天津：天津人民出版社，1995 年。

复旦大学法律系国家与法的理论、历史教研组编：《马克思恩格斯论国家和法》，北京：法律出版社，1958 年 10 月，1958 年。

中华续行委办会调查特委会编：《1901—1920 中国基督教调查资料》（原《中华归主》修订版），蔡咏春等译，北京：中国社会科学出版社，1987 年，上册、下册。

黄月波，于能模，鲍釐人编：《中外条约汇编》，商务印书馆，1935 年。

于宝轩编：《皇朝蓄艾文编》（一），台北：台湾学生书局，1965 年影印本。

吕浦，张振鹍等编译：《"黄祸论"历史资料选辑》，北京：中国社会科

---

1 由于《马克思恩格斯全集》第二版目前尚未出齐，笔者多次在第二版《马克思恩格斯全集》已出书目中寻找《伦敦〈泰晤士报〉和帕麦斯顿勋爵》一文，均未找到（也可能是由于笔者本人的疏漏），故仍参考第一版的相关内容。

学出版社，1979 年。

齐思和，林树惠等编：《中国近代史资料丛刊·鸦片战争》，第 5 册，上海：上海人民出版社，1957 年。

孙中山：《革命原起》，中国近代史资料丛刊之《辛亥革命》（一），上海：上海人民出版社，1957 年。

沈云龙主编：《近代中国史料丛刊》第八十八辑，台北：文海出版社有限公司，1998 年。

严中平：《中国近代经济史统计资料选辑》，北京：科学出版社，1955 年。

闵暗：《中国未立宪以前当以法律遍教国民论》，《东方杂志》1905 年第02 卷第 11 期。

黄彦编：《孙文选集》，中册，广州：广东人民出版社，2006 年。

章开沅等编：《辛亥革命史资料新编》（八），武汉：湖北人民出版社，2006 年。

曾纪泽：《曾纪泽集》，喻岳衡校点，长沙：岳麓书社，2008 年。

滕一龙等编：《上海审判志》，上海：上海社会科学院出版社，2003 年。

姜维公，刘立强主编：《中国边疆研究文库·初编 东北边疆》第 5 卷，哈尔滨：黑龙江教育出版社，2014 年。

刘萍，李学通主编：《辛亥革命资料选编》第四卷（上册），北京：社会科学文献出版社，2012 年。

中文著作

方汉奇：《方汉奇自选集》，北京：中国人民大学出版社，2009 年。

王志华，章洁编著：《英美媒体文萃》，杭州：浙江大学出版社，2004 年。

王宏斌：《禁毒史鉴》，长沙：岳麓书社，1997 年。

王岳川：《发现东方》，北京：北京大学出版社，2011 年。

戈公振：《中国报学史》，北京：中国新闻出版社，1985 年。

孔朝晖：《"兄弟"的隐喻：从〈真理报〉（1950—1959）的中国形象谈起》，北京：中国社会科学出版社，2012 年。

朱谦之：《中国哲学对欧洲的影响》，上海：上海人民出版社，2006 年。

刘泱泱主编：《湖南通史·近代卷》，长沙：湖南人民出版社，2008 年。

刘继南，何辉等著：《镜像中国：世界主流媒体中的中国形象》，北京：中国传媒大学出版社，2006 年。

孙吉胜：《"中国崛起"话语对比研究》，北京：世界知识出版社，2015年。

孙有中：《解码中国形象：〈纽约时报〉和〈泰晤士报〉中国报道比较1993—2002》，北京：世界知识出版社，2009年。

阮炜：《地缘文明》，上海：上海三联书店，2006年。

汪民安主编：《文化研究关键词》，南京：江苏人民出版社，2007年。

李天纲：《年代记忆》，香港：香港城市大学出版社，2017年。

李幼蒸：《理论符号学导论》，北京：社会科学文献出版社，1999年。

李恩涵：《外交家曾纪泽1839—1890》，北京：东方出版社，2014年。

李智：《中国国家形象：全球传播时代建构主义的解读》，北京：新华出版社，2011年。

李燕：《现代汉语趋向补语范畴研究》，天津：南开大学出版社，2012年。

吴义雄：《在华英文报刊与近代早期的中西关系》，北京：社会科学文献出版社，2012年。

吴义雄：《大变局下的文化相遇：晚清中西交流史论》，北京：中华书局，2018年。

何启，胡礼垣：《新政真诠：何启、胡礼垣集》，郑大华点校，沈阳：辽宁人民出版社，1994年。

何新华：《清代朝贡文书研究》，广州：中山大学出版社，2016年。

张礼恒：《伍廷芳的外交生涯》，北京：团结出版社，2008年。

张西平主编：《西方汉学十六讲》，北京：外语教学与研究出版社，2011年。

张昆主编：《跨文化传播与国家形象建构》，武汉：武汉大学出版社，2015年。

陈晓律主编：《英国研究》（第1辑），南京：南京大学出版社，2009年。

陈鸣：《香港报业史稿（1841—1911）》，香港：华光报业有限公司，2005年。

范存忠：《中国文化在启蒙时期的英国》，上海：上海外语教育出版社，1991年。

范捷平：《罗伯特·瓦尔泽与主体话语批评》，杭州：浙江大学出版社，2011年。

周宁：《中国形象：西方的学说与传说》八卷本，北京：学苑出版社，2004年。

周宁：《异想天开：西洋镜里看中国》，南京：南京大学出版社，2007年。

周宁编：《世界之中国：域外中国形象研究》，南京：南京大学出版社，2007年。

周宁：《跨文化研究：以中国形象为方法》，北京：商务印书馆，2011年。

周宁：《风起东西洋》，北京：团结出版社，2005年。

姜智芹：《文学想象与文化利用：英国文学中的中国形象》，北京：中国社会科学出版社，2005年。

钱乘旦，许洁明：《英国通史》，上海：上海社会科学院出版社，2007年。

钱乘旦主编：《英国通史》（第六卷 日落斜阳），南京：江苏人民出版社，2016年。

翁秀琪等：《新闻与社会真实建构：大众媒体、官方消息来源与社会运动的三角关系》，台北：三民书局，1997年。

唐德刚：《晚清七十年之叁：甲午战争、戊戌变法》，台北：远流出版事业股份有限公司，1998年6月版。

黄时鉴：《维多利亚时代的中国图像》，上海：上海辞书出版社，2008年。

龚缨晏：《鸦片的传播与对华鸦片贸易》，北京：东方出版社，1999年。

龚缨晏：《浙江早期基督教史》，杭州：杭州出版社，2010年。

龚缨晏编著：《20世纪中国"海上丝绸之路"研究集萃》，杭州：浙江大学出版社，2011年。

戚印平：《远东耶稣会史研究》，北京：中华书局，2007年。

葛桂录：《他者的眼光：中英文学关系论稿》，银川：宁夏人民出版社，2003年。

韩丛耀等编：《中国影像史》第三卷 1900—1911，北京：中国摄影出版社，2015年。

程曼丽：《外国新闻传播史导论》第2版，上海：复旦大学出版社，2007年。

曾纪泽：《曾纪泽日记》，下册，刘志惠点校辑注，长沙：岳麓书社，1998年。

臧国仁：《新闻媒体与消息来源：媒介框架与真实建构之论述》，台北：三民书局，1999年。

中文译作（按照在正文中出现的先后排序）

［英］马丁·雅克：《当中国统治世界：中国的崛起和西方世界的衰落》，张莉、刘曲译，北京：中信出版社，2010年。

［英］P.J.马歇尔（P.J.Marshall）主编：《剑桥插图大英帝国史》，樊新志译，北京：世界知识出版社，2004年。

［英］杨国伦：《英国对华政策 1895—1902》，刘存宽、张俊义译，北京：中国社会科学出版社，1991 年。

［美］何伟亚：《英国的课业：19 世纪中国的帝国主义教程》，刘天路、邓红风译，北京：社会科学文献出版社，2007 年。

［英］雷蒙·道森：《中国变色龙：对于欧洲中国文明观的分析》，常绍民、明毅译，北京：中华书局，2006 年。

［法］艾田蒲：《中国之欧洲：从罗马帝国到莱布尼茨》，许钧、钱林森译，桂林：广西师大出版社，2008 年。

［法］佩雷菲特：《停滞的帝国：两个世界的撞击》，王国卿等译，北京：生活·读书·新知三联书店，2007 年。

［美］克里斯托弗·杰斯普森：《美国的中国形象 1931—1949》，姜智芹译，南京：江苏人民出版社，2010 年。

［英］潘琳著：《炎黄子孙：华人移民史》，陈定平、陈广鳌译，上海：三联书店上海分店，1992 年。

孟华等主编：《比较文学形象学》，北京：北京大学出版社，2001 年。

［法］布吕奈尔等著：《什么是比较文学？》，葛雷、张连奎译，北京：北京大学出版社，1989 年。

［美］赫伯特·阿特休尔：《权力的媒介》，黄煜、裘志康译，北京：华夏出版社，1989 年。

［英］赫德逊：《欧洲与中国》，王尊忠等译，北京：中华书局，1995 年。

［意］马可·波罗：《马可波罗行记》，冯承钧译，上海：上海书店出版社，2001 年。

［英］C.R.博克舍编：《十六世纪中国南部行纪》，何高济译，北京：中华书局，1990 年。

［法］杜赫德编：《耶稣会士中国书简集：中国回忆录》第 4 卷，吕一民、沈坚等译，郑州：大象出版社，2001 年。

［法］杜赫德编：《耶稣会士中国书简集：中国回忆录》第 1 卷，吕一民、沈坚等译，郑州：大象出版社，2001 年。

［法］杜赫德编：《耶稣会士中国书简集：中国回忆录》第 3 卷，朱静译，郑州：大象出版社，2001 年。

［意］利玛窦，［比］金尼阁：《利玛窦中国札记》，何高济等译，北京：

中华书局，2010 年。

[意] 利玛窦，[比] 金尼阁：《耶稣会与天主教进入中国史》，文铮译，北京：商务印书馆，2014 年。

[法] 让·雅克·卢梭：《卢俊全集》第 9 卷，李平沤、何三雅译，北京：商务印书馆出版社，2012 年。

[英] 乔治·马戛尔尼，约翰·巴罗：《马戛尔尼使团使华观感》，何高济、何毓宁译，北京：商务印书馆，2013 年。

[英] M.格林堡：《鸦片战争前中英通商史》，康成译，北京：商务印书馆，1961 年。

[美] 马士：《中华帝国对外关系史》第 1 卷，张汇文等译，北京：商务印书馆，1963 年。

[德] 夏瑞春编：《德国思想家论中国》，陈爱政等译，南京：江苏人民出版社，1995 年。

[德] 黑格尔：《历史哲学》，王造时译，上海：上海书店出版社，2006 年。

[英] 亚当·斯密著：《国富论》珍藏本，唐日松等译，北京：华夏出版社，2012 年。

[英] 马丁·沃克著：《报纸的力量：世界十二家大报》，苏童均等译，北京：新华出版社，1987 年。

[法] 费尔南·布罗代尔著，《文明史纲》，肖昶等译，桂林：广西师范大学出版社，2003 年。

[美] 费约翰：《唤醒中国：国民革命中的政治、文化与阶级》，李恭忠等译，北京：生活·读书·新知三联书店，2004 年。

[加] 马歇尔·麦克卢汉：《理解媒介：论人的延伸》，何道宽译，南京：译林出版社，2011 年。

[德] 康德：《历史理性批判文集》，何兆武译，北京：商务印书馆，1990 年。

[美] 马士：《中华帝国对外关系史》第 3 卷，张汇文等译，上海：上海书店出版社，2006 年。

[美] 马士：《中华帝国对外关系史》第 2 卷，张汇文等译，上海：上海书店出版社，2006 年。

[美] 肯尼斯·博克《当代西方修辞学：演讲与话语批评》，常昌富、顾宝桐译北京：中国社会科学出版社，1998 年。

〔英〕乔纳森·比格内尔著：《传媒符号学》，白冰等译，成都：四川出版集团，2012 年。

〔英〕雷蒙·威廉斯：《关键词：文化与社会的词汇》，刘建基译，北京：生活·读书·新知三联书店，2005 年。

〔俄〕弗拉基米尔·雅可夫列维奇·普罗普：《故事形态学》，贾放译，北京：中华书局，2006 年。

〔加〕哈罗德·伊尼斯：《帝国与传播》，何道宽译，北京：中国传媒大学出版社，2015 年。

〔英〕约翰·B.汤普森：《意识形态与现代文化》，高铦译，南京：译林出版社，2005 年。

〔荷兰〕H.L.韦瑟林：《欧洲殖民帝国》，夏岩等译，北京：中国社会科学出版社，2012 年。

〔英〕约·罗伯茨编著：《十九世纪西方人眼中的中国》，蒋重跃等译，北京：时事出版社，1999 年。

〔英〕艾瑞克·霍布斯鲍姆：《帝国的年代》，贾士蘅译，南京：江苏人民出版社，1999 年。

〔美〕本尼迪克特·安德森：《想象的共同体：民族主义的起源与散布》，吴叡人译，上海：上海人民出版社，2016 年。

〔丹麦〕戴维·格雷斯：《西方的敌与我：从柏拉图到北约》，黄素华等译，上海：世纪出版集团，2013 年。

〔澳〕马克林：《我看中国：1949 年以来中国在西方的形象》，张勇先、吴迪译，北京：中国人民大学出版社，2013 年。

期刊论文

马克垚：《我国世界史学科建设的回顾与展望》，《经济社会史评论》，2015 年第 1 期。

马雪萍：《中西古代史学：历史编纂理论与方法的比较》，《史学理论研究》，1995 年 03 期。

王东：《再现二十世纪中国史学的整体进程》，《读书》，2017 年第 10 期。

王静：《觉醒的中国：传教士眼中的清末新政》，《中国社会科学报》，2012 年 8 月 15 日，第 A05 版。

吕一民：《保罗·利科的研究取向与科学的历史阐释学的建构》，《历史研究》，2018 年第 1 期。

刘学照：《略论近代中国的民族觉醒》，《天津师大学报》（社会科学版），1994 年第 6 期。

沈坚：《法国史学的新发展》，《史学理论研究》，2000 年第 3 期。

吴义雄：《国史、国际关系史与全球史：晚清时期中外关系史研究的三个视角》，《史学月刊》，2017 年第 7 期。

宋志明：《中国近代民族主义与民族精神的觉醒》，《史学月刊》，2006 年第 6 期。

张成良：《新闻舆论：概念源流与内涵解读》，《中国社会科学报》，2017 年 3 月 16 日。

杨昂：《清帝〈逊位诏书〉在中华民族统一上的法律意义》，《环球法律评论》，2011 年第 5 期。

林承节：《论二十世纪初亚洲的觉醒》，《北京大学学报》（哲学社会科学版），1982 年第 5 期。

周宁：《西方的中国形象研究：关于形象学学科领域与研究范型的对话》，《中国比较文学》，2005 年第 2 期。

郑大华：《中国近代民族主义与中华民族自我意识的觉醒》，《民族研究》，2013 年第 3 期。

孟华：《试论汉学建构形象之功能：以 19 世纪法国文学中的"文化中国"形象为例》，《北京大学学报》（哲社版），2007 年第 4 期。

孟庆顺：《历史比较方法的功能》，《史学史研究》，1986 年第 3 期。

钱林森：《论游记在西方汉学中的地位和作用》，《江苏社会科学》，2000 年 06 期。

施爱东：《拿破仑睡狮论：一则层累造成的民族寓言》，《民族艺术》，2010 年 3 期。

胡刚：《19 世纪末 20 世纪初英国媒体中的中国西藏形象——以〈泰晤士报〉为中心的视角》，《西藏大学学报》，2018 年第 2 期。

黄秋硕：《试论丁韪良"中国觉醒"观念的形成》，《福建论坛》（人文社会科学版），2011 年 11 期。

戚印平，何先月：《再论利玛窦的易服与范礼安的"文化适应政策"》，《浙江大学学报》（人文社会科学版），2013 年第 3 期。

龚缨晏：《世界两端一图相连：〈1506 年康达里尼世界地图〉》，《地图》（Map），2008 年第 5 期。

黄达远：《18 世纪中叶以来的内亚地缘政治与国家建构》，《学术月刊》，2014 年第 8 期。

葛桂录：《欧洲中世纪一部最流行的非宗教类作品：〈曼德维尔游记〉的文本生成、版本流传及中国形象综论》，《福建师范大学学报》(哲学社会科学版)，2006 年第 4 期。

蒋大椿，李洪岩：《解放以来的历史比较方法研究》，《近代史研究》，1993 年第 2 期。

王娆：《〈1901 年枢密院威海卫法令〉与英国在威海卫的殖民统治》，《华东政法大学学报》，2008 年第 2 期。

韦忠生：《主体间性视域下译者的主体性与翻译策略》，《重庆理工大学学报》（社会科学版），2012 年第 10 期。

学位论文

Wilgus, Mary H., *Sir Claude Macdonald, The Open Door, And British Informal Empire in China, 1895-1900*, Vanderbilt University, ProQuest Dissertations Publishing, 1985, 8522451.

邹雅艳：《13—18 世纪西方中国形象演变》，南开大学文学院博士论文，2012 年 5 月。

会议论文

《"16—18 世纪中西关系与澳门"国际学术研讨会论文集》，北京：商务印书馆，2005 年。

附录一　人物一览表

清朝朝廷和皇族

光绪帝　清朝皇帝，1875—1908 年在位。

慈禧太后　1861 年至 1908 年间清王朝实际上的最高统治者。

庆亲王奕劻　晚清宗室重臣，乾隆帝弘历曾孙，曾任领班军机大臣和内阁总理大臣等要职。

恭亲王奕訢　道光帝第六子，咸丰、同治、光绪三朝重臣，洋务运动的代表人物。

中央政府及地方要员

端方　满洲正白旗人，曾担任直隶总督、北洋大臣。端方是清朝末年的重要人物，在维新变法、五大臣出洋、预备立宪、废除科举、派员留学、兴办学堂、镇压四川保路运动等重大事件中都有突出表现。

李鸿章　曾国藩门生，淮军统帅，洋务运动代表人物。

袁世凯　河南项城人。清末民初重要的军事家、政治家，北洋新军的领袖，第一任中华民国正式大总统。1915 年袁世凯称帝，由于国内反对，袁世凯登基 83 天之后宣布退位，1916 年 6 月逝世。

其他中国人

曾纪泽　曾国藩之长子，袭封一等侯勇毅，《中国先睡后醒论》（*China. The sleep and the awakening*）的作者。曾担任清政府驻英、法、俄大使，也是当时服膺"经世致用"思想的开明官僚。

颜咏经、袁竹一　《中国先睡后醒论》的口译、笔述者。

日本人

寺内正毅（てらうち まさたけ Terauchi Masatake）　1902—1912 年担任日本陆军大臣。1910 年兼任朝鲜总督，并于当年吞并朝鲜。1916—1918 年担任日本首相。

小村寿太郎（こむら じゅたろう Komura Jutarō） 甲午战争前任日本驻华使馆参赞、代办等职。1901 年开始，先后担任驻华公使和日本外务大臣，他是英日同盟的积极推动者，在日俄战争、"南满铁路"、吞并朝鲜等重大事件的处理中，都为日本谋求最大限度的侵略权益。

大隈重信（おおくま しげのぶ Ōkuma Shigenobu） 1888 年和 1896 年两次担任外务大臣，1914—1916 年担任日本首相，日本早稻田大学的创始人。

英国人、美国人

马戛尔尼伯爵（George Macartney, 1st Earl Macartney） 马戛尔尼伯爵先后担任英国驻俄公使，英国印度马德拉斯总督。1793 年，英王乔治三世以祝寿为由，派遣马戛尔尼为正使，率领使团到访清朝觐见乾隆皇帝，最后无功而返。

斯当东爵士（Sir George Staunton） 马戛尔尼访华使团的副使。

托马斯·斯当东爵士（Sir George Thomas Staunton） 通称小斯当东， 1816 年阿美士德使团的副使，因翻译《大清律例》而成为西方最负盛名的汉学家。1818—1852 年间，多次担任国会议员，在第一次鸦片战争前夕，他是英国议会中的主战派。

康德黎（James Cantline） 曾为伦敦的外科医生，香港西医书院的创始人之一。与孙中山先生亦师亦友，曾出版《孙中山与中国的觉醒》（*Sun Yat Sen and the awakening of China*）。

赫德爵士（Sir Robert Hart） 出生于英国北爱尔兰，1861 年进入中国海关，从 1863 年开始，担任海关总税务司长达半个世纪，是一位在近代的中英关系史中颇具分量的人物。

莫理循（George Ernest Morrison） 苏格兰裔澳大利亚人，1897—1912 年担任《泰晤士报》驻华首席记者，并深深地介入了中国政治，1912 年 8 月开始担任中华民国的政治顾问。

濮兰德（John Otway Percy Bland） 出生于马耳他岛的爱尔兰人，1883 年来华，考入中国海关，任总税务司录事司。1896 年任上海英租界工部局秘书长，兼任《泰晤士报》驻上海记者。著有《李鸿章传》《中国：真遗憾》等书，他与巴克斯合著的《慈禧外传》曾在西方引起了轰动，并登上《纽约时报》畅销书排行榜。

吉尔乐（Ignatius Valentine Chirol） 泰晤士报主编，著名记者、编辑、历史学家和外交家，曾著有《远东问题》等书。吉尔乐（原书封面为繁体字"吉爾樂"）是他为自己取的中文名字，可见于 1896 年出版的《远东问题》（*The Far Eastern Question*）一书的红色封面。

北岩勋爵（Viscount Northcliffe） 又称诺斯克里夫子爵，英国新闻事业家，19 世纪末 20 世纪初英国现代报业奠基人。他于 19 世纪末创办《每日邮报》，并很快大获成功，被认为是英国报业发展史上的传奇。诺斯克里夫于 1905 年获封男爵，1918 年晋封子爵。

朱尔典（Sir John Newell Jordan） 英国外交家，曾担任英国驻华公使，在武昌起义前后、南北和议以及袁世凯篡夺革命成果等重大事件中都有突出表现。

萨道义（Sir Ernest Mason Satow） 学者型外交官，1900 至 1906 年任驻清公使。

兰斯多恩侯爵（Marquess of Lansdowne） 爱尔兰贵族和英国外交官。他在英国外交大臣任内（1900—1906），先后签订了英日同盟和三国协约。

爱德华·格雷爵士（Sir Edward Grey） 英国政治家，曾担任英国外交大臣一职长达十一年（1905—1916）。在第一次世界大战爆发之际，他曾因"灯光正在整个欧洲熄灭，我们有生之年将不会看到它重新点燃"这句话而被历史铭记。

约翰·莫利爵士（John Morley, Viscount Morley） 英国的著名政治家，早年曾担任记者、报刊编辑等，后进入政界，成功竞选英国议会议员，曾担任印度事务大臣（1905—1910）、枢密院议长等职务。

约瑟夫·张伯伦（Joseph Chamberlain） 英国政治家，他于 1903 年，呼吁英国放弃自由贸易，实行帝国关税特惠制，以维护帝国的统一和利益。

亚瑟·贝尔福（Arthur James Balfour, 1st Earl of Balfour） 英国保守派政治家，曾担任首相、海军大臣、外交大臣等职务。他在爱尔兰事务大臣任内残酷镇压爱尔兰民族主义势力，因此被称为"血腥的贝尔福"（Bloody Balfour）。

格莱斯顿（William Ewart Gladstone） 英国自由党政治家，19 世纪 60—90 年代，曾经四度出任首相，任职期间两次推出《爱尔兰自治法案》，均遭失败。

阿斯奎斯（Herbert Henry Asquith） 曾任内政大臣及财政大臣，1908 年至 1916 年出任英国首相。他于 1912 年 4 月向英国议会提出关于爱尔兰自治的法案，即第三个爱尔兰自治法案。

丁韪良（W.A.P. Martin） 美国长老会派至中国的传教士，在中国生活长达六十余年，曾长期执掌京师同文馆，是当时的"中国通"。1898 年起被清政府任命为京师大学堂首任总教习，著有《中国觉醒》（*The Awakening of China*）一书。

附录二　大事年表

1839—1842 年

中英鸦片战争

香港被清政府割让给英国

五口通商

1901 年

英国维多利亚女王去世，爱德华七世继位。

1902 年

1 月　英日同盟

4 月　在列强的压力之下，俄沙皇政府与清政府签订了《交收东三省条约》，被迫同意从东北地区撤兵，一年半撤完。

7 月　以镇压爱尔兰自治而闻名的亚瑟·贝尔福开始为期三年的首相生涯。

8 月　清政府颁布《钦定学堂章程》，推广新式学堂。

1903 年

5 月　约瑟夫·张伯伦发表演说，主张建立帝国关税同盟以维护帝国团结。

1904 年

2 月　日本在中国东北对俄不宣而战，日俄战争由此爆发。

4 月　英法协约

1905 年

9 月　清政府下诏废除科举，之后又设立学部，专管新式学堂。

11 月　阿瑟·格里菲斯等爱尔兰民族主义者成立，爱尔兰新芬党成立之初，力主爱尔兰完全脱离英国而独立。在 1910 年，该组织被认为是相当激进且颇具威胁的政治派别。

12 月 清政府正式派"五大臣"出洋，主要考察欧美日各国的政治制度。

1906 年

2 月 英国自由党赢得大选，开启了最后一个"自由"朝代（1906—1922 年）。

9 月 清政府决定禁烟，要求十年之内彻底禁绝鸦片的吸食和生产。

9 月 清政府颁布《宣示预备立宪谕》，"预备立宪"由此铺开。

1907 年

4 月 英帝国的殖民地会议（Colonial Conferences）更改为帝国会议（Imperial Conference），殖民地也纷纷改称为自治领。

8 月 英俄协约。

1908 年

4 月 英国自由党领袖阿斯奎斯出任英国首相。

8 月 清廷宣布"预备立宪"，同时颁布《钦定宪法大纲》，预行"宪政"。

11 月 14 日光绪帝驾崩于瀛台，15 日慈禧崩，溥仪继位。

1910 年

1 月 英国举行大选，但结果出现僵持。自由党和爱尔兰主张自治的议员结盟，自由党得以上台执政，但要以支持爱尔兰自治为条件。

5 月 爱德华七世因病去世，乔治五世继位。

1911 年

8 月 英国议会通过《议会法》（The Parliament Act 1911），经英王乔治五世签署生效，该法案大大削减了上院的权力，使议会权力重心从上院转移到下院。

10 月 武昌起义爆发

11 月 为挽救因为武昌起义导致的王朝统治危机，清王朝公布了《宪法重大信条十九条》，试图建立一种以英国议会制为蓝本的君主立宪政体。《宪法重大信条十九条》扩大了议会和内阁的权力，但仍然强调皇权至高无上的地位。

1912 年

2 月 清廷接受《清室优待条件》，发布《逊位诏书》，清王朝正式灭亡。

9 月 厄尔斯特的新教徒通过《庄严盟约》，决心武装抵制爱尔兰自治，《爱尔兰自治法案》引发内战危机。

1913 年

4 月 袁世凯向"五国银行团"[1]借款 2500 万英镑，并出让给列强大量的政治和经济特权，中国的政治、经济和财政主权受到严重侵害。

1914 年

3 月 卡勒兵变。驻扎在北爱地区的部分英军军官对厄尔斯特新教徒的反自治立场表示同情，申明不会参与执行与爱尔兰自治相关的法案。

9 月 英王乔治五世签署了《爱尔兰自治法案》，但因一战爆发，未被执行。

---

1 1913 年春，五国银行团（英国汇丰、法国东方汇理、德国德华、俄国道胜、日本横滨正金）为支持袁世凯政权，打压南方革命势力，与北洋政府签订了善后大借款合同，列强借此攫取了更多的侵略权益。

附录三　中英文译名对照表

（按英文首字母排序）

报刊名称译文对照

Aberdeen Daily Journal	《阿伯丁每日新闻报》
Anthropological Review	《人类学评论》
Blackwood's Edinburgh Magazine	《爱丁堡布莱克伍德》
City A.M. (London, England)	《金融城早报》
Daily Mail	《每日邮报》
Dublin Evening Post	《都柏林晚报》
Edinburgh Review	《爱丁堡评论》
Fortnightly Review	《双周评论》
Funny Folks	《大众滑稽》
Harper's New Monthly Magazine	《哈珀新月刊》
Illustrated London News	《伦敦新闻画报》
Journal of Social Science	《社会科学杂志》
Journal of the Society of Arts	《艺术学会杂志》
Macmillan's Magazine	《麦克米伦杂志》
Manchester Guardian	《曼彻斯特卫报》
Nineteenth Century and After	《十九世纪及之后》
North China Daily News	《字林西报》
Pall Mall Gazette	《帕尔摩报》
Peking and Tientsin Times	《京津泰晤士报》
Pick-Me-Up	《开心一刻》周刊
Post Magazine	《邮政杂志》

Punch	《笨拙》
Quarterly Review	《每季评论》
Review of Reviews	《评论回顾》
The Atlantic Monthly	《大西洋月刊》
The China Mail	《德臣西字报》
The Chinese Recorder	《教务杂志》
The Chinese Repository	《中国丛报》
The Contemporary Review	《当代评论》
The Edinburgh Review	《爱丁堡评论》
The Geographical Journal	《皇家地理学杂志》
The Graphic	《图像杂志》
The Journal of Philology	《语言学刊》
The Morning Chronicle	《纪事晨报》
The New York Times	《纽约时报》
The North American Review	《北美评论》
The North China Herald and Supreme Court & Consular Gazette	《北华捷报》
The Nottingham Evening Post	《诺丁汉晚报》
The Observer	《观察家报》
The Scotsman	《苏格兰人报》
The Spectator	《旁观者》
The Sunday Times	《星期日泰晤士报》[1]
The Times	《泰晤士报》
The Washington Post	《华盛顿邮报》

人名译文对照

Albert Kreiling	艾伯特·柯瑞宁
Alexander Michie	宓吉
Arthur Balfour	亚瑟·贝尔福
Arthur M Schlesinger	小阿瑟·施莱辛格

---

1 《星期日泰晤士报》(The Sunday Times) 的中文译名较多,主要有《星期日太阳报》《周日泰晤士报》《星期日泰晤士报》等,如今《泰晤士报》(The Times, London) 和《星期日泰晤士报》都属默多克的新闻集团 (News Corp.) 所以,"The Sunday Times" 译为《星期日泰晤士报》要合适一些。

Benedict Anderson	本尼迪克特·安德森
Benjamin Disraeli	本杰明·迪斯雷利
Bertram Lenox Simpson	辛博森
C. P. Fitzgerald	菲茨杰拉德
Cecil Spring Rice	塞西尔
Chandrika Kaul	钱德里卡·考尔
Chang Chih-tung	张之洞
Charles Kingsley	查尔斯·金斯利
Chester Holcombe	何天爵
Colin Mackerras	科林·马克林
Colonel Sir Claude Maxwell MacDonald	窦纳乐爵士
Daniel Defoe	笛福
David Livingstone	戴维·利文斯通
David Lloyd George	戴维·劳合·乔治
Edmund S. K. Fung	冯兆基
Edward Ⅶ	爱德华七世
Edward Grey	爱德华·格雷
Edward Henry Stanley	爱德华·亨利·斯坦利
Edward Said	爱德华·萨义德
Elijah Coleman Bridgman	神治文
Emperor Kwang-su	光绪帝
Empress Dowager	慈禧太后
F. B. Meyer	迈耶
François Jullien	于连
Geoffrey Leech	杰弗里·利奇
George Ⅲ	乔治三世
George Ⅴ	乔治五世
George Anson	乔治·安森
George Ernest Morrison	莫理循
George Nathaniel Curzon	寇松
George William Frederick Villiers	乔治·威廉·弗雷德里克·维利尔斯

Halford John Mackinder	麦金德
Henri Tajfel	泰弗尔
Henry Campbell-Bannerman	亨利·坎贝尔—班纳文
Henry Pottinger	璞鼎查
Henry Shearman	奚安门
Herbert Henry Asquith	赫伯特·亨利·阿斯奎斯
Ignatius Valentine Chirol	吉尔乐
J. K. Fairbank	费正清
James Campbell	詹姆斯·坎贝尔
James Hudson Taylor	戴德生
James L. Hevia	何伟亚
James Legge	理雅各
James Louis Hevia	何伟亚
Jane Stokes	斯托克斯
Jean Baptiste Du Halde	杜赫德
John Fitzgerald	费约翰
John Morley	约翰·莫利
John Newell Jordan	朱尔典
John Otway Percy Bland	濮兰德
John Stuart Mill	约翰·斯图尔特·密尔
K. E. Boulding	博尔丁
Kang Yu-wei	康有为
KANG-HSI	康熙
Karl Friedrich August Gütlaff	郭士立
Koong-Foo-Tsee	孔夫子
Lawrence Grossberg	高士柏
Leong Kai-cheu	梁启超
Li Hung chang	李鸿章
Lord Northcliffe	北岩勋爵
Marquess of Lansdowne(5th)	兰斯多恩侯爵
Marquis Tseng	曾纪泽

Michel Foucault	福柯
Oliver Goldsmith	奥利弗·哥尔德斯密斯
Padre Francisco Xavier	沙勿略
Paul Ricoeur	保罗·利科
Prince Ching	庆亲王（奕劻）
Prince Gong	恭亲王（奕訢）
Prince Tuan	端王（载漪）
Queen Victoria	维多利亚女王
Raymond Williams	雷蒙·威廉姆斯
Richard Cobden	理查德·科布登
Robert Bickers	毕可思
Robert Gascoyne-Cecil	罗伯特·塞西尔
Robert Hart	赫德
Robert Jervis	杰维斯
Robert Nield	廖乐柏
Robert Peel	罗伯特·皮尔
Rutherford Alcock	阿礼国
Samuel Wells Williams	卫三畏
Sigmund Freud	弗洛伊德
Sir Ernest Mason Satow	萨道义
Sir Henry John Stedman Cotton	亨利·科顿爵士
Stephen Lyon Endicott	文忠志
Stuart Hall	斯图亚特·霍尔
Sun Yat-sen	孙中山
Tang Shao Yi	唐绍仪
Teun A. van Dijk	梵·迪克
The Throne	清朝皇帝
Thomas De Quincey	德·昆西
Tom Neuhaus	汤姆·诺伊豪斯
Vasco da Gama	达·伽马
Victor Gordon Kiernan	基尔南

Wang Gungwu	王赓武
William A. Gamson	加姆生
William Bellingham	裴令汉
William Gladstone	格莱斯顿
William Lamb	威廉·兰柏
William Woodville Rockhill	柔克义
Yang-tsze Viceroys	两江总督
Yuan Shih-kai	袁世凯
Yung-Lu	荣禄

其他译文对照

Afghanistan	阿富汗
Agenda setting	议程设置
Anglo-Japanese Alliance Treaty	英日同盟
Anglo-Russian Entente	英俄协议
Annam	安南
Attitudes	态度
Audiences	受众
Batang	巴塘
Belief	信念
British Indian Government	英属印度政府
British Royal Society	英国皇家学会
Capitalism	资本主义
Celestial Empire	天朝上国
Chefoo Covention	中英烟台条约
China Emergency Appeal Committee of Great Britain	中国紧急事务委员会
China for the Chinese	中国人的中国
China Inland Mission	内地会
Chinoiseries	中国风
Cochin-china	交趾支那
Connotation	隐含义
Constructed text	建构文本

Contarini World Map	康达里尼世界地图
Core values	核心价值
Covention between Great Britain and Russia	英俄协议
Craft Guild	手工业者行会
Cultural imperialism	文化帝国主义
Culuture imperialism	文化帝国主义
Curragh Mutiny	卡勒兵变
Deconstructing texts	结构文本
Denotation	明示义
Discourse analysis	话语分析
Discourses	话语
Disestablishment	政教分离
Dominant ideology	主导意识形态
East India Company	东印度公司
Elites	精英
Expedition	探险
Extraterritoriality	治外法权
Foreign devils	洋鬼子
Genre texts	类型化分本
Genre	文类
Grand Council	军机处
Green bannermen	绿营
Hegemony	霸权
Home Rule for Irish	爱尔兰自治
Identity	认同
Ideologies	意识形态
Image	形象
Image analysis	形象分析
Image system	观念形象系统
Imperial Britain	英帝国
Imperial Edicts	圣旨

Imperial(Chinese) Maritime Customs	中国海关
Imperialism	帝国主义
Inner Asia	内亚
Inspector-General of Customs in China	中国海关总税务司
Irish Home Rule Bill（Home Rule Bills in Ireland）	爱尔兰自治法案
Irish Republican Brotherhood (IRB)	爱尔兰共和兄弟会
Irish Volunteers	爱尔兰志愿军
Jardine Matheson	怡和洋行
Jesuits	耶稣会
Kangting	康定
Kowtow	磕头
Kwang-Tschun-Tse	宽城子站（位于今日长春市）
Lintin	伶仃岛
London Missionary Society	伦敦传教会
loochoo islands	琉球群岛
Mainstream media	主流媒体
Manchu bannermen	八旗
Manchu dynasty	清王朝
Manchu garrisons	驻防旗人
Marxism	马克思主义
Meaning	意义
Meaou-tse	苗族
Media texts	媒体文本
Ministry of communication	邮传部
Modes	模式
Morphine	吗啡
Mukden	奉天（今沈阳）
Myths	神话
Narrative	叙事
Narrative structures	叙事结构
National Assembly	资政院

National Identity	国家认同
Nepaul	尼泊尔
News discourse	新闻话语
News mythologies	新闻神话
News values	新闻价值
Nonconformist	非国教徒（不属于圣公会的英国基督教徒）
One Hundred Days of reform	"百日维新"
Orientalism	东方主义
Perceptions	观念
Political economy	政治经济学
Professionalism	专业主义
Provincial Assembly	省咨议局
Provincial club	各省会馆
Quaker	贵格会
Race representation	种族表征
Representation Discourse	再现的话语
Representations	表征
Republic	共和国
Rev.	牧师的简写
Rigime	政权
Semantics/semiotics	语义学／符号学
Semiotic analysis	符号分析
Semiotics	符号学
Signified	所指
Signifier	能指
Si-ngan-fu	西安府
Splendid Isolation	光辉孤立
Stereotypes	刻板形象
Stereotyping	刻板化
Straits Settlements	英属海峡殖民地

Symbol	象征
Symbolic form	象征形式
Symbolic power	象征权力
TA Tsing	清王朝（大清）
Tachienlu	打箭炉（今康定）
Tael	两（清末时期货币计量单位，主要有库平两和海关两）
Text	文本
Textual analysis	文本分析
Textual codes	文本编码
The China Association	中国协会
The Court	朝廷
The Great Game	"大博弈"
The late Qing reforms	清末新政
The rank and file	民众
The referendum	全民投票
The Solemn League and Covenant	"庄严盟约"
The status quo	维持现状
Tien-tsin-Yang-tsze Railway	津浦铁路
Tsinan	济南
Tung wen Kwan	同文馆
Two Kwang Provinces	两广
Tzu Cheng Yuan	资政院
Vassal state	藩国
Victorian era	维多利亚时代
Westernize	西化
Whampoa	黄埔